本书系全国教育科学规划青年课题"学校整体课程规划的理论与实践研究"
（项目编号：EHA070257）之成果

学校整体课程规划
的
七个关键

杨四耕　编著

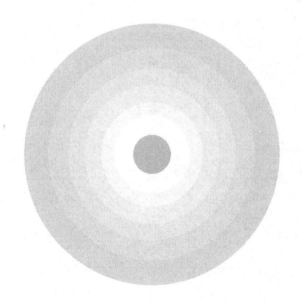

华东师范大学出版社
上海

图书在版编目(CIP)数据

学校整体课程规划的七个关键/杨四耕编著.—上海:华东师范大学出版社,2021
ISBN 978 - 7 - 5760 - 0424 - 3

Ⅰ.①学… Ⅱ.①杨… Ⅲ.①中小学-课程建设-研究
Ⅳ.①G632.3

中国版本图书馆 CIP 数据核字(2021)第 014717 号

学校整体课程规划的七个关键

编　　著　杨四耕
责任编辑　刘　佳
项目编辑　林青荻
特约审读　陈成江
责任校对　徐素苗　时东明
装帧设计　刘怡霖

出版发行　华东师范大学出版社
社　　址　上海市中山北路 3663 号　邮编 200062
网　　址　www.ecnupress.com.cn
电　　话　021 - 60821666　行政传真 021 - 62572105
客服电话　021 - 62865537　门市(邮购)电话 021 - 62869887
地　　址　上海市中山北路 3663 号华东师范大学校内先锋路口
网　　店　http://hdsdcbs.tmall.com

印 刷 者　上海锦佳印刷有限公司
开　　本　787 毫米×1092 毫米　1/16
印　　张　20.75
字　　数　340 千字
版　　次　2021 年 3 月第 1 版
印　　次　2024 年 10 月第 6 次
书　　号　ISBN 978 - 7 - 5760 - 0424 - 3
定　　价　62.00 元

出版人　王　焰

(如发现本版图书有印订质量问题,请寄回本社客服中心调换或电话 021 - 62865537 联系)

目　录

前　言

　　学校整体课程是为实现育人目标、整合包含国家课程、地方课程和校本课程在内的课程之总体，也就是本校的所有课程，内蕴学校层面的课程情境、课程哲学、课程目标、课程框架、课程实施、课程评价以及课程管理等完整课程要素。

　　学校整体课程规划是随着学校课程自主权的获得，为推进有逻辑的学校课程变革而研制的、指导学校课程实践的文本，是课程权力分享与课程决策统一的过程，是课程决策、课程设计以及课程编制过程的有机统一。这一概念可以从两个维度理解：从静态角度看，学校整体课程规划是文本，是指导学校有逻辑地推进学校课程变革的文本；从动态角度看，学校整体课程规划是过程，是课程决策、课程设计以及课程编制的过程。因此，学校整体课程规划既可以作名词，又可以作动词。我们有时也可以将学校整体课程规划简称为学校课程规划或课程规划。

　　施良方教授认为，课程编制是完成一项课程计划的整个过程，它包括课程目标、选择和组织课程内容、实施课程和评价课程等阶段；而课程设计是课程所采用的一种特定组织方式，它主要涉及课程目标以及课程内容的选择和组织。[①] 在我们看来，学校整体课程规划不仅包含课程设计和课程编制的全部内涵，还包含分析学校课程情境、确定学校课程哲学在内的课程决策的意涵与过程。

　　推进学校整体课程规划的研制与实施，对于学校整合资源，系统性地思考国家课程、地方课程以及校本课程的整合实施，提高教育质量，具有重要的意义。第一，有利于整合学校课程诸要素和各类型，发挥课程育人系统功能，形成严整丰实的学校课程体系，适应课程的整体性、丰富性和人的完整性、多样性的协调，更加深刻地影响作为完整个体的学生和教师。第二，有利于学校以整体课程规划的研制与实施为抓手，从课程变革的角度推进内涵发展，推动学校整体性变革，提升学校教育品质。第三，有利

---

① 施良方. 课程理论——课程的基础、原理与问题[M]. 北京：教育科学出版社，1996：81.

于提升学校课程领导力,校长及其团队借助学校整体课程规划的研制与探索,可以更加清晰地认识学校课程哲学、课程目标、课程框架、课程实施以及课程管理与评价等要素,进而提升学校课程的价值判断力、体系建构力、实施执行力、评价增值力以及管理驾驭力。

我们认为,一所学校应该基于学校整体课程规划建构自己独特的学校课程模式,应该以学校发展背景分析为基础,以一定的课程哲学为引领,以个性化的课程结构和特定的课程功能为主要内容,建构富有学校特点的课程模式。课程情境、课程哲学、课程结构、课程功能、课程实施以及课程管理与评价是学校课程模式不可或缺的构成要素。学校课程情境是课程模式的土壤,课程哲学是课程模式的灵魂,课程功能和课程结构是课程模式的主体内容,课程实施是课程模式的必要运作,课程管理与评价是课程模式的基本保障。由此,学校整体课程规划可以围绕以下七个关键展开:一是清晰学校课程情境,包括外在环境和内在情境;二是高瞻学校课程哲学,这是学校课程规划的灵魂;三是把握学校课程功能,以育人目标为导引建构学校课程体系;四是设计学校课程框架,把握学校课程的横向分类与纵向布局;五是布局学校课程实施,落实育人方式变革;六是改进学校课程评价,运用多维评价促进课程品质提升;七是推进学校课程管理,保障学校课程扎实落地。

基于以上这七个关键,我们在全国一些地区推动了一批学校研制整体课程规划,积累了大量的学校整体课程规划案例。本书所选的七个课程规划,是我们从众多的案例中精选出来的,有典型性,可以供有志于通过课程规划提升课程品质的学校参考。

让一个人或一个团队认识到变革,并具有推进变革的能力,这是学校课程变革取得成功的必备条件。美国学者沃伦·本尼斯(W. Bennis)在做了大量考察之后认为,课程变革有三种情况:一是自主性变革,这种情况下,参与者拥有一定的课程权力,以事先约定的方式,遵循特定的程序履行课程职能;二是强制性变革,这类变革是由一小部分人决定的,大多数人没有决策权,只要服从和执行即可;三是互动性变革,这种变革以各部分人共同决定目标、共享课程权力为特征,但是大家因为缺少集体审议,没有约定的程序,各行其是而往往不知道如何推进变革。[1] 很明显,第一种变革模式是阻

---

[1] 转引自施良方. 课程理论——课程的基础、原理与问题[M]. 北京:教育科学出版社,1996:135.

力最小的,是最有利于学校课程深度变革的,因为那是参与者自主决策的变革,有着约定的操作程序和实践范式。任何被动或无约定的变革,任何只有空洞的理念或口号而无实质性操作路径的变革,任何没有充分的集体审议和探究的变革,都是不会成功的。

如何让学校课程变革由"强制性变革"变成"自主性变革",让每一个"课程人"享受既有的课程权力,按照事先约定的变革路径与轨迹,真正卷入学校课程变革之中呢?实践证明,学校整体课程规划提供了这样一个契机,可以让学校课程变革更容易逼近成功的彼岸。

2006年,我们在举办上海市第一届学校整体课程规划研制评选活动的时候,时任上海市教育科学研究院普通教育研究所所长胡兴宏研究员曾经说过这样一句话:"学校课程规划不是为了给别人看,而是给自己看的;为了给自己看,更为了方便自己做;为了有条理地做,更为了有追求地做;为了有一个指导大家做的文本,更是为了在研制过程中加深对为什么做以及怎么做的深度理解。"我十分赞同这个观点,这也是学校整体课程规划最重要的价值。我以为好的学校整体课程规划有八条标准:一是源头清,反映学校历史传统和现实;二是特色亮,反映学校的办学特色;三是方向明,有一以贯之的学校课程理念;四是有挑战,定位"最近发展区",有一定的挑战性;五是愿景感,学校课程变革的愿景富有激励性;六是经验性,总结了学校课程改革的基本经验;七是冲击力,立意悠远,表述准确,有利于撬动学校课程变革;八是无止境,需要在实践中不断总结完善。这八条标准可以供学校研制课程规划、推进课程变革参考。

"哲学家们只是用不同的方式解释世界,而问题在于改变世界"。① 学校整体课程规划不仅仅是一份实践理性文本,更是改变学校课程的"现实的、具体的、物质性力量",它的价值在于实践。

杨四耕

2020 年 3 月 3 日于上海静竹斋

---

① 马克思恩格斯选集(第 1 卷)[M].北京:人民出版社,1995:61.

关键1：如何分析学校课程情境？

问题单

学校课程情境分析是学校整体课程规划的基本前提。学校课程情境分析包括哪些要素？我们如何分析学校课程情境？

学校整体课程规划的第一步就是学校课程情境分析。这是学校课程模式凸显个性的客观基础，是学校课程适切性的重要前提。脱离学校实际情境的课程规划是没有意义的，无益于学生发展。学校课程情境包括外在环境和内在情境，外在环境包括时代发展背景、地域文化背景、社区环境，内在情境包括学校办学传统、办学条件、学生生源与学情、教师素质与结构等。学校环境分析体现在：时代背景下对教育的发展有哪些新要求，学校所处的文化生态环境有哪些优势，哪些可以开发成为学校的校本特色课程，社区有哪些优势课程资源，学校的办学传统如何进行扬弃，学校内部拥有哪些优势与不足，学生的学习特点和教师素质结构的优势与不足等。在学校环境分析的基础上，还要对学生的需求进行调查，了解现有课程的实施情况，发现学校课程中存在的问题，提出本校的育人目标等。有学者认为，学校课程情境分析可以采用SWOT分析，对影响学校课程变革的内外因素进行强项（Strengths）、弱项（Weaknesses）、机遇（Opportunities）和危机（Threats）分析[1]；同时，也可以采用KISS分析方法对现有课程项目进行保留（Keep）、改进（Improve）、启动（Start）或停止（Stop）的分析，确定恒定项目和发展项目[2]。这些分析方法的介入对学校课程情境分析是有意义的。

---

[1] 徐高虹.课程规划：学校层面的课程实施[J].教育发展研究,2008(15)：77.
[2] 蔡清田.学校整体课程经营——学校课程发展的永续经营[M].台湾：五南图书出版公司,2002, 60.

智慧源

井养式课程：给孩子们带得走的能力

给孩子们带得走的能力
广州市黄埔区深井小学"井养式课程"规划

深井小学坐落在广州市黄埔区长洲岛，明清时期就开设有私塾和书院。前身名为"金鼎小学"，已有一百多年的办学历史。民初称"番禺第二区区立第十八小学"，1952年"金鼎小学"改名"深井小学"。学校地处具有800年历史，被誉为"广州市14个市级美丽乡村示范村庄"的深井古村内，傍倚古人寄托读书人荣誉和梦想的深井文塔，毗邻闻名遐迩的黄埔军校和美丽的广州大学城。学校现有466名学生，12个班，其中外来务工子女占50%以上。教师队伍中正式编制19位教师，其中有2位研究生。目前，学校有中小学高级教师2人，广东省中小学骨干教师1位，广州市卓越校长培养对象1位，广州市名班主任1位，广州市"百千万人才培养工程"名师培养对象1位，广州市语文骨干教师1位、广州市优秀教师、优秀班主任、广州第四届羊城最美教师、黄埔区名校长培养对象1位、黄埔区名班主任1位、海珠区百千万工程名师等。办学至今，深井小学像深井古村一样，积淀了深厚的文化底蕴，培育了无数的人才，也获得诸多荣誉，先后成为全国第一所中华传统文化教学研究实验基地小学、全国升旗规范化学校、全国体育联盟（教学改革）实验学校、全国校园足球特色学校、全国校园阳光体育足球班际联赛示范校、国家级非物质文化遗产广州灰塑传承基地、全国升旗仪式规范化学校、广东省武术协会咏春专业委员会训练基地、广东"席殊八正习字法"教学实验基地、广东省武星基地"武术进校园"实训基地、广州市义务教育特色学校、广州市"足球和毽球"传统体育项目学校、广州市书香校园、广州市青少年集邮示范学校、广州市优秀家长学校、广东岭南诗社第十个校园诗词辅导站等。学校以"传承古韵，彰显特色办人民满意学校"为办学宗旨，依据教育部《关于全面深化课程改革落实立德树人根本任务的意见》等文件精神,研制本校"井养式课程"规划。

第一部分　学校课程情境

多年来,深井小学实施以"课程"为核心的学校发展战略,在课程改革方面进行了有效的实践探索,取得了不俗的成绩。"十三·五"时期,学校将继续推进这一战略的实施,并具体落实课程发展之目的。应国家的需要、社会的期待、家长的渴盼,立足于学校条件、师生情况、社区资源,充分发挥深井小学教师的专业自主精神,充分发展深井小学课程,进行校本化的有效教学,进行国家课程的校本化有效实施,推进校本课程的特色化有效开发,不断地创造课程领导与教学领导的经验,不断提升课程领导力和教学领导力,培养学生所应具备的核心素养。

从学校课程发展组织与运作,学校课程发展理念与特色,学校愿景、课程目标与课程架构,课程实施计划与课程设计,行政支持与资源管理机制几方面,我们对深井小学的课程发展事实进行简要分析,并提出简要的建议。其具体分析,见表1-1。

表1-1　深井小学课程发展之简析

课程发展因素	课程发展事实	课程发展建议
学校课程发展组织与运作	全体教师参与度不高,主要集中在核心教师和行政人员,没有形成组织架构。	规划学校课程,形成凝聚组织团队的组织运作架构,建立提高教师专业发展相对应的路径和评价体系。
学校课程发展理念与特色	未能全面提炼学校课程发展理念,"井养教育"特色课程未能深化。学校近几年的省市课题围绕"深井古村文化服务学习研究"有一定的研究基础。	以学校办学理念"深仁厚泽,井养不穷"为课程依托,以"革故鼎新燃潜能,掘井汲泉饮甘甜"为课程理念,创建"井养式课程"特色。
学校愿景、课程目标与课程架构	学校愿景不明晰,期望学校教学质量能满足家长的迫切要求,但前两年学校数学学科在全区抽测中成绩居倒数,非常不理想;目前,学校已开设有国家课程、校本课程(国学、书法、武术、灰塑、绘本等)。	树立"乡野心,都市情,世界眼"办学愿景,确定与愿景一致的课程目标,形成校本化的课程架构。
课程实施计划与课程设计	能贯彻国家课程的实施,结合深井古村非遗文化服务学习研究进行初步的探索。	完善课程计划,编制课程纲要;根据学科特点,调整课程时间。

续表

课程发展因素	课程发展事实	课程发展建议
行政支持与资源管理机制	行政全部担任各学科教学工作,并能认真实施课程,其中中层干部已成为市、区级骨干教师;设有教导处,教导主任一人,人手紧张,工作压力大,教学管理工作落实还不理想。	高效的课堂让行政人员能兼顾好教学与行政管理工作,在编制配齐的情况适当增加学校教导处教学干事(按中层待遇)强化课程执行力。

课程发展必须基于学校已有的基础。以学校的课程现状为起点,关注学校拥有的校内外课程资源,将课程建设放在整个学校发展的背景下考虑,以此促进课程品质,保证其有源源不断的能量与活力。

一、 学校课程发展优势

深井小学具有得天独厚的地理文化优势,处于广州保存得比较好的古村落之一——深井古村,比邻黄埔军校,被广州市誉为美丽乡村,又是市民向往的世外桃源。深井古村人杰地灵,文人辈出,风景名胜颇多,古建筑物保存完好,深井的特产远近闻名,非物质文化遗产丰富,课程资源丰富。学校虽小,但精致典雅,有一支有专业追求的教师队伍。2015 年被评为广州市义务教育特色学校,学校正走着一条健康发展、特色发展的变革之路,确立"深仁厚泽,井养不穷"的办学理念,进而提出"让孩子带得走的能力"的理念。

(一)拥有丰富的在地文化课程资源

深井小学具有得天独厚的地理文化优势,处于深广州保存较好的古村落之一——深井古村。深井古村内保存了许多有年份的建筑物,有文塔、古桥、古墟、自梳女居所、祠堂,大部分的两层木质阁楼既有中西结合,又具有岭南特色的蚝壳窗,建筑研究价值很高。18 世纪深井被清政府指定为法国海员的休憩地,故深井被称为"法国人岛"。深井崇文重教,现有状元廊的石刻和巷道命名记载深井曾有七个进士和几十个举人、贡生(其中进士一巷、进士二巷、进士三巷、书房巷等巷名至今保留),名人有清末乐善好施救济灾民,研制水雷破敌的凌朝赓;光绪十一年(1885)在京城考取进士第六名,官至直隶布政使的凌福彭(1859—1930);不失民族气节的警察厅厅长凌鸿年,20 世纪 20

年代与冰心、林徽因齐名的"文坛三才女"凌叔华；宁死不屈的中共广州市委书记凌希天等。立足于深井小学这样的文化背景，我们从社会、教师、家长三方面，充分发掘所在社区深井村、本校教师及家长的课程资源，梳理其资源项目、教学所用及德育所用，为学校新时期的课程发展做好资源整合之用。其分析，见表1-2。

表1-2 深井小学社区课程资源分析

类别	资源项目	教学所用	德育所用
社会资源	大学城高校	学科专项训练课，主题讲座，课外学业及心理辅导	学会与人沟通交往
	善德助学基金会狮子会华文服务队	举办各类主题活动，引入社会教育资源	学会感恩教育
	社区志愿者	诗词讲座、书法培训、足球训练	培养良好性情，多才多艺
	市少儿图书馆	阅读课外书，撰写学习心得，评选书香少年	培养阅读兴趣，提高文学欣赏和表达水平
	当地驻军	参观军舰、军营、开展国防教育	学习军人铁一般的纪律
	黄埔军校	参观学习，撰写日志，了解军校历史	培养黄埔军校小小讲解员
	辛亥革命纪念馆	参观学习，撰写考察日志，了解辛亥革命历史	培养辛亥革命小小讲解员
	社区霸王花基地、中山湿地（观鸟）	参观、种植、观鸟，撰写日志	熟悉身边自然环境，认识掌握动植物生长特性，体会人与自然和谐共处的美好
	社区古民居、深厚的文化历史	运用遗非文化整合学科资源	培养热爱家乡，建设家乡的责任感
	黄埔区青少年宫驻我校的分教点	按照学生家长及学生意愿开设有美术、书法、语言艺术、舞蹈、吉他等课程，教师专业水平较高，每周一节	培养兴趣，激发潜质，让学生学有一至两个特长
	广东武星基地（武术进校园训练）	学校与世界武术冠军贺敬德创办的广东武星基地签订了战略合作协议(李连杰师弟)，由经验丰富的武术冠军教练执教，全校每班一周一节武术课，并组建学校专业训练队伍	感受中华武术统文化魅力，传承发扬武术精神

续表

类别	资源项目	教学所用	德育所用
社会资源	足球俱乐部训练点	专业足球教练开设兴趣班,组建学校足球训练队,教练队伍敬业,资源平台大,近两年足球队员成长进步快	学会团队合作,增强意志力,掌握体育基本技能
	越秀区青少年四健荟发展中心	一至三年级绘本故事公益课堂,每周一节	培养阅读习惯,沟通亲子桥梁
	古筝	社区公益机构教师具备较好的古筝乐理,利用课余时间免费指导师生学习演奏。黄埔区青少年驻我校的分教点负责老师可以协作指导训练	陶冶情趣,培养气质师生
	管乐团	社区公益机构进驻学校,每周一次管乐训练	陶冶情趣,培养气质师生
	国画	社区公益机构进驻学校,每周一次专业指导	陶冶情趣,培养气质师生
	广州市灰塑研究院	全国小学唯一开设的国家级非遗文化灰塑课程,传承人刘娟率研究院团队建立了作坊结合艺术教育,激发学生创作兴趣,传承非遗文化	树立非遗文化保护意识,传承创新,培养传承的苗子
	咏春拳	咏春拳传承人岑兆伟及社区咏春拳爱好者共同指导	
教师资源	足球、毽球(校内外)	两名有体育教师热爱体育教育工作,工作认真踏实,对足球、毽球、羽毛球等都具有较高的指导水平,学校大课间、体育课等能渗透训练,参加各类全国省市区比赛都有较好的成绩,但未能编印有此方面的校本教材,需要整理收集。校外有足球俱乐部训练点在我校开置兴趣班训练,每周三次	学会团队合作,增强意志力,掌握体育基本技能
	武术	广东省非遗文化(传统武术)传承人李建亮任教	中华武术文化传承与发扬
	书法训练	学校内外有书法基础较好的教师为每班一周开设一节书法课,其中外聘指导老师指导水平较高,曾在全国多项书法比赛中荣获优秀指导奖	感受中华传统文化魅力,传承发扬
家长资源	家委会成员	设立教育爱心基金	发挥家委会热心学校工作,成为学校与家长联系的纽带
	志愿者	亲子活动,家长俱乐部讲坛	

（二）拥有多元的社会支持单位

我校比邻大学城高校，丰富的高校脑力资源源源不断地向我校输入，各校大学生每周给孩子们上社团活动课及主题教育课，孩子们又到高校参观学习，感受大学校园的学习氛围。还有广州市委组织部组织的全国红军小学的"手拉手"活动，善德助学活动，广东省狮子会华文服务队、绘本故事、岭南非遗灰塑，咏春传人的义教等，增添了我们的课程内容。

（三）学校内涵提升与特色发展有明确的聚焦

学校从原来的全区办学规模最小的，拟被撤并的薄弱学校，发展到今天成为广州市义务教育特色学校，是我们坚持"深仁厚泽，井养不穷"的办学理念，让每个孩子在深井这块纯净古朴的土地上认真学习，乐于实践，进而提出了我们学校自己的课程理念，让每个毕业于深井小学的学子都满怀自信，成为新时代的有为少年。

总之，丰富的在地文化资源，多元的社会支持，以及明确的办学理念使得学校课程具有了内部发展动力和强烈的地域文化特色，呈现出多元化发展趋势。

二、 学校课程发展空间

虽然学校已找到课程建设的思路和抓手，但是还需对学校教育哲学进行深度思考。并在此基础上对学校的课程发展进行"顶层设计"，通过资源的深度开发、教师课程开发意识与能力的提升，以学校特色的凝炼与丰富多元的发展为目标，创造学校课程发展的新生长点。

（一）学校课程哲学的进一步厘定与丰富问题

深井古民居建于明末清初，学校深受传统文化熏染，人文底蕴深厚，校风教风淳朴。师生高度认同和珍爱这种乡土文化，以各种形式撷取和提炼深井古村在历史长河中形成的，具有鲜明地域特征、民族特征的观念形态和行为准则，并将之融入学校办学思想体系之中，追溯古村文化办学根基。

2013年2月，学校以乡土文化的根脉寻求内涵发展的为历史背景下提出"传承古韵，彰显特色，办人民满意的学校"的办学愿景，构建扎根乡野具有"古风新韵"的特色课程。在新的历史条件下，为了进一步明晰学校的办学理念、丰富课程内涵、促进学校可持续发展，我校于 2015 年在对学校办学历史梳理的基础上，结合"古风新韵"的特色课程，把深小建成一所立足广州市美丽乡村，创设适合每个孩子也愉快成长的学习环境，进而明确了"深仁厚泽，井养不穷"的办学理念。由于该理念提出的时间较短，需要一个过程让广大教师认同。

（二）在地文化资源的深度开发与利用问题

学校地处深井古村，丰富的文化资源是学生认识自我、了解社会、关注生活的重要载体；学校比邻广州大学城，丰富的智力资源是学生学习的平台；学校还拥有多方支持的社会团体、机构，它们为学校的教育注入多元的途径。但目前还没有真正进入课程与课堂的深处，系统性不强，利用率不高，对学生能力的培养指向性不明确。

（三）教师的课程开发仪式与能力问题

自 2014 年以来，学校开展非遗文化服务学习，我校老师都参与了课程统整、校级小课题研究，更有已结题的省市区级的多项课题，校本课程的研发已形成一种开放的、民主的、科学的课程意识。但教师开发特色精品课程的专业能力比较欠缺，学校的校本研修一般都偏重于教师的专业知识技能和教育知识技能的再学习与再提高，在帮助教师优化课程开发过程、有效实现课程目标等方面所做甚少。

（四）学校课程建设的系统性和结构化问题

学校课程没有形成体系，课程的目标与育人目标的内在逻辑关系，学校课程的内容体系与现行的国家课程、地方课程体系的关系，学校课程的实施费解、课程评价等几个方面的问题有待解决、完善。

学校课程的建设是提升学校办学内涵的主要载体，是发展丰富学校文化的关键途径。课程文化是学校文化的根本表现，它丰富和深化了学校文化建设的内涵，为新一轮学校文化建设提供了新的视野和新的要求。通过课程开发，可以促进学校文化的建设与发展，使学生的个性得到充分张扬，学校特色得以充分彰显，学校文化得以充分释放。

第二部分　学校课程哲学

"问渠哪得清如许，为有源头活水来"，作为源泉的井是滋养万物，滋养生命的载体。我校基于"井养"文化，确立了自己的教育哲学。

一、教育哲学

一位哲人曾这样说，没有哲学的教育是盲的，没有教育的哲学是空的。雅斯贝尔斯曾说，教育须有信仰，没有信仰，就不能称其为教育，而只是教学的技术而已。

地处深井古村的深井小学，以本地的古井文化为根，以"井养教育"为哲学。"井为何物？平地凿凹，地下涌泉者也"。在悠悠岁月中，井流淌出永汲不竭的清冽甘甜泉水，既是人们的生命之水，也是人们的文化之玉液琼浆。掘井汲泉，以泉养人之生命。"井养教育"就是给人源源不断的滋养的教育，就是让孩子形成能带得走的能力的教育，就是让师生都能拥有更完满的人性和追求无限可能的教育。

基于上述教育哲学，我校确立的办学理念是：深仁厚泽，井养不穷。深仁厚泽，指深厚的仁爱和恩惠。宋·陈亮《书〈欧阳文粹〉后》："初，天圣、明道之间，太祖、太宗、真宗以深仁厚泽涵养天下盖七十年。"井养不穷，指涵养正道，深植善根，则水源不尽，受益无穷。《易经·蒙卦》说："蒙以养正，圣功也。"从童年开始就要施以正确的教育，童年时扎下的善根，会影响他一生，到了八十岁也不会改变。教以养德，学以正身，教学相长，德慧互现。立校植根于此，则根固而枝繁，治学以此为鉴，则鉴明而学显。校风清丽雅正，校貌卓尔不凡，根深叶茂。

学校牢牢站立在深井文化土壤之上，根据教育的规律和学校特色建设科学性、系统性、系列性、操作性和独特性的原则，采用传承与创新相结合的策略，进一步充实与完善学校的办学思想体系，在规范性的基础上，凸显其个性化特征。我们根据自身对办学的理解和独特的文化符号，把学校的办学理念确立为"深仁厚泽，井养不穷"。

我们依据办学理念，制定了"办一所扎根乡土文化、传承历史辉煌、彰显办学特色的精品学校"的办学目标，努力促使师生珍视自身的深厚文化和辉煌历史，建立文化自信和文化自觉，通过开展特色活动，成为一所内涵丰富的精品学校。

我们坚信，井养不穷是生命的主流；

我们坚信，儿童是有无穷潜力的生命体；

我们坚信，学校是让生命得以润泽的园地；

我们坚信,给儿童带得走的能力是教育的神圣使命;

我们坚信,追求温暖而润泽的教育是教师的美好愿景;

我们坚信,润泽心灵、静待花开是学校教育最美的姿态。

二、 课程理念

我们认为,学习是一种内在的生长。每一个孩子步入校园,就是为了得到系统而高效的学习。一个孩子的成长,需要以课程为载体。所有师生在校园内的行为可以说是由课程来牵引的。课程当以培养孩子的综合素养为目标。从广义上讲,包括道德品质、言行举止、知识水平与能力才干等各个方面。科学合理的课程则当以培养核心素养为目标。核心素养是指那些最关键的、不可或缺的品质、能力、才干及精神面貌。小学是一个人成长的基石,小学核心素养的培养就是应该给孩子带得走的能力,如此,这种能力就能让孩子受用终身。因此,我们提出如下课程理念:给孩子们带得走的能力。这意味着:

　　——课程即生命滋养。教育是用来滋养生命的,课程就是为生命提供养料的。对于学生的培养,一方面要让特色课程滋养学生的生命。为满足、发展学生兴趣爱好特长,我们在开齐、开足国家课程和地方课程的基础上,开设一系列的特色课。每个学生至少选一项,每周六课时。对于特色课的教学,我们坚持做到四有:一有专职教师(聘请名人名家),二有专门教室,三有教学计划,四有考核方式(邀请家长参与,既是督促也是展示)。特色课程对孩子成长十分重要,学生很可能因为能写一手好字、唱一首好歌,有一项特长,命运就发生了转折。即便不一定在某方面成名成家,但有爱好有特长,定能丰富他的人生,丰富他的精神生活。对于常规文化课,我们也有自己特有的教学思想和模式。另一方面,让多彩的活动滋养学生的生命。德育实效靠活动。一所好的学校一定是活动常年不断的学校。同时一定要避免活动精英化,要敢于让那些表现差的孩子上台表演。学校是学生个性品质形成和磨砺的场所,胆小的人是没有失败过的人,而不是失败过的人。如果学校把孩子一辈子丢人的事在学校里全都做了,这个孩子肯定是最厉害的、最无畏的。失败过的人是最无畏的。我们做教育要对人生多些思考,要给孩子特别是那些"差孩子"一些机会和平台,让他紧张过、失败过、丢人过。

——课程即内在生长。儿童生命成长需要阳光雨露的润泽，需要丰富养分的滋润，"主体意识"理论认为儿童生命成长的力量主要来自内部，来自于儿童主体意识的发挥，只有使学生内在的主观能动性得以充分迸发，让学生以主人的身份自主、自由地学习，其主体能力和主体价值才会尽情释放，学习的成果才会高质高效。主体意识是学习的一种连绵不绝的动力能源。教育的过程应该是不断唤醒孩子的主体意识的过程。主体意识的提高，也就是内在生长的实现。而课程，是实现这种成长的最根本的载体与途径。因此，课程即内在生长。"生长"意味着生机、希望和活力。要让学生在我们的带领下，天性和与生俱来的能力得到健康成长，教师要努力发掘学生内在的潜力，而不是把外界的一切强加给学生，这才是教育的任务和使命。也因此，课程设置要能像一条条跑道的铺设，让孩子们一立足于跑道，就能在教师的引领下不知不觉地不断自我挖掘自己的潜力，并且乐此不疲。而非一切的成长都由教师和学校强行"拔"以助长，强行"拉"以前行。

——课程即个性张扬。"井养式"课程主张深仁厚泽，养正植根，蓬勃向上，个性张扬，特色发展。19 世纪著名的课程论学者斯宾塞曾说："教育的目的是培养人的个性。"而面对"人工智能"时代，培养创新人才是摆在各级各类学校面前的重要任务。如何培养创新人才？现实生活中，我们常常发现有的学生小时优秀，大了却表现平平；有的学生小时平平，长大却表现优秀。反省这一现象，那些小时平平、长大优秀的学生，普遍具有与时俱进、不断创新的精神；而那些小时优秀、长大平平的学生却缺乏积极向上、不断创新的精神。什么样的学生具有不断创新的精神？进一步深究我们很容易发现，那些具有鲜明个性的学生，进入社会后一般是创新精神较强的人；那些缺乏个性的学生，进入社会后普遍表现出缺乏创新精神。要培养创新人才，须张扬学生的良好个性。那么课程的设置也就必须要能让孩子们张扬个性。我们开发各种能张扬学生个性、弘扬传统特色、民族特色、地方特色、学校特色并具有实践功能、蕴含德行发展的开放课程。

——课程即能量提升。发展学生的核心素养是适应世界教育改革发展趋势、提升我国教育国际竞争力的迫切需要。我国为适应未来社会的人才新需求，于 2016 年 9 月将"中国学生发展核心素养"分为文化基础、自主发展、社会参与三个方面，综合表现为人文底蕴、科学精神、学会学习、健康生活、责任担当、实践创新等六大素养,具体细化为人文积淀、科学素养、国家认同等 18 个基本要点。核心素养如何培养呢?《荀子·荣辱》曰:"短绠不可以汲深井之泉,知不几者不可与及圣人之言。"人若要从井中取水,就必须借助绳索。素养与能力宛若井中"水",课程也就是这条"汲水之绳",学生经由学校设置的科学而系统的课程"汲深井之泉",发展自己的核心素养。

总之,我们的课程目的在于给孩子们带得走的能力,促成一个孩子的健康成长,并受益终身。"井养式"课程涵盖小学教学过程中所需的各个要素,有利于学生在适宜的教学环境下培养知识和情感,培养学生互动互助、自强自立、合群合作的品格,其最终目的是使孩子获得自由、和谐、健康的发展。正因为学生的核心素养是一个统整的体系,涉及学生全面发展的各个构成要素,所以作为提升学生核心素养的重要载体的"井养式"课程的构建也不是单一的,而是一个完整的课程体系。

第三部分　学校课程目标

学校课程建设是服务于育人目标的实现的,确定育人目标是学校课程变革的逻辑起点。

一、育人目标

我们努力培养具有"明晃晃、活泼泼、水灵灵、亮堂堂"的"有为少年"。具体内涵如下:

——眼睛明晃晃,爱好运动,健康阳光。

——性格活泼泼,善于沟通,兴趣广泛。

——脑子水灵灵,勤于思考,灵动智慧。

——品格亮堂堂,乐于助人,自信开朗。

二、课程目标

基于以上课程目标,我们将其分解为各学段具体的课程目标,见表 1-3。

表1-3　深井小学"井养式课程"目标

育人目标＼年段	低年级	中年级	高年级
眼睛明晃晃，爱好运动，健康阳光。	1. 具有积极参与体育活动的态度和行为，对体育课表现出学习兴趣。 2. 学习和应用运动技能，初步掌握简单的技术动作，说出简单的动作术语。 3. 形成正确的身体姿势，注意正确的身体姿势，基本保持正确的身体姿势。 4. 发展体能，发展柔韧、反应、灵敏和协调能力。 5. 具有关注身体和健康的意识，知道身体各主要部位的名称和自己身体的变化。 6. 建立和谐的人际关系，具有良好的合作精神和体育道德，体验集体活动和个人活动的区别，在体育活动中尊重他人。	1. 增强体能，掌握和应用基本的体育与健康知识和运动技能。 2. 熟练掌握眼保健操的基本动作要领，掌握正确用眼的保健知识。 3. 培养运动的兴趣和爱好，形成坚持锻炼的习惯。 4. 具有良好的心理品质，表现出人际交往的能力与合作精神。 5. 提高对个人健康和群体健康的责任感，形成健康的生活方式。 6. 发扬体育精神，形成积极进取、乐观开朗的生活态度。	1. 了解对心理健康的作用，发自内心喜欢体育活动，认识身心发展的关系，通过眼睛体现人的心理状态。 2. 学生在和谐、平等、友爱的运动环境中感受到集体的温暖和情感的愉悦。 3. 在经历挫折和克服困难的过程中，提高抗挫折能力和情绪。 4. 在不断体验进步或成功的过程中，增强自信心，培养创造精神和创新能力，形成积极向上、乐观开朗的调节能力，培养坚强的意志品质。 5. 学生爱运动的习惯，能健康阳光地成长。
性格活泼泼，善于沟通，兴趣广泛。	1. 喜欢学习汉字，有主动识字的愿望。能借助图画快速理解故事并帮助认字。认识常用汉字1 600—1 800个左右，其中800—1 000个左右会写。学习独立识字。能借助汉语拼音认读汉字，用音序检字法查字典。（部首） 2. 学会汉语拼音。能读准声母、韵母、声调和整体认读音节。能准确地拼读音节，正确书写声母、韵母和音节。认识大写字母，熟记《汉语拼音字母表》。 3. 懂得甲骨文的字形，并通过图画和故事理解汉字的	1. 对学习汉字有浓厚的兴趣，养成主动识字的习惯。有初步的独立识字能力。会运用音序检字法和部首检字法查字典、词典。累计认识常用汉字2 500个左右，其中1 800个（比原来减少200个）左右会写。 2. 能使用硬笔熟练地书写正楷字，做到规范、端正、整洁。用毛笔临摹正楷字帖。 用普通话正确、流利、有感情地朗读课文。初步学会默读，做到不出声、不指读。学习略读，粗知文章大意。	1. 有较强的独立识字能力。累计认识常用汉字3 000个左右，其中2 500个左右会写。硬笔书写楷书，行款整齐，有一定的速度。能用毛笔书写楷书，在书写中体会汉字的优美。 2. 能用普通话正确、流利、有感情地朗读课文。默读有一定的速度，默读一般读物每分钟不少于300字。学习浏览，扩大知识面，根据需要搜集信息。 3. 能借助词典理解词语的意义。能联系上下文和自己的积累，推想课文中

年段 育人 目标	低年级	中年级	高年级
性格活泼泼,善于沟通,兴趣广泛。	含义;通过对汉字多重字义的理解,把握阅读文字的蕴含。 4. 写字姿势要正确,字要写得规范、端正、整洁,努力养成良好的写字习惯。 5. 阅读浅近的童话、寓言、故事,向往美好的情境,关心自然和生命,对感兴趣的人物和事件有自己的感受和想法,并乐于与人交流。结合上下文和生活实际了解课文中词句的意思,在阅读中积累词语。借助读物中的图画阅读。认识课文中出现的常用标点符号。喜欢阅读,感受阅读的乐趣。初步养成爱护图书的习惯。 6. 诵读儿歌、童谣和浅近的古诗,展开想象,获得初步的情感体验,感受语言的优美。并学习用普通话正确、流利、有感情地朗读课文。学习默读。 7. 积累自己喜欢的成语和格言警句。背诵优秀诗文50篇(段)。课外阅读总量不少于5万字。 8. 能对写话有兴趣,写自己想说的话。(写想象中的事物,写出自己对周围事物的认识和感想) 10. 在写话中乐于运用阅读和生活中学到的词语。学习使用逗号、句号、问号、感叹号。	3. 能初步把握文章的主要内容,体会文章表达的思想感情。能对课文中不理解的地方提出疑问。能联系上下文,理解词句的意思,体会课文中关键词句表达情意的作用。能借助字典、词典和生活积累,理解生词的意义。能复述叙事性作品的大意,初步感受作品中生动的形象和优美的语言,关心作品中人物的命运和喜怒哀乐,与他人交流自己的阅读感受。 4. 诵读优秀诗文,注意在诵读过程中体验情感,展开想象,领悟内容。 5. 积累课文中的优美词语、精彩句段以及在课外阅读和生活中获得的语言材料。背诵优秀诗文50篇(段)。养成读书看报的习惯,收藏并与同学交流图书资料。课外阅读总量不少于40万字。 6. 留心周围事物,乐于书面表达,增强习作的自信心。愿意将自己的习作读给人听,与他人分享习作的快乐。 7. 能不拘形式地写下自己的见闻、感受和想象,注意把自己觉得新奇有趣或印象最深、最受感动的内容写清楚。能用简短书信便条进行书面交流。尝试在习作中运用自己平时积累的语言材	有关词句的意思,辨别词语的感情色彩,体会其表达效果。在阅读中揣摩文章的表达顺序,体会作者的思想感情,初步领悟文章基本的表达方法。在交流和讨论中,敢于提出自己的看法,作出自己的判断。 阅读叙事性作品,了解事件梗概,能简单描述自己印象最深的场景、人物、细节,说出自己的喜欢、憎恶、崇敬、向往、同情等感受。阅读诗歌,大体把握诗意,想象诗歌描述的情境,体会诗人的情感。受到优秀作品的感染和激励,向往和追求美好的理想。阅读说明性文章,能抓住要点,了解课文的基本说明方法。在理解课文的过程中,体会顿号与逗号、分号与句号的不同用法。 4. 诵读优秀诗文,注意通过诗文的声调、节奏等体味作品的内容和情感。背诵优秀诗文60篇(段)。扩展阅读面。课外阅读总量不少于100万字。 5. 懂得写作是为了自我表达和与人交流。养成留心观察周围事物的习惯,有意识地丰富自己的见闻,珍视个人的独特感受,积累习作素材。 6. 能写简单的记实作文和想

育人目标 \ 年段	低年级	中年级	高年级
性格活泼泼，善于沟通，兴趣广泛。	11. 能根据教师的简单指令做动作、做游戏、做事情。 12. 能做简单的角色表演。能唱简单的英文歌曲，说简单的英语歌谣。 13. 能在图片的帮助下听懂和读懂简单的小故事。加强语音意识训练，并开展 Sight Words 的教学研究。 14. 在快乐中认识艺术，拥有简单的审美辨别能力，能区分美丑好坏，培养对艺术的兴趣爱好。 15. 通过聆听愉快的审美艺术，启发幼小的心灵，在积极体验的状态下模仿和探究艺术的趣味。 16. 简单认识艺术的各种知识，并培养孩子自信地、自然地、开心地表演艺术作品。	料，特别是有新鲜感的词句。学习修改习作中有明显错误的词句。根据表达的需要，正确使用冒号、引号等标点符号。 8. 突出语音意识训练，并扎实开展 Phonics 教学研究。 9. 开展单元整体教学设计研究及实践的同时，突出"Let's Talk 板块的对话课模式"和"词汇教学模式"等主题的研究及应用。 10. 充分利用低中年级这一语音意识发展的关键期，明显提升学生语言能力。 11. 能集中注意力聆听或者欣赏简单的音乐美术等艺术，有一定的韵律感和审美认识能力，养成健康向上的审美情趣。 12. 通过开放式和趣味性的艺术学习，积累情感经验，在探究中自主地演唱歌曲或者创作绘画。 13. 学习和认识各种艺术的初步技能并自然地运用起来，并能慢慢理解艺术的各种创作背景和相关文化。	象作文，内容具体，感情真实。能根据内容表达的需要，分段表述。学写常见应用文。 7. 修改自己的习作，并主动与他人交换修改，做到语句通顺，行款正确，书写规范、整洁。根据表达需要，正确使用常用的标点符号。习作要有一定速度。课内习作每学年 16 次左右。 8. 开展单元整体教学设计研究及实践的同时，突出"Let's Read 板块的课型研究"和"小学高年级学生写作训练模式"等主题的研究及应用。 9. 开展阅读教学研究，突出"Let's Read 板块的课型模式研究"。具体目标如下：通过较系统地、较大量地英语分级读物阅读，提高学生的英语水平，扩大知识面，培养情操，养成阅读习惯。在识词教学顺利开展的基础上，引导中、高年级学生开展分级阅读。 策划简单的校园、社会活动，进行讨论和分析，学写活动计划和活动总结。 10. 高年级英语开展单元整体教学设计研究及实践的同时，突出"Let's Read 板块的课型研究"和"小学高年级学生写作训练模式"等主题的研究及应用；开展阅读教

育人 目标 \ 年段	低年级	中年级	高年级
性格活泼泼,善于沟通,兴趣广泛。			学研究,突出"Let's Read 板块的课型模式研究"。 11. 尊重艺术,能与他人互相审美并乐于学习和欣赏美,拥有正确的审美观念和审美修养。 12. 在艺术的集体表演和实践的过程中,能够与同学交流合作,真正地理解艺术并运用到生活当中。 13. 拥有充足的艺术审美基本技能和艺术审美知识,感知不同艺术门类的特征,理解艺术与社会生活的关系。
脑子水灵灵,勤于思考,灵动智慧。	1. 初步认识数学与人类生活的密切联系及对人类历史发展的作用,体验数学活动充满着探索和创造,感受数学的严谨性及数学结论的确定性;形成实事求是的态度以及进行质疑和独立思考的习惯。 2. 掌握加法减法算理、培养计算能力。 3. 认识基本的图形,例如:正方形、长方形、三角形、圆形等。 4. 培养数学意识,形成良好数感。 5. 提高运用知识解决实际问题的能力。 6. 激发学生学习兴趣,增强学生的学习欲望。 7. 对未知事物充满好奇心,愿意参加数学活动。	1. 能积极参与数学活动,对数学有好奇心和求知欲;在数学学习活动中获得成功的体验,锻炼克服困难的意志,建立学好数学的信心。 2. 进一步学习加法减法算理,掌握乘法算理,培养学生的良好计算习惯。 3. 重视基本图形的识别和再现:在识图中建立空间观念,在画图中形成空间表象。 4. 在解决实际问题中发展数感。 5. 培养估算能力,形成科学的直觉。 6. 培养学生的语言表达能力,促进其思维的发展。 7. 通经历数学活动培养学生的数感,初步建立数学思想。	1. 通过兴趣班的活动,切实调动学生与数学的感情;培养创新技能与对数学知识的直接兴趣。既在同伴之间的交流与团结协作中,获得肯定,又在独立思考后,获得成就感。 2. 引导学生自己弄清算理,揭示规律。 3. 加强操作和作图能力、培养学生准确感觉直观能力。 4. 多读多说,加强理解解答应用题的基础是要读懂题意;掌握分析方法,提高分析能力。 5. 重视估算,培养学生运用估算解决生活问题的能力。 6. 逐步发展学生综合运用知识的能力,注重情感、

续表

育人目标 \ 年段	低年级	中年级	高年级
脑子水灵灵，勤于思考，灵动智慧。	8. 感悟数学的奥秘，知道如何进行巧算和简单的推理。 9. 通过图片、视频、数学游戏抽象出数学知识的活动，激发学生学习数学有关知识的兴趣。 10. 经历从日常生活中抽象出数的过程，理解万以内数的意义，初步认识分数和小数；理解常见的量；体会四则运算的意义，掌握必要的运算技能；在具体情境中，能进行简单的估算。 11. 经历简单的数据收集、整理、分析的过程，了解简单的数据处理方法。	8. 能够主动发现问题并独立思考解决问题的方法，分析简单的情境中的数学。 9. 积极地探索、敏锐地观察，积极地提出问题、努力地改进学习方法，体验事半功倍的喜悦。 10. 经历从实际物体中抽象出简单几何体和平面图形的过程，了解一些简单几何体和常见的平面图形；感受平移、旋转、轴对称现象；认识物体的相对位置。掌握初步的测量、识图和画图的技能。 11. 体验从具体情境中抽象出数的过程，认识万以上的数；理解分数、小数、百分数的意义，了解负数；掌握必要的运算技能；理解估算的意义；能用方程表示简单的数量关系，能解简单的方程。	态度、价值观以及数学思想的均衡发展。 7. 使学生掌握一定的学习方法、学习技能；获得一些初步的数学实践活动经验，能运用所学知识和方法解决简单问题，感受数学在生活中的作用。 8. 让学生在探索解法的过程中亲身体验到数学思想的博大精深和数学方法的创造力，建立自信心。 9. 培养学生积极参与数学学习活动，敢于质疑、独立思考，不怕困难等良好的学习习惯。 10. 探索一些图形的形状、大小和位置关系，了解一些几何体和平面图形的基本特征；体验简单图形的运动过程，能在方格纸上画出简单图形运动后的图形，了解确定物体位置的一些基本方法；掌握测量、识图和画图的基本方法。 11. 经历数据的收集、整理和分析的过程，掌握一些简单的数据处理技能；体验随机事件和事件发生的等可能性。 12. 能借助计算器解决简单的应用问题。
品格亮堂堂，乐于助人，自信开朗。	1. 有礼貌讲卫生：会用谢谢、请、您好等礼貌用语；不乱扔垃圾，见到垃圾自觉捡起来。	1. 从日常小事做起，不以善小而不为，做到举止文明，心存感恩，有互助意识，将传统道德准则内化	1. 每周给自己定下生活和学习的小目标，每天醒来时想想自己当天要完成的事，每晚休息前反思自

年段 育人目标	低年级	中年级	高年级
品格亮堂堂，乐于助人，自信开朗。	2. 主动向师长问好，行鞠躬礼，有礼貌；主动帮爸妈做力所能及的家务。 3. 主动与人沟通；培养阳光心理，举止文明，有礼貌，不打架，不骂人。 4. 积极参加学校各项活动：毽球、绘画、舞蹈、足球等，培养多种兴趣爱好。 5. 拥有诚实守信的品格，敢于表达自己的内心感受，面对困难积极想办法解决。	吸收，并在日常生活中践行。 2. 与同学和老师和睦相处，主动与人合作，尊重他人观点，责任心强，关心集体，热爱集体。 3. 积极参加学校各项活动，如：足球、毽球、灰塑、趣味编程等，拥有广泛的兴趣和爱好。 4. 拥有坚定的、高尚的品格，以每日目标"习好武、读好书、写好字、做好人"为坚定信念。	己当天的表现，做得好的继续保持，做得不足的地方想办法改正过来。 2. 生活上学会注重细节，待人有礼，生活上与同学互相帮助，日常从班集体的角度思考问题，多为班级作贡献。 3. 学习上遇到不懂的主动向老师请教，当自己有不同于他人的想法或者认知时，敢于表达自己的意见，学会理性思考、批判地看待问题。 4. 积极参与到班级和学校的活动中，并学会发掘自己擅长的体育或文娱项目。 5. 以德智体全面发展的要求约束和鞭策自己。争当中、低年级学生的榜样。

第四部分　学校课程体系

一、课程逻辑

基于我校的教育哲学、办学理念、课程理念以及课程模式，我们形成自己独特色课程体系，多维度推进学校课程深度实施，具体课程逻辑见下图。（图1-1）

二、课程结构

学校"井养式课程"就是提供生命生长的养料，滋养学生茁壮成长。我校融合国家课程、地方课程以及校本课程，按照多元智能理论，建构"井动课程、井恬课程、井言课程、井思课程、井美课程、井探课程"。（见图1-2所示）

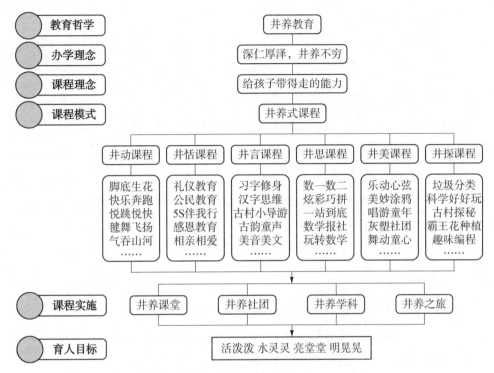

图 1-1　深井小学"井养式课程"逻辑图

图 1-2　深井小学"井养式课程"结构图

（一）井动课程

井动课程是崇尚运动至和，乐于锻炼身体，拥有健康的身心。包含以下课程：蹦蹦跳跳、一键穿心、脚底生花、自然洒脱、快乐奔跑、闻鸡起舞、捷足先登、左穿右插、悦跳越快、起死回生、横冲直撞、翻飞腾跃、比翼双飞、三足鼎立、金蝉脱壳、足够霸道、行云流水、居高临下、同一首歌、天衣无缝、众志成城、毽舞飞扬、足够精彩、雅俗共赏等。

（二）井恬课程

井恬课程是崇尚德行至正，乐于洋溢美德，拥有正向的行为。包含以下课程：礼仪教育、"新"花怒放、洗耳恭听、井井有条、文明学员、横平竖直、5S伴我行、彬彬有礼、公民教育、明理导行、相亲相爱、"一杯姜茶"、心理健康、天天向"尚"、感恩教育、品质教育、谦谦有礼、我型我"塑"、励志教育、了解自我、一日三省、赏心悦目等。

（三）井言课程

崇尚语言至雅，乐于表达交流，拥有沟通的智慧。包含以下课程：烂漫蒙学、习字修身、汉字思维、绘声绘语、古村小导游、古韵童声、绘形绘色、仿句识音、美音美词、雅韵传承、美音美文、研文思意、学以致用等。

（四）井思课程

崇尚思维至活，乐于分析思考，拥有严谨的逻辑。包含以下课程：数一数二、数学乐园、炫彩巧拼、小小发明、数不胜数、加减乘除、举一反三、三阶数独、玩转扑克、玩转多米诺、多彩魔方、巧排队列、击鼓传数、趣味创编、一"站"到底、快乐数独、我型我"数"、魔幻魔方、数字谜语、排列组合、数学故事、玩转数学、神机妙算、数学欣赏等。

（五）井美课程

崇尚艺术至美，乐于发展特长，拥有雅致的情趣。包含以下课程：乐动心弦、美妙涂鸦、唱游童年、拼拼贴贴、小小节奏师、画出彩虹、筝筝日尚、渲染泼墨、笔墨生花、灰塑社团、吹音袅袅、舞动童心、唱游童年等。

（六）井探课程

崇尚科学至新，乐于探索实践，拥有创新的意识。包含以下课程：科学故事、科学幻想画、无人机、蚕宝宝变形记、思维导图、公园观鸟、无线电测向、趣味编程、科普讲堂、力电磁魔力棒、种子的生长、力翰科学、垃圾分类、认识周围的动植物、霸王花种植、公园观鸟、古村探秘、古村印象等。

三、 课程图谱

基于上述的课程结构，我校六个年级的课程图谱如下。（见表 1－4）

表 1－4 深井小学"井养式课程"图谱

井养式课程 / 年级	学期	井动课程	井恬课程	井言课程	井思课程	井美课程	井探课程
一年级	上学期	一键穿心 脚底生花 自然洒脱 快乐奔跑 蹦蹦跳跳	"新"花怒放 洗耳恭听 井井有条 明理导行 感恩教育 文明学员 5s伴我行	烂漫蒙学 故事大王 汉字思维 习字修身 智慧阅读 绘本故事 趣味字母	玩转数学 炫彩巧拼 计算小能手 活学活用	舞动童心 唱游童年 吹音袅袅 小小节奏师 筝筝日尚 拼拼贴贴	科学故事 科学幻想画 乐高机器人 认识周围的 动植物
	下学期	一键穿心 脚底生花 自然洒脱 快乐奔跑 蹦蹦跳跳	我型我"塑" 彬彬有礼 黄埔小兵 励志教育 公民教育 礼仪教育 5s伴我行	烂漫蒙学 故事大王 汉字思维 习字修身 智慧阅读 绘本故事 趣味字母	数一数二 计算小能手 活学活用	舞动童心 唱游童年 吹音袅袅 小小节奏师 筝筝日尚 拼拼贴贴	蚕宝宝变形记 思维导图 垃圾分类 公园观鸟 无线电测向
二年级	上学期	一键穿心 脚底生花 自然洒脱 快乐奔跑 蹦蹦跳跳	洗耳恭听 井井有条 明理导行 感恩教育 文明学员 5s伴我行	古韵童声 故事大王 汉字思维 习字修身 智慧阅读 绘本故事 趣味字母	玩转数学 炫彩巧拼 计算小能手 活学活用	舞动童心 唱游童年 吹音袅袅 小小节奏师 筝筝日尚 画出彩虹 渲染泼墨	科学故事 科学幻想画 乐高机器人 认识周围的 动植物
	下学期	一键穿心 脚底生花 自然洒脱 快乐奔跑 蹦蹦跳跳	彬彬有礼 黄埔小兵 励志教育 公民教育 礼仪教育 5s伴我行	古韵童声 故事大王 汉字思维 习字修身 智慧阅读 绘本故事 趣味字母	数一数二 计算小能手 活学活用	舞动童心 唱游童年 吹音袅袅 小小节奏师 筝筝日尚 画出彩虹 渲染泼墨	蚕宝宝变形记 思维导图 垃圾分类 公园观鸟 无线电测向

续表

课程 年级 井养式	学期	井动 课程	井恬 课程	井言 课程	井思 课程	井美 课程	井探 课程
三年级	上学期	天衣无缝 金蝉脱壳 行云流水 健步如飞 悦跳越快	一杯姜茶 井井有条 明理导行 感恩教育 文明学员 5s 伴我行	古韵童声 故事大王 汉字思维 习字修身 智慧阅读 绘本故事 仿句识音	玩转数学 炫彩巧拼 计算小能手 活学活用 一站到底 数学展报 数学故事	舞动童心 唱游童年 吹音袅袅 小小节奏师 筝筝日尚 渲染泼墨 乐动心弦	科学故事 科学幻想画 乐高机器人 认识周围的 动植物 蚕宝宝变形 记 趣味编程
	下学期	天衣无缝 金蝉脱壳 行云流水 健步如飞 悦跳越快	黄埔小兵 励志教育 公民教育 礼仪教育 5s 伴我行	古韵童声 故事大王 汉字思维 习字修身 智慧阅读 绘本故事 仿句识音	计算小能手 活学活用 加减乘除 数学展报 数学城堡	舞动童心 唱游童年 吹音袅袅 小小节奏师 筝筝日尚 渲染泼墨 乐动心弦	力翰科学 科普大讲堂 思维导图 垃圾分类 公园观鸟 霸王花种植 古村探秘 无线电测向
四年级	上学期	天衣无缝 金蝉脱壳 行云流水 健步如飞 悦跳越快	一杯姜茶 井井有条 明理导行 感恩教育 文明学员 5s 伴我行	雅韵传承 习字修身 智慧阅读 小小讲解员 小小演说家 古村小导游 仿句识音	玩转数学 加减乘除 一站到底 数学展报 数学故事 计算小达人 巧学妙用	舞动童心 唱游童年 吹音如梦 小小节奏师 笔墨生花 筝筝日尚 美妙涂鸦 趣味拼贴 乐动心弦 灰塑社团	蚕宝宝变形 记 无人机 趣味编程 力翰科学 乐高机器人 科普大讲堂 思维导图 垃圾分类 公园观鸟
	下学期	天衣无缝 金蝉脱壳 行云流水 健步如飞 悦跳越快	黄埔小兵 励志教育 公民教育 礼仪教育 5s 伴我行	雅韵传承 习字修身 智慧阅读 小小讲解员 小小演说家 古村小导游 仿句识音	数学展报 数学城堡 魔幻魔方 三阶数独 命题小能手 计算小达人 巧学妙用	舞动童心 唱游童年 吹音如梦 小小节奏师 笔墨生花 筝筝日尚 美妙涂鸦 趣味拼贴 乐动心弦 灰塑社团	霸王花种植 古村探秘 无人机 趣味编程 无线电测向

续表

课程 年级	学期	井动课程	井恬课程	井言课程	井思课程	井美课程	井探课程
五年级	上学期	毽舞飞扬 足够霸道 气吞山河 捷足先登 翻飞腾跃	一杯姜茶 井井有条 明理导行 感恩教育 文明学员 5s伴我行	雅韵传承 习字修身 智慧阅读 小小讲解员 小小演说家 古村小导游 深井名人馆 美音美文	玩转数学 加减乘除 一站到底 数学展报 数学故事 计算小达人 巧学妙用	舞动童心 唱游童年 吹音如梦 小小节奏师 筝筝日尚 美妙涂鸦 乐动心弦 灰塑社团	力翰科学 乐高机器人 科普大讲堂 思维导图 垃圾分类 公园观鸟
	下学期	毽舞飞扬 足够霸道 气吞山河 捷足先登 翻飞腾跃	黄埔小兵 励志教育 公民教育 礼仪教育 5s伴我行	雅韵传承 习字修身 智慧阅读 小小讲解员 小小演说家 古村小导游 深井名人馆 美音美文	数学展报 数学城堡 魔幻魔方 三阶数独 命题小能手 计算小达人 巧学妙用	舞动童心 唱游童年 吹音如梦 小小节奏师 筝筝日尚 美妙涂鸦 乐动心弦 灰塑社团	霸王花种植 古村探秘 无人机 趣味编程 无线电测向
六年级	上学期	毽舞飞扬 足够霸道 气吞山河 捷足先登 翻飞腾跃	井井有条 明理导行 感恩教育 文明学员 5s伴我行	雅韵传承 习字修身 智慧阅读 小小讲解员 小小演说家 古村小导游 深井名人馆 美音美文	玩转数学 一站到底 数学展报 数学故事 计算小达人 巧学妙用	舞动童心 唱游童年 吹音如梦 小小节奏师 筝筝日尚 美妙涂鸦 创意拼贴 乐动心弦 灰塑社团	无人机 趣味编程 科普大讲堂 思维导图 垃圾分类 公园观鸟
	下学期	毽舞飞扬 足够霸道 气吞山河 捷足先登 翻飞腾跃	了解自我 励志教育 公民教育 礼仪教育 5s伴我行	雅韵传承 习字修身 智慧阅读 小小讲解员 小小演说家 古村小导游 深井名人馆 美音美文	数学展报数学城堡魔幻魔方三阶数独命题小能手 计算小达人 巧学妙用	舞动童心 唱游童年 吹音如梦 小小节奏师 筝筝日尚 美妙涂鸦 创意拼贴 乐动心弦 灰塑社团	霸王花种植 古村探秘 无人机 趣味编程 无线电测向

三、各年级课程设置

根据各课程的学科特点,在尊重学生认知规律、课程内容遵循从易到难、由浅入深、循序渐进原则的基础上,"井养式"课程力争系统、科学的设置各年级课程。除了国家基础课程之外,我校"井养式"课程根据课程标准,具体设置如下(表1-5):

表1-5 一年级课程设置图谱

课程维度	学期	课程内容与要求	
井动课程	上学期	蹦蹦跳跳	练习身体协调性,掌握跳绳技巧。
		一键穿心	初练基本功,做到击中目标。
	下学期	脚底生花	基本功练习,做到将球停稳。
		自然洒脱	基本功练习,掌控足球。
井恬课程	上学期	礼仪教育	引入"席殊写字校本教材",从小学生端正书写规范和坐姿,养成良好的体态,进行习字修身。并利用班队会时间对中华传统礼仪进行讲解,使学生知礼懂理,具备基本的礼仪修养。学会用"谢谢""请""您好"等。
		"新"花怒放	初步学习学校"每月一事"之养成教育训练、"文明礼仪课间操",主动、正常与人沟通交流的基本日常用语,会主动向师长问好,行鞠躬礼;学习帮爸妈做力所能及的家务。
		洗耳恭听	以"听"的繁体字入手,训练孩子的倾听能力,培养孩子良好的倾听习惯。
	下学期	井井有条	训练整理方式方法。学会自己整理学习用品和书籍,上学前自己整理好需要带到学校的所有学习用品,不遗漏,不麻烦父母送到学校。
		文明学员	上课行为规范:做到头正、身直、足安;要发言先举手,老师叫你才开口。
井言课程	上学期	烂漫蒙学	能背诵《千字文》《弟子规》《三字经》等蒙学篇章;学习"汉字思维"系列绘本故事。
		习字修身	结合我校写字校本教材,学习"头正、身直、足安"坐姿,学习正确的握笔姿势。掌握汉字基本笔画的书写方法,初步了解汉字基本的字形结构。
		绘声绘语	通过音、视频资源的导入,植入各类游戏和操作,利用比赛、游戏等形式学习26个字母的音和形;阅读经典的国内外绘本作品,老师讲故事,学生说故事;学习语言艺术,教给孩子语言技巧及人际交往中的基本礼节。

续表

课程维度	学期		课程内容与要求
井言课程	下学期	烂漫蒙学	能背诵《百家姓》《声律启蒙》等蒙学篇章；学习"汉字思维"系列绘本故事。
		习字修身	进一步学习巩固"头正、身直、足安"坐姿，学会正确的握笔姿势。掌握汉字基本笔画的书写方法，初步了解汉字基本的字形结构。
		绘声绘语	阅读经典的国内外绘本作品，老师讲故事，学生说故事；语言艺术，教给孩子语言技巧及人际交往中的基本礼节。
井思课程	上学期	数一数二	通过数数活动，帮助学生了解学校生活，激发学生学习数学的兴趣，初步建立数感和一一对应的思想，渗透应用意识。
		数学乐园	了解同一问题可以有不同的解决方法，培养有条理地进行思考的能力。经历数学知识的应用过程，感受自己身边的数学知识，体会学数学、用数学的乐趣。例如：每个单元最后一节课都是解决问题。
	下学期	炫彩巧拼	使用七巧板和培养学生观察力、记忆力、空间想象能力和创新意识，创造性思维能力，发展学生实际操作能力。
		小小发明	多媒体教学课件、各种图形的纸片、圆纸片、胶水、剪刀。通过剪一剪、拼一拼、摆一摆的实际操作，加深对图形的感性认识，并能用自己的语言描述长方形、正方形边的特征。
井美课程	上学期	乐动心弦	乐理常识，基本节拍，认识课堂打击乐种类，正确使用打击乐器。
		美妙涂鸦	体验运用不同的色彩和线条，感受图形的变化。
	下学期	唱游童年	把音乐符号化为富有情绪的生动形象的游戏，在玩中学、在学中游。
		拼拼贴贴	运用剪和拼的方法，拼贴成一幅好看的画。
井探课程	上学期	科学故事	激发爱科学的兴趣。
		科学幻想画	了解身边基础的科学小知识，动手操作实践，对我们生活的环境有更深的认识。
		乐高机器人	
		认识周围的动植物	了解生活周边的动植物的名称、基本特性。
		蚕宝宝变形记	

续表

课程维度	学期	课程内容与要求	
井探课程	下学期	思维导图	
		垃圾分类	
		公园观鸟	
		无线电测向	

表1-6   二年级课程设置表

课程维度	学期	课程内容与要求	
井动课程	上学期	快乐奔跑	跑跳结合,提高手脚协调能力。
		闻鸡起舞	基本功练习,要求将毽球踢得更高更远。
	下学期	捷"足"先登	基本功练习,要求把足球踢得更远。
		左穿右插	基本功练习,要求左右脚交替控稳球。
井恬课程	上学期	横平竖直	培养学生养成规范的写字姿势,教授基本笔画,感知汉字结构的美。巩固写字姿势,教学汉字基本笔画,感知汉字的形态之美。
		5S伴我行	继续学习学校"每月一事"之养成教育训练、"文明礼仪课间操",以最高品质要求自己,时时刻刻谨记一条线,不断链,最高品质静悄悄。
	下学期	彬彬有礼	在家庭生活中,要尊老爱幼、善待亲人;在人际交往中,要谦恭礼让、谅解宽容、与人为善;在社会生活中,要遵守规则、维护公德、爱护环境。提出的要求应明确、具体、详细,提高可执行性。培养阳光的心理。举止文明,有礼貌、不打架、不骂人。
		公民教育	利用班队会时间讲解基本的安全常识、法治常识、环保常识。
井言课程	上学期	古韵童声	陈琴经典素读一年级读本中的《幼学琼林》和《日有所诵》部分篇目;通过吟唱古诗文;学习"汉字思维"系列绘本故事。
		习字修身	进一步学习巩固"头正、身直、足安"坐姿,养成规范的写字姿势。掌握汉字基本笔画的书写方法,初步了解汉字基本的字形结构,感知汉字的结构美。
		绘形绘色	阅读经典的国内外绘本作品,学生讲绘本故事,尝试表演,并发挥想象画出绘本内容或者绘编绘本内容,如《神奇飞书》。

续表

课程维度	学期		课程内容与要求
井言课程	上学期	仿句识音	能连续地跟读或朗读文本内容,正确模仿句子的语音语调,能熟练演唱课本的英文歌。加强语音意识训练,并开展 Sight Words 的教学研究。
		我是小导游	培训小导游学习介绍学校的建筑、历史和办学特色。
	下学期	古韵童声	陈琴经典素读一年级读本中的《千字文》和《日有所诵》部分篇目;学习"汉字思维"系列绘本故事。
		习字修身	结合我校写字校本教材,进一步学习巩固"头正、身直、足安"坐姿,养成规范的写字姿势。掌握汉字基本笔画的书写方法,初步了解汉字基本的字形结构,感知汉字的结构美。
		绘形绘色	阅读经典的国内外绘本作品,学生讲绘本故事,尝试表演,并发挥想象画出绘本内容或者绘编绘本内容。
		仿句识音	能连续地跟读或朗读文本内容,正确模仿句子的语音语调,能熟练演唱课本的英文歌。加强语音意识训练,并开展 Sight Words 的教学研究。
		我是小导游	培养小导游继续学习介绍学校的建筑、历史和办学特色。尝试给来宾简单介绍。
井思课程	上学期	数不胜数	借助操作活动,认识新的计数单位"千",了解个、十、百、千计数单位之间的关系,初步发展位值概念。
		举一反三	找规律填数、找规律画图;根据给出的数和图形的排列,寻找数与图形的变化规律,使学生思考时能从多方面、多角度去观察,训练孩子的观察和分析能力,训练孩子思维的逻辑性和严密性。
	下学期	加减乘除	掌握大数的加减法计算、学会有规律的乘法计算。
		三阶数独	介绍数独的起源、规则以及数独游戏的秘诀,培养学生有顺序地、全面思考问题以及推理的能力。
井美课程	上学期	小小节奏师	能够运用人声、乐器或其他音乐材料在教师指导下创作 1—2 小节节奏音型。
		画出彩虹	能够运用七种颜色画出彩虹。
	下学期	筝筝日尚	认识古筝,知道它的历史,了解古筝各部分名称。认识民族乐器的基本音阶,能初步会唱五声音阶。
		渲染泼墨	初步掌握国画的初步知识和技能,包括用墨,用水,用笔。

续表

课程 维度	学期	课程内容与要求	
井探 课程	上学期	科学故事	
		科学幻想画	
		乐高机器人	
		认识周围的动植物	常见垃圾分类方法。
		蚕宝宝变形记	
	下学期	思维导图	科幻画创作,优秀科幻画展示。
		垃圾分类	养成垃圾分类习惯,自觉在学校、家庭中实行垃圾分类。
		公园观鸟	
		无线电测向	

表 1-7　三年级课程设置表

课程 维度	学期	课程内容与要求	
井动 课程	上学期	"悦"跳越快	熟练单脚交换跳,并脚跳的方法。
		起死回生	基本功练习,将掉到地面的毽球挑起来。
	下学期	横冲直撞	基本功练习,要求左右脚交替控稳足球。
		翻飞腾跃	基本功练习,相互配合穿插于长跳绳中。
井恬 课程	上学期	明理导行	继续学习学校"每月一事"之养成教育训练、"文明礼仪课间操",能主动跟师长倾诉交流内心情感,认识自我和尊重他人,遵守相应的纪律规则。
		相亲相爱	学会团结互助:与同学和老师相处融洽,主动与人合作,能尊重他人的观点。
		"一杯姜茶"	学习煮姜茶,给环卫工人送姜茶,送温暖,洋溢爱心。
	下学期	心理健康	通过心理健康教育,认识自我,端正行为规范,至正德行。
		5S伴我行	继续学习学校"每月一事"之养成教育训练、"文明礼仪课间操",以最高品质要求自己,时时刻刻谨记一条线,不断链,最高品质静悄悄。

续表

课程维度	学期	课程内容与要求	
井言课程	上学期	古韵童声	能背诵陈琴经典素读读本《唐诗》；阅读与分享：寓言、成语、历史故事等，并能分享交流；以"白日依山尽"这句诗中的"白日"二字分别开头，进行成语接龙。
		习字修身	结合我校写字校本教材，学习"八正"书写习惯，初步形成"习字修身，养正居敬"的写字状态。
		美音美词	能根据提示或图片用英语进行简要描述；突出语音意识训练，并扎实开展 Phonics 教学研究。
		我是小导游	培养小导游向来宾熟练介绍学校的建筑、历史和办学特色。学习讲解深井古村的历史故事、建筑特色。
	下学期	古韵童声	能背诵陈琴经典素读读本《宋词》；阅读与分享：寓言、成语、历史故事等，并能分享交流；以"白日依山尽"这句诗中的"依山尽"分别开头，进行成语接龙。
		习字修身	结合我校写字校本教材，学习"八正"书写习惯，初步形成"习字修身，养正居敬"的写字状态，争取参加写字或书法比赛获奖。
		美音美词	能根据提示或图片进行简要描述；突出"Let's Talk 板块的对话课模式"和"词汇教学模式"等主题的研究及应用。
		我是小导游	培养小导游向来宾简单介绍深井古村的历史、名人故事和建筑特色。
井思课程	上学期	玩转扑克	找出是轴对称图形的扑克牌以及初步了解中心对称图形。
		玩转多米诺	利用多米诺骨牌"设计、摆放、推倒"的有趣过程。
	下学期	魔方格填数	以教材学习的"除数是一位数的除法"为基础，培养学生推理的能力。
		巧排队列	在学生已有知识和经验的基础上，继续让学生通过观察、猜测、实验等活动找出事物的搭配与排列。
井美课程	上学期	乐动心弦	能够运用线条、色块、图形记录感受到的音乐。
		渲染泼墨	初步掌握国画的初步知识和技能，包括用墨、用水、用笔、用色。
	下学期	笔墨生花	能够运用国画的基本技法画一幅中国画。
		筝筝日尚	了解古筝的音域、定弦。古筝的弹奏姿势和基本手型，勾、托。

续表

课程维度	学期	课程内容与要求	
井探课程	上学期	科学故事	
		科学幻想画	
		乐高机器人	动手实际操作机器人。
		认识周围的动植物	通过种植了解植物生长的养分需求,指导如何种植植物。
		蚕宝宝变形记	
		趣味编程	初步掌握编程的规则。运用编程制作简单的绘画。
		力翰科学	通过一系列光、声音、色彩的小实验了解它们的特性。
	下学期	科普大讲堂	
		思维导图	
		垃圾分类	
		公园观鸟	
		古村探秘	
		无线电测向	
		霸王花种植	

表 1-8 四年级课程设置表

课程维度	学期	课程内容与要求	
井动课程	上学期	比翼双飞	肩并肩跳,协调灵敏练习。
		三足鼎立	基本功练习,三人配合传球。
	下学期	金蝉脱壳	基本功练习,运球过人。
		足够霸道	初步学习键球比赛规则,掌控比赛节奏。
井恬课程	上学期	明理导行	继续学习学校"每月一事"之养成教育训练、"文明礼仪课间操",明白做人做事的道理,明辨是非,拥有正向的行为。
		相亲相爱	能主动帮助有困难的同学,拥有集体主义精神,形成集体凝聚力。
	下学期	心理健康	拥有阳光的心态,正向的行为,高雅的情操。

续表

课程维度	学期	课程内容与要求	
井恬课程	下学期	天天向"尚"	利用班队会时间让学生知道诚实守信,不私自拿他人东西,知错就改,接受师长教导,关心父母。崇德向善,明礼知耻;学习《朱子家训》中一些比较晓畅明白的篇章。
		感恩教育	利用班队会时间让学生知道在自己成长的过程中有多少人付出了努力和关爱,从而学会感恩,进而用实际行动表达自己的感恩之情。
		5S 伴我行	继续学习学校"每月一事"之养成教育训练、"文明礼仪课间操",以最高品质要求自己,时时刻刻谨记一条线,不断链,最高品质静悄悄。
井言课程	上学期	雅韵传承	背诵陈琴经典素读《诗经·国风》;阅读经典名著,分享故事与阅读感受;朗诵、演讲。
		习字修身	结合我校写字校本教材,学习"八正"书写习惯,逐步形成"习字修身,养正居敬"的写字状态,争取参加写字或书法比赛获奖。
		美音美文	能根据提示或图片用英语进行简要描述;突出语音意识训练,并扎实开展 Phonics 教学研究。开展单元整体教学设计研究及实践的同时,突出"Let's Talk 板块的对话课模式"和"词汇教学模式"等主题的研究及应用。
		我是小导游	培养小导游向来宾熟练介绍深井古村的历史、名人故事、建筑特色及古村特产等。
	下学期	雅韵传承	背诵陈琴经典素读《诗经·小雅》;阅读经典名著,分享故事与阅读感受;朗诵、演讲。
		习字修身	结合我校写字校本教材,学习"八正"书写习惯,逐步形成"习字修身,养正居敬"的写字状态,争取参加写字或书法比赛获奖。
		美音美文	能根据提示或图片用英语进行简要描述;突出语音意识训练,并扎实开展 Phonics 教学研究。开展单元整体教学设计研究及实践的同时,突出"Let's Talk 板块的对话课模式"和"词汇教学模式"等主题的研究及应用。
		我是小导游	培养小导游向来宾熟练介绍深井古村的历史、名人故事、建筑特色及古村特产等;学习介绍黄埔军校的历史和故事。
井思课程	上学期	数字之谜	含有数字和汉字的加减法,乘除法竖式突破口技巧。学会估算、化为竖式、特殊数字的位置、多个横式的问题从乘法算式入手等。
		趣味创编	数学手抄报。

课程 维度	学期	课程内容与要求	
井思 课程	下学期	一"站"到底	介绍"24点"游戏的来历及规则;培养学生的数感,激发学生学习数学的兴趣,训练学生数学思维和解"24点"技巧,在学中玩、在玩中学。
		快乐数独	介绍数独的由来,掌握基本的解决方法:唯一解法、基础摒除法、区块摒除法。
井美 课程	上学期	灰塑社团	让学生初步掌握灰塑的技法,创作一幅灰塑作品。
		舞动童心	通过训练使学生身体各部位有一定的灵活与协调潜力,跳舞时与音乐协调一致。
		吹音袅袅	了解不同演奏乐器的音色及演奏方法以及作曲家运用乐器的意图。
	下学期	灰塑社团	让学生初步掌握灰塑的技法,创作一幅灰塑作品。
		舞动童心	对事物的动态和舞蹈动作有模仿兴趣,乐于参与自娱性的儿童群众活动。
		吹音袅袅	了解不同演奏乐器的音色及演奏方法以及作曲家运用乐器的意图。
井探 课程	上学期	蚕宝宝变形记	
		乐高机器人	了解身边基础的科学小知识,动手操作实践,对我们生活的环境有更深的认识。
		科普大讲堂	
		思维导图	
		力翰科学	
	下学期	垃圾分类	
		公园观鸟	
		霸王花种植	在原有的经验上更好地种植,观察霸王花的生长特性,达到科学种植的目的。
		古村探秘	"古风新韵"深井文化以及文人知识挖掘。
		无人机	
		趣味编程	初步运用编程进行简单的动画编辑,掌握编程的规则与方法。
		无线电测向	

表1-9　五年级课程设置表

课程维度	学期	课程内容与要求	
井动课程	上学期	行云流水	踢球技术熟练,配合默契。
		居高临下	基本功练习,掌握键球进攻技术,准确控点。
	下学期	同一首歌	基本功练习,掌握键球发球、控球技巧,准确打点。
		天衣无缝	巧妙布阵,配合默契。
井恬课程	上学期	天天向"尚"	利用节日文化的宣传与活动,引导学生崇尚高雅的品格,传承中华传统美德。
		品质教育	利用班队会时间使学生理解什么是诚实守信,什么是坚持不懈,懂得诚实守信、坚忍不拔等品质是中华民族的传统美德,也是我们每个少年儿童立身做人的基本道德准则,做一个诚实守信,有毅力之人。
		谦谦有礼	端正学习态度:为人谦虚,能看到别人优点,向他人学习,清楚自己的不足之处,有错先承认并努力改正,做到不犯相同的错误。集队行走规范:集队做到快静齐,走路时靠右行,一条线不断链。
	下学期	"一杯姜茶"	做好人,接受师长教导,体贴孝敬父母,诚实守信,不贪小便宜,爱护小同学,主动做"一杯姜茶"等公益事情。
		我型我"塑"	通过艺术、体育课程,塑造健康的人格,培养正向的行为,打造积极的人生。
		5S伴我行	继续学习学校"每月一事"之养成教育训练、"文明礼仪课间操",以最高品质要求自己,时时刻刻谨记一条线,不断链,最高品质静悄悄。
井言课程	上学期	雅韵传承	能背诵经典素读本《论语中的成语》《小古文》;阅读经典名著,分享故事与阅读感受;朗诵、辩论赛、演讲。
		习字修身	结合我校写字校本教材,学习"八正"书写习惯,形成"习字修身,养正居敬"的写字状态,争取参加写字或书法比赛获奖。
		研文思意	开展单元整体教学设计研究及实践的同时,突出"Let's Read板块的课型研究"。
		我是小导游	培养小导游向来宾熟练介绍深井古村;培养小导游向来宾简单介绍黄埔军校的历史和故事。
	下学期	雅韵传承	能背诵经典素读本《论语中的成语》《小古文》;阅读经典名著,分享故事与阅读感受;朗诵、辩论赛、演讲。
		习字修身	结合我校写字校本教材,学习"八正"书写习惯,形成"习字修身,养正居敬"的写字状态,争取参加写字或书法比赛获奖。

续表

课程维度	学期	课程内容与要求	
井言课程	下学期	研文思意	开展单元整体教学设计研究及实践的同时,突出"Let's Read 板块的课型研究"。
		我是小导游	培养小导游向来宾熟练介绍深井古村;向来宾声情并茂地介绍黄埔军校的历史和故事。
井思课程	上学期	我"行"我"数"	设计数字编码、为自己编一个学号等。
		活用数学	用方程解决问题和植树问题解等生活的数学问题。
	下学期	数学故事	"0"的故事、最古老的数学趣题、蜂窝猜想等。
		魔幻魔方	介绍魔方的起源、魔方的种类、对魔方公式符号说明,基本术语和玩法介绍,三阶魔方复原步骤、三阶魔方复原练习、魔方高级玩法介绍,等等。
井美课程	上学期	吹音袅袅	了解不同演奏乐器的音色及演奏方法以及作曲家运用乐器的意图。
		灰塑社团	让学生初步掌握灰塑的技法,创作一幅灰塑作品。
		舞动童心	初步理解舞蹈表情,明白舞蹈与音乐的姐妹关系。
	下学期	舞动童心	在舞蹈中与他人合作,欣赏舞蹈,能有体态反应,掌握舞蹈风格。
		灰塑社团	让学生初步掌握灰塑的技法,创作一幅灰塑作品。
		吹音袅袅	能用简单的肢体语言、文字语言等方式体会、表现乐曲的旋律所描绘的意境。
井探课程	上学期	力翰科学	了解身边基础的科学小知识,动手操作实践,对我们生活的环境有更深的认识。
		乐高机器人	
		科普大讲堂	1.科技创新类的讲座;2.3D打印技术;3.科普故事的创作。
		思维导图	
		垃圾分类	
	下学期	公园观鸟	1.认识观鸟的历史和意义;2.认识鸟类的名字;3.用望远镜观察鸟类;4.分享交流汇报。
		霸王花种植	在原有的经验上更好地种植,观察霸王花的生长特性,达到科学种植的目的。
		古村探秘	1."古风新韵"深井文化以及文人知识挖掘;2.以古村为题材创作诗歌;3.设计《深井名人》明信片。

续表

课程维度	学期		课程内容与要求
井探课程	下学期	无人机	无人机、北斗科技，无人机科普、无人机 DIY 组装、模拟飞行体验、实操体验飞行、FPV 体验、北斗追踪等。
		趣味编程	初步学会运用编程进行动画编辑。
		无线电测向	

表 1–10　六年级课程设置表

课程维度	学期		课程内容与要求
井动课程	上学期	众志成城	技战术配合，掌控足球比赛。
		毽舞飞扬	技战术配合，掌控毽球比赛。
	下学期	足够精彩	掌握足球的基本技能，会欣赏足球比赛。
		雅俗共赏	掌握毽球的基本技能，会欣赏毽球比赛。
井恬课程	上学期	励志教育	利用班队会时间使学生明白学习要靠勤奋，要有正确的学习态度，奋力拼搏，努力学习，力争取得好成绩。
		了解自我	利用校本课程，提高学生心理抗压能力，做一名阳光少年。
	下学期	一日三省	利用班队会时间，使学生明白为人要谦虚，能看到别人的优点，向他人学习，清楚自己的不足之处，有错先承认并努力改正，做到不犯相同的错误。
		赏心悦目	制作"赏心悦目"评价表，学会欣赏他人，取长补短，健全人格。
井言课程	上学期	雅韵传承	能背诵经典素读读本《论语中的成语》《大学》；阅读经典名著，分享故事与阅读感受；朗诵、辩论赛、演讲。
		习字修身	结合我校写字校本教材，学习"八正"书写习惯，形成"习字修身，养正居敬"的写字状态，争取参加写字或书法比赛获奖。
		学以致用	开展单元整体教学设计研究及实践的同时，突出"Let's Read 板块的课型研究"和"小学高年级学生写作训练模式"等主题的研究及应用；开展阅读教学研究，突出"Let's Read 板块的课型模式研究"。
		我是小导游	向来宾熟练介绍深井古村；向来宾声情并茂地介绍黄埔军校的历史和故事；并能承担培训二年级的小导游的任务。

课程维度	学期		课程内容与要求
井言课程	下学期	雅韵传承	能背诵经典素读读本《论语中的成语》《中庸》；阅读经典名著，分享故事与阅读感受；朗诵、辩论赛、演讲。
		习字修身	结合我校写字校本教材，学习"八正"书写习惯，形成"习字修身，养正居敬"的写字状态，争取参加写字或书法比赛获奖。
		学以致用	开展单元整体教学设计研究及实践的同时，突出"Let's Read 板块的课型研究"和"小学高年级学生写作训练模式"等主题的研究及应用；开展阅读教学研究，突出"Let's Read 板块的课型模式研究"。
		我是小导游	向来宾熟练介绍深井古村；向来宾声情并茂地介绍黄埔军校的历史和故事；并承担培训二年级的小导游的任务。
井思课程	上学期	玩转数学	1. 理解分数乘、除法和倒数的意义，掌握分数乘、除法的计算方法，掌握求倒数的方法；比较熟练地计算简单的分数乘、除法，会进行简单的分数四则混合运算。 2. 理解比和百分数的意义，会求比值和化简比，会解决比和百分数的简单实际问题。 3. 工程问题、行程问题、分段问题、复合问题。 4. 圆以及组合图形的面积。
		神机妙算	设置"条件开放题""策略开放题""结论开放题""综合开放题"四个栏目，通过训练对大部分数学问题能够迎刃而解。
	下学期	玩转数学	1.生活中的百分数；2.圆柱与圆锥；3.比例；4.鸽巢问题。
		小小发明	多媒体教学课件、各种图形的纸片、圆纸片、胶水、剪刀。通过剪一剪，拼一拼，摆一摆的实际操作，加深对图形的感性认识，并能用自己的语言描述长方形、正方形边的特征。
井美课程	上学期	乐动心弦	乐理常识，基本节拍，认识课堂打击乐种类，正确使用打击乐器。
		美妙涂鸦	体验运用不同的色彩和线条，感受图形的变化。
	下学期	唱游童年	把音乐符号化为富有情绪的生动形象的游戏，在玩中学、在学中游。
		拼拼贴贴	运用剪和拼的方法，拼贴成一幅好看的画。
井探课程	上学期	无人机	
		公园观鸟	
		科普大讲堂	

续表

课程维度	学期		课程内容与要求
井探课程	上学期	思维导图	
		垃圾分类	
	下学期	霸王花种植	
		古村探秘	1. "古风新韵"深井文化以及文人知识挖掘；2. 以古村为题材创作诗歌；3. 设计《深井名人》明信片。
		无人机	无人机、北斗科技，无人机科普、无人机 DIY 组装、模拟飞行体验、实操体验飞行、FPV 体验、北斗追踪等。
		趣味编程	初步学会编程规则与方法，初步学会运用编程进行动画编辑。
		无线电测向	

第五部分　学校课程实施与评价

学校课程建设的重心在实施。我校通过课堂教学、学科建设、社团活动、研学旅行等方面来落实课程实施，以实现"井养文化"的追求。

一、构建"井养课堂"，落实学科基础课程

课堂教学是课程实施最重要的途径。我校构建"井养式课程"来落实学科基础课程。

（一）"井养课堂"的实践与操作

"井养课堂"是围绕孩子的核心素养培养的课堂，包含以下六个要素：

1. **教学目标：饱满。** "井养课堂"教学目标注重饱满。学校课程在实施过程中，培养符合新世纪需要的少年，成为具有扎实基础知识、丰富的情感世界，正确的价值取向的有为少年，勇于担当、具有责任感、勇敢正直的有为少年；具有适应终身学习的技能和方法，学会收集、判断和处理信息，具有初步的科学与人文素养，环境意识，具有强健的体魄、顽强的意识、积极健康的生活方式和审美情趣，学会交流与合作，具有团队

精神,初步具有面向世界的开放意识。

2. **教学内容: 丰富。** "井养课堂"教学内容注重丰富。教学内容广泛丰富,涉及语言文学领域、数学学习领域、自然科学学习领域、社会科学学习领域、技术学习领域、艺术学习领域、体育健身学习领域。课程内容是课程组织中最为核心的要素,基础教育课程存在一定的局限性,学校在教育过程中结合地方文化与社会资源,努力创设更广泛的课程内容,让孩子们全方位了解人文素养、数学空间、科学技术、体育艺术等方面的学习内容,让孩子们在多样化的学习材料中阅读人生、阅读社会,形成自己的个性。

3. **教学过程: 情趣。** "井养课堂"教学过程注重情趣。学校教学过程是师生生命成长的过程,在这个过程中,培养学生良好的学习习惯和自学能力;培养孩子主动探究、乐于实践、团队合作的能力;培养孩子勇于面对困难、克服困难的信心与毅力;培养孩子敢于质疑、学会独立思考、积极乐观的求学态度;培养孩子健康的心理素质与生存技能,在不断探究、发现与实践中,孜孜追求,尝试成功的喜悦。

4. **教学方法: 迁移。** "井养课堂"常用迁移教学法。根据心理学的研究,先前的学习会对当前的学习产生影响,或者当前的学习会对先前的学习产生影响。这种现象就是迁移。迁移有正迁移和负迁移。"井养课堂"中教师依据"迁移规律"在教学中努力实现正迁移,防止负迁移,设法为新知识的生长提供联系的"认识桥梁",通过迁移来发挥旧知识在学习新知识中的铺垫作用。在通过引导学生类比推理,沟通新旧事物之间的联系,通过比较、分析、综合,对事物进行抽象、概括,以做到举一反三、触类旁通。

5. **教学评价: 多元。** "井养课堂"讲究多元教学评价。这实质上是把教学和评价看成同一过程不可分割的两个方面,多元评价观点下的教学,实质上是对学生知识建构过程的介入。教师教学遵循评价方式的五项基本原则:一是评价是多角度的,二是评价关注学生不同阶段的成长,三是评价要反映教学信息,四是正式与非正式评价同等重要,五是学生是主动的自我评价者。多元教学评价包括多种不同评价方式,如实作评价、动态评价、变通性评价、卷宗评价、真实评价、直接评价等。实作评价是指在学生生活和学习的情景里,通过对学生完成实际作业表现的观察,依靠教师的专业判断,对学生学业成就进行整体判断的教学评价方式。卷宗评价,可视为一种以搜集学生作品集为特色的实作评价。这种评价通过有目的地搜集学生作品，用这些作品来呈现学生在一个或多个领域内的努力、进步和成就。实作评价是多元教学评价的主要方式。卷宗评价可视为实作评价的一种形式。

6. 教学文化：鼓励。"井养课堂"以"鼓励"为教学文化氛围。伟大的科学家爱因斯坦说过："最重要的教育方法就是鼓励孩子去实际行动。"我们以"鼓励"为师生教学实践赖以展开的前提、背景和氛围，以"鼓励"为学习与教学活动的文化。教师在课程实施的过程中要及时鼓励孩子每一点进步，要鼓励孩子坚持自己的志向，要鼓励孩子去大胆尝试，以实现让孩子快乐地学习，并不畏惧犯错与失败，不断进步，成为一个更完整的人。

（二）"井养课堂"的评价标准

我校的"井养课堂"主要从教学目标、教学内容、教学过程、教学方法、教学评价、教学文化六个方面开展评价。具体评价要求如表 1-11 所示。

表 1-11　深井小学"井养课堂"评价表

课程：　　　　班级：　　　　教师姓名：　　　　成绩：

评价项目	评价标准	评价结果		
		优	良	中
教学目标：饱满	1. 基础知识扎实、情感世界丰富、价值取向正确，勇于担当、具有责任感、勇敢正直的有为少年。 2. 具有适应终身学习的技能和方法。 3. 能学会收集、判断和处理信息，具有初步的科学与人文素养、环境意识。 4. 具有强健的体魄、顽强的意志、积极健康的生活方式和审美情趣。 5. 能学会交流与合作，具有团队精神，初步具有面向世界的开放意识。			
教学内容：丰富	1. 内容涉及语言文学、数学、自然科学、社会科学、技术、艺术、体育健身学习。 2. 能结合地方文化与社会资源。 3. 让孩子们全方位地了解人文素养、数学空间、科学技术、体育艺术等方面的学习内容。 4. 多样化的学习材料中阅读人生、阅读社会，形成自己的个性。			

续表

评价项目	评价标准	评价结果		
		优	良	中
教学过程：情趣	1. 孩子能主动探究、乐于实践、团队合作的能力。 2. 能敢于质疑。 3. 不断探究、发现。 4. 多行动,多实践。			
教学方法：迁移	1. 做到举一反三、触类旁通地去学习。 2. 拥有"灵、巧、活",把不相关的东西联系在一起。 3. 因地制宜,因事而议,具体问题具体分析。 4. 正确地运用不同的思考方式来看待不同的问题。			
教学评价：多元	1. 多角度评价。 2. 关注学生不同阶段的成长。 3. 反映教学信息。 4. 正式与非正式评价。 5. 学生主动自我评价。			
教学文化：鼓励	1. 以"鼓励"为主。 2. 尊重学生的差异性。 3. 加强对学生情感、认知、心理的了解与研究。 4. 营造宽松、民主的氛围,为激励性评价创造条件。			

二、 建设"井养学科"，落实学科拓展课程

落实学科拓展课程,发展学生探究能力和创新精神为核心的思维能力,转变学习方式,促进教师教育观、课程观的更新,改善我校的课程结构,结合本地资源,完善和丰富校本课程。

（一）"井养学科"的建设路径

我校围绕"1＋X"学科课程群开展"井养学科"课程。也就是说,每门学科都可以形成"1＋X"学科课程群。"1"是指基础型学科课程,"X"指学科延伸课程。教师们基于学科特点和自己的教学主张开发系列"X"课程,形成各学科的校本课程群。由教师开发的学科延伸课程既可以独立实施,也可以与基础型课程进行整合,嵌入教师课堂教学的某一环节来落实。这样,我们就有了不一样的课堂和不一样的教学。

1. 灵性语文。 "井言学科"课程实施的总体指导思想是:将经典诵读教学、"我是小导游"融汇贯穿在六年的小学学习中。

2. **活力数学**。 结合课程建设目标，"井思课程"课程实施的总体指导思想是：一、二年级的实施主要让学生体验学习乐趣，愿意参加数学活动；三、四年级主要通过数学活动培养学生的数感，初步建立数学思想，能够主动发现问题并独立思考解决问题的方法；五、六年级则突出使学生掌握一定的学习方法、学习技能，获得一些初步的数学实践活动经验，能运用所学知识和方法解决简单问题，感受数学在生活中的作用。

3. **快乐英语**。 英语学科结合课程建设目标，"井言课程"课程实施的总体指导思想是：低年级英语能根据教师的指导完成简单的任务。能做简单的角色表演。能唱简单的英文歌曲，说简单的英语歌谣。加强语音意识训练，并开展 Sight Words 的教学研究。"绘声绘语"课程通过音、视频资源的导入，植入各类游戏和操作，利用比赛、游戏等形式学习 26 个字母的音和形；阅读经典的国内外绘本作品，老师讲故事，学生说故事；学习语言艺术，教给孩子语言技巧及人际交往中的基本礼节；"趣味字母"根据教师的简单指令做动作、做游戏、做事情（如涂颜色、连线）。能做简单的角色表演。能唱较长的英文歌曲，读较长的英语歌谣；"仿句识音"能连续地跟读或朗读文本内容，正确模仿句子的语音语调，能熟练演唱课本的英文歌。加强语音意识训练，并开展 Sight Words 的教学研究；中年级英语突出语音意识训练，并扎实开展 Phonics 教学研究；开展单元整体教学设计研究及实践的同时，突出"Let's Talk 板块的对话课模式"和"词汇教学模式"等主题的研究及应用。"美音美词"能根据提示或图片用英语进行简要描述；突出语音意识训练，并扎实开展 Phonics 教学研究；突出"Let's Talk 板块的对话课模式"和"词汇教学模式"等主题的研究及应用。"美音美文"能根据提示或图片用英语进行简要描述；突出语音意识训练，并扎实开展 Phonics 教学研究。开展单元整体教学设计研究及实践的同时，突出"Let's Talk 板块的对话课模式"和"词汇教学模式"等主题的研究及应用；高年级英语开展单元整体教学设计研究及实践的同时，突出"Let's Read 板块的课型研究"和"小学高年级学生写作训练模式"等主题的研究及应用；开展阅读教学研究，突出"Let's Read 板块的课型模式研究"。"研文思意"开展单元整体教学设计研究及实践的同时，突出"Let's Read 板块的课型研究"。"学以致用"开展单元整体教学设计研究及实践的同时，突出"Let's Read 板块的课型研究"和"小学高年级学生写作训练模式"等主题的研究及应用；开展阅读教学研究，突出"Let's Read 板块的课型模式研究"。

4. **磁性科学。** 学生积极参与、亲身经历各种各样的科学活动,让他们的眼、耳、鼻、舌、身等多种感官协同活动,真正地动手动脑学科学,让科学课堂像磁铁一样有"魔力"吸引学生。

5. **律动体育。** 广泛开展校园各项体育活动,普及运动知识和技能,系统科学有规律地将音乐元素介入大课间中,促进学生协调能力的发展,改善学习氛围,激发学生的兴趣爱好,增强学生体质,培养学生拼搏进取、团结协作的精神品质,全面提高广大学生的体质和体能,促进学生全面发展。"健康之乐"系列课程崇尚运动至和,乐于锻炼身体,拥有健康的身心。从小学一年级开始练习跳绳,发展核心力量、腿部力量、身体的协调性,从而促进各项体育运动发展,借助校内外培训机构开展丰富的校内体育:校园足球、武术、动感跳绳、魅力毽球等项目,发展学生的兴趣爱好,增强学生体质健康,使学生学有所长、学有所乐,幸福成长。

6. **恬素思品。** 品行教育是教育的"灵魂",在课堂、学校、家庭、社会中处处可抓教育契机,适合渗透,达到课内知、课外行,将知与行有效地统一,培养孩子基本的规则意识、基本的行为习惯,形成良好的品行,成为性格恬静、淡泊名利、不攀比的有为少年。

7. **醇美艺术。** 艺术具有形象性、主体性和审美性。艺术教育的根本意义不在艺术,而在于人的素养,关乎民族的文化提升。让学生浸染艺术气息,沉浸在纯正甜美的艺术海洋中。

（二）"井养学科"的评价标准

基于深井小学"井养学科",学科建设评价标准,如下表 1-12 所示。

表 1-12 深井小学"井养学科"评价表

一级指标	二级指标	评分要点	权重	得分
学科理念 （8分）	指导思想	遵循国家课程标准,结合新课改评价的精神,通过对学科素养的评价改革作正确的导向作用,促进学科教学的素质化,推动课改的深入发展,彰显学科课程特色,特色鲜明。	8	
学科课程 （10分）	课程目标	体现"知识与技能""过程与方法""情感、态度与价值观"三位一体的课程目标,体现素质教育的理念,培养学生所应具备的核心素养。	10	

续表

一级指标	二级指标	评分要点	权重	得分
学科教学 （16分）	课堂教学	课堂民主和谐，气氛活跃。开展多种教学活动，引导学生自主、探究学习，经历概念形成、知识探究的过程。学习方式有效、多样，给学生提供充分的独立思考、动手操作、合作交流的机会。问题设计有针对性，能引导学生探究知识的重难点，启迪学生思维。客观评价学生。面向全体，教学效果好。	8	
	常规工作	备课符合要求，教学过程设计有突破重难点的策略，有学生动手实践、自主探究、合作交流的教学环节，能体现教与学的方式。	8	
学科学习 （44分）	教研制度	建立一套能促进教师专业化发展、以校为本的教研制度。有学期教研计划，有固定的日常教研活动安排并能逐项落实。	4	
	学　习	有计划地学习教育教学理论和专业知识，集体组织和个人自学相结合，积极开展网上教研和读书活动，有学习记录。举行行之有效的教学学习、读书心得、好书推荐及交流活动。	3	
		积极参加上级教育行政部门和教研部门组织的教研活动。及时传达交流有关教研教改信息动态。	3	
	常规教研	能以备课组为单位集体备课，定期召开教学教研活动；集体备课、教研活动有主题，做到时间、地点、中心发言人、内容四落实，活动有记录并存档。	5	
		积极探索新的课堂教学模式，推动课改进程。经常开展课堂教学研讨、听课评课、经验交流等活动。相关人员按要求完成听课任务。记录完整、及时。	5	
		在学科内形成相互学习，共同提高的良好氛围，帮扶结对工作开展正常，骨干教师有明确的帮扶对象，目标、任务明确落实，成效显著。	3	
	课题研究	结合教学实际，开展小专题研究。组内有研究课题，至少开展一个以上区级课题的研究，每学期要有实施计划和阶段小结。有区级以上获奖课题。	3	
	承担任务	积极承担各级各类教研活动，有10%以上教师在各级各类教研、培训中承担公开课、讲座等任务；在有关教育网站上传资源篇数多。	3	
		能承担校级以上公开课，并能随时接待外来人员听"推门课"。	2	

续表

一级指标	二级指标	评分要点	权重	得分
学科学习 （44分）	教研水平	组内教师积极参加各级各类教学竞赛，教育教学成果包括论文、著作、课件、案例、反思、活动设计、课题研究等。	4	
	特色推广	初步形成有本校特色的学科教研模式，善于总结和提炼教研组或个人教学经验，并有一定影响。	3	
		在课程改革实验中能探索学科评价改革，并取得初步影响。	3	
		本学科积极参与校本课程开发，并有成果。	3	
学科团队 （6分）	组织机构	教研组机构健全，师生比例恰当。	2	
	教师素质	人人取得教师资格，学历达标；学习研究风气浓，教学教研水平不断提高。	2	
		有本学科区级学科带头人1人以上，并对新教师授课能力、技能提升等进行培训。	2	
学科管理 （16分）	常规工作	按课程计划开足教学课时，根据教材编排足教学实践活动课。有随堂课监控制度，学校行政、科组长每学期听每位教师随堂课1节以上。每学期有1次备课检查，1次教学质量分析，定时评估教与学的情况，及时进行教学质量分析，诊断教学中的问题，提出改进措施。	6	
	提质减负	按要求布置和批改作业，作业设计有针对性、有实效，作业量适中且形式多样。	5	
		测试与考试次数适当，形式多样，题目难易适度，能与生活实际相联，呈现方式多样。	5	

三、 建设"井养社团"，落实兴趣爱好课程

社团依据学校的课程规划实施的团体性、系统性的活动课程，由专业老师组织和指导，"井养社团"是依据小学新课程标准，结合我校井养课程，有效地实施素质教育，激发学生潜能，拓展学生特长，使学生个性得到发展，校园生活得到丰富的一项社团活动。孩子们根据自己的兴趣、爱好，自由选择，定期和不定期训练研习。

（一）"井养社团"的主要类型

我校的"井养社团"主要包括了六类：艺术类社团涵盖音乐、美术、舞蹈等类型，通

过策划交流、活动开展、活动分享等形式，丰富高校艺术社团生活，让社团走出校园，让艺术融入生活，让校园生活更加多彩。体育类社团让大家在运动场上交友，挥洒汗水中懂得合作的意义。科创类社团以创新为基础，不断提升学生的动手与动脑能力，注重提高学生科学素养，培养学生热爱科学的兴趣。语言类社团成员在专业老师的带领下，通过国学诵读和读写绘活动，提高他们的语言表达能力，养成良好的语言表达习惯，热爱我们民族的语言文化。公益类社团以发展公益事业为宗旨的学生团体，有为他人，为社会献爱心的热情和意识，培养有社会责任感的合格的社会公民。"井养社团"的具体实施如表1-13。

表1-13　深井小学"井养社团"实施

项目	具体实施过程
1."井美杯"艺术节才艺大赛	(1) 社团推选优秀艺术类节目。 (2) 才艺展示和表演。 (3) 评选优秀节目、评奖。
2."井动杯"校园运动会	(1) 组织学生进行运动项目的培训和体验。 (2) 紧张的运动会场布置。 (3) 有条不紊地进行各项运动会项目的比赛。 (4) 最佳班级和优秀个人、颁奖。
3."井科杯"少儿科技大赛	(1) 以班级为单位组织各类科技作品的制作。 (2) 筛选优秀作品和展示。 (3) 统一进行优秀作品展示和评选。
4."井言杯"朗诵大赛	(1) 各班参与"朗诵日"活动。 (2) 班级推选出色的朗诵节目。 (3) 评选优秀朗诵者、颁奖。
5."井旅杯"公益活动	(1) 大学生来校上环境保护课。 (2) 高校团队来校上绘本课。 (3) 善德机构来校举行冬令营和夏令营活动。

(二)"井养社团"的评价标准

我校的"井养社团"实施参照以下社团评价标准评价，如表1-14所示。

表 1-14 深井小学"井养社团"评价表

深井小学"井养社团"课程评价			
评价项目	评价标准	权重	得分
教育性	（1）通过开展各种艺社团活动和学生的成果展示来达到学以致用的效果。	15	
	（2）以学生的社团课程的接受能力、掌握水平、成果展示为落实的核心。	15	
实践性	（1）培养学生发现问题、分析问题和解决问题的能力。	15	
	（2）能够运用自如、随时有可观成绩和有效的成果展示。	15	
融合性	（1）促进学生结合教学知识，与社会生活相融合，与其他学科相交叉。	10	
特色性	（1）展现本校课程的独特和精辟之处。	5	
	（2）能够培养学生一方面的特长，有出色和过人之处。	5	
安全性	（1）活动有方案。	5	
	（2）行前有备案。	5	
	（3）应急有预案。	5	
	（4）制定安全手册，进行安全培训。	5	

四、聚焦"井养文化"，落实古村文化课程

让学生深切感受中华民族文化魅力，加强爱国爱家爱校教育，培养学生热爱传统节日文化，感受非遗文化的魅力所在。

（一）"井养文化"的实践与操作

为弘扬古村文化，我们将"井养文化"与课程整合，以推进课程整合，主题课程整合，多学科整合，实施单学科整合、跨学科整合、多学科整合。

结合我校地理位置的优越性，"井养文化"作为课程与我校的校本课程融会贯通。为推动社会主义核心价值观，大力弘扬传统文化，使本课程进入课堂，"井养"将本土文化和传统文化相结合。作为一个数百年的历史古村，深井古村有着浓厚的文化底蕴，我校的"井养文化"也是通过这一途径得以实施。"井养"根植于深井小学文化的土壤，孕育自身的办学传统及所处的地域人文环境，它所蕴含的文化元素启迪深井小学师生

不断前行和探索，最终通过文化引领使学校不断从优质走向卓越。我们通过课程整合来进行"井养文化"的实践与操作。

1. 单学科整合：灰塑与美术课程的整合

灰塑是一种介于中国传统绘画、雕塑、图形纹样之间的装饰艺术，它既包含中国传统艺术"以形写神""追求意境""外师造化"的审美思想，又在构图布局、形象塑造、应物随类、意境营造等方面借鉴和运用了大量中国传统艺术的表现手法。

灰塑进课堂，是对传统文化的传承，所以，灰塑是美术的一种表现形式。

灰塑课程，发展特色教育，提高学生综合能力，加深学生对文化的认知。非遗文化是一个国家与民族历史文化成就的重要标志，它不仅对于研究人类文明的演进具有重要意义，而且对于展现世界文化的多样性具有独特作用，是人类共同的文化财富。例如明清时期广泛用于祠堂寺庙和豪门大宅的灰塑，在深井古村的古民居上都有它的剪影。深小作为全国第一所引进国家级非遗文化"灰塑"引入课堂的学校，利用每周四下午的时间，让学生亲手制作灰塑作品，了解灰塑的发展历程，感受传统文化的艺术魅力，从而热爱灰塑，愿意为灰塑的传承与创新付出努力，又如，每周四的"粤说越好"，鼓励全体师生这一天说好粤语，大胆说粤语，争做深井古村文化的传承者，使灰塑成为校园文化中非遗文化的载体。

2. 跨学科整合：跨学科整合分为三类。

第一类是传统文化与传统节日的整合。突出文化特色，打造井养文化课程，引领学校文化发展。中华民族节日蕴含着传统文化的智慧和结晶，凝聚着华夏人民的生命追求和情感寄托，我校通过春节、清明节、端午节、中秋节等传统节日组织学生、家长开展欢庆活动，让学生掌握制作简单的节日美食（煎堆、粽子、月饼）手抄报与手工（灯笼、纸质龙舟）等，培养学生的传统文化意识，同时增进老师、学生与家长之间的感情。

第二类是思想品德与劳技的整合。我校以"深井古村文化融入国家课程实施研究"为内容，努力为国家课程校本研究，以实现课程统整，培养"带得走的能力"为教育目标。通过语文与综合实践、美术各学科的相关联知识相结合，自然巧妙地整合学科进行教学，多学科结合深井古村特产霸王花为代表的种植文化融入课程实施，通过霸王花种植、蒸晒与药物价值等研究，充分利用学科以外的课程资源，适当地运用其他学科的知识来进行教学，做到学科间的相互渗透、相互贯通。调动学生学习兴趣，传承中华民族传统文化,有利于学生综合素质的提高。

第三类是语文与历史整合。深井村人杰地灵,文人辈出,从嘉庆六年(1801)恩科进士凌旭升到凌福彭登先后有七位深井人考中进士,也有民国文坛三才女之一的凌叔华,还有从事革命活动的凌希天以及热心家乡发展与建设的凌达镗先生,他们成为深井人的骄傲。作为深井的后人,要学习他们在青年时代努力学习,为社会做出贡献的行为与精神,为深井古村今后的发展做出贡献。

3. 多学科整合: 古村文化融入国家课程的多学科整合

1) 听阿公讲古。培养学生的听说写练,既能重新编排故事传承,又以开展绘画比赛、小小讲解员、小小导游等活动介绍古色古香的深井十景。

2) 在深井文塔举行的新生开笔礼。在开笔礼上,学生击鼓明志向文塔行礼,以此表示孩子们从此启蒙,希望他们学会做人,学会感恩。

3) 探秘深井古村的名胜古迹。深井有名胜古迹十多处,深井古建筑颇具岭南建筑风格,学生通过调查、研究、寻觅,开发出深井探秘图。

4) 介绍辛亥革命纪念馆。辛亥革命纪念馆是为纪念孙中山领导的辛亥革命活动而建的一座大型专题纪念馆。培养纪念馆小小讲解员,学生阅读展览厅内容,熟悉了解辛亥革命的历史,并多方查找资料,补充丰富介绍的历史,并以小讲解员的身份向参观者介绍。

(二)"井养文化"的课程评价

"井养文化"课程整合的实施参照以下课程评价标准。课程整合评价表如表1-15所示。

表1-15 深井小学"井养文化"课程整合评价表

深井小学"井养社团"课程评价表				
井养文化	评价标准	分数	自评	师评
主题选择	1. 与古村文化相结合。 2. 体现中华传统文化的智慧与结晶。 3. 与校本课程融会贯通。	20		
理念融合	1. 以培养核心素养为目标。 2. 能发展学生个性的。 3. 能提高学生品德的。	20		

续表

井养文化	评价标准	分数	自评	师评
学科整合	1. 包含单学科课程,发展专项教育。 2. 包含多学科课程,突出多元文化相结合的课程特色。 3. 包含跨学科课程,提高学生综合素质。	20		
活动开展	1. 能够呈现古村与传统相结合文化。 2. 能让学生增广见闻,拓宽知识面。 3. 围绕活动的特色。	20		
目标达成	1. 学生了解到古村本土与传统结合的文化风俗。 2. 学生能够将特色文化、风俗传递、介绍出去。 3. 师生能结合课程特点运用到校内外活动中去。	20		
等级分数: 优秀:90 分以上;　良好:80—89 分; 合格:60—79 分;　不合格 60 分以下。		100		

五、 践行"井养之旅",落实研学旅行课程

2016 年 11 月 30 日教育部等 11 部门印发《关于推进中小学生研学旅行的意见》。结合当地实际,把研学旅行纳入学校教育教学计划,与综合实践活动课程统筹考虑,促进研学旅行和学校课程有机融合,有利于促进学生培育和践行社会主义核心价值观,激发学生对党、对国家、对人民的热爱之情;有利于推动全面实施素质教育,促进书本知识和生活经验的深度融合;有利于满足学生日益增长的旅游需求,从小培养学生文明旅游意识。为此,我们学校以乡土乡情为主线,推行"井养之旅",落实研学旅行课程。

(一)"井养之旅"的课程设计

"井养之旅"课程以开展红色革命传统、祖国美好河山、传统历史文化三个主题方向进行设计。

1. 红色革命传统。利用丰富的红色旅游资源,开展革命传统教育,并依据学生的年龄特点、学科特点和教育培养重点,结合开展各种主题研学教育活动,如爱国主义教育、励志远足、爱心公益、安全演练、环境保护、志愿服务、缅怀革命先烈等专题研学旅行,达到实践体验教育、提升综合素质的目的。

2. 祖国美好河山。以特殊地区地理、地形、地貌考察,特殊地区动物、植物、生态专题探究为主线,让学生用双手去触摸,用眼睛去观察,用智慧去思考,了解独具特色的地理文化,体验家乡的风土人情等,激发他们热爱祖国、热爱家乡、热爱自然、热爱生活的情感。

3. 传统历史文化。深井古村历史文化名人资源极其丰富,学校可结合本土丰富的人文资源,体验非遗文化、民俗文化、饮食文化、名人文化、建筑文化等,让学生在与平常不同的生活中丰富知识,树立正确的文化观念。同时,还可开展与友好学校交流互访等,领略不同地方的文化,开阔视野,提升文化修养。

4. 现代科技发展。在研学活动中,通过考察科学馆、博物馆,参观航海军舰,让学生亲身走近科学,培养他们的好奇心和探究欲,发展他们对科学本质的理解,培养学生形成良好的科学探究能力,培养学生科技实践创新能力。深井小学"井养之旅"的课程设计项目与具体实施过程见表1-16。

表1-16 深井小学"井养之旅"的课程设计项目与具体实施过程

项目	具体实施过程
1. 黄埔军校小小讲解员	(1) 与黄埔军校联合进行"小小讲解员"公益培训。 (2) 小小讲解员风采展示,且评奖。 (3) 签订亲子讲解志愿者合约。
2. 春秋季服务学习	(1) 根据主题设置研学方案。 (2) 小组进行最高品质课程培训。 (3) 研学后总结汇总。 (4) 手抄报、模型设计。
3. "扬波大海,走向深蓝"	(1) 参观世界海上公务执法舰艇最大的海监船——中国海警3901。 (2) 了解先进的指挥控制系统,触摸高科技的防弹玻璃。 (3) 认识维护我国海疆权益和领土的重要性,学习海洋科普知识。 (4) 支持海洋公益行动,宣传海洋保护要从自己做起,从身边做起。
4. 我是深井小导游	(1) 古村历史文化内涵的学习、挖掘。 (2) 培训小导游讲解古民居、宗祠、塔、文人等。 (3) 实践、传承深厚的深井古村文化。

续表

项目	具体实施过程
5. 走进辛亥革命纪念馆	(1) 了解辛亥革命的历史。 (2) 写学习心得。
6. 古村探秘之旅	(1) "古风新韵"深井文化以及文人知识挖掘。 (2) 写诗、"深井名人"明信片、出版书。 (3) 校本课程开发。
7. 中山公园观鸟行动	(1) 学习与鸟有关的知识。 (2) 参观鸟类。
8. 广东科学中心长见识	(1) 学习科学知识。 (2) 参观模型。
9. 点梦行动——环游大学城	(1) 参观了解大学城。 (2) 树立自己的目标。
10. 青少年"展翅计划"免费冬令营活动	(1) 趣味英语课、文化体验课、美食手工课、音乐舞蹈课、趣味运动会、地球村等活动。 (2) 通过歌舞和 T 台走秀等表演,全面展现他们在冬令营期间的学习所获。

(二)"井养之旅"课程评价

我校的"井养之旅"课程参照以下课程评价。见表 1－17。

表 1－17　深井小学"井养之旅"课程评价表

深井小学"井养之旅"课程评价			
评价项目	评价标准	权重	得分
教育性	(1) 通过开展各种教育活动和学生的亲身体验来实现综合育人目标。	15	
	(2) 以知识性目标、能力性目标、情感态度价值观目标和核心素养目标为落实的核心。	15	
实践性	(1) 培养学生发现问题、分析问题和解决问题的能力。	15	
	(2) 促进学生结合书本知识,亲自实践,完成从知识到能力的转化。	15	

续表

深井小学"井养之旅"课程评价			
融合性	(1) 有创造性地整合校内外教育资源。	10	
	(2) 多学科、跨学科整合资源。	10	
安全性	(1) 活动有安全预案。	5	
	(2) 行前有备案。	5	
	(3) 应急有预案。	5	
	(4) 制作安全手册,进行安全培训。	5	

第六部分　学校课程管理

一、 价值领导

小学是一个人成长的基石,小学核心素养的培养就是应该给孩子带得走的能力,让孩子受用终身的能力。围绕"深仁厚泽,井养不穷"的办学理念,我们努力培育"身心和、德行正、语言雅、艺术美、科学新、思维活"的现代"有为少年"。在课程建设与实施过程中注重价值引领,学校立足于深厚的深井古村文化,根据教育的规律和学校特色建设科学性、系统性、系列性、操作性和独特性的原则,采用传承与创新相结合的策略,进一步充实与完善学校的办学思想体系,在规范性的基础上,凸显其个性化特征,不断深化课程改革,真正促进与实现孩子的全面发展,从而真正拥有幸福人生。

二、 组织建设

学校把校本课程的开发列入学校工作议事日程,成立课程开发小组及评价小组。教导处、教研组要积极帮助教师制订好教学计划,负责协调安排和组织指导教学的执行。学校聘请专家到校开设课程理论与实践问题培训,派相关校领导、骨干教师参加新课程的相关培训。

成立课程开发领导小组。为了保障校本课程的开发稳妥地进行,深井小学健全组织,成立课程开发领导小组。潘文英校长负责总计划和管理,课程组织审议;李卫红主任负责开发课程具体组织实施；朱智萍、袁敏燕、蒋萍、梁燕琚、凌燕霞、郑穗华、凌浩钊辅助组织实施。

三、 制度建构

学校管理制度方面。理清学校重要管理职能部门，强化职能意识，建立明晰的网络管理体系。学校负责构思并制订校本课程开发工作的实施方案，各部门等工作；学校制定校本课程管理的有关规章制度，并组织实施和考核；学校组织教师进行校本课程的理论学习，规范教学行为，提高教育教学能力；教学管理中心注意积累课改资料，及时提供教改信息，切实提高师生对学校各项规章制度的认识，做到内化于心。

教学管理制度方面。教学管理是管理者通过一定的手段使教学活动达到学校既定的人才培养目标的过程。需要教师根据每个学期的教学内容制订相对应的计划和管理方法。制订学校教学工作计划。明确教学工作目标，保证学校教学工作有计划、有步骤、有条不紊地运转。加强教师教学质量和学生的学习质量管理。通过各种教研活动提高教师的教学水平，对学生的学习进行定期检测，确保高效高速。建立和健全学校教学管理系统。明确各位老师的职责范围，发挥教学管理机构和人员的作用。组织开展教学研究活动，定期对教师进行系统性和针对性的培训，运用各种方式，集中教研，定期组织理论学习，促进教学工作的改革。

四、 特色聚焦

在特色学校的质量框架下，理清课程开发中有关古村文化特色课程的基本概念，探寻特色聚焦开发的逻辑起点，拓展学校古村特色课程设计的基本思路，是学校开发特色课程的必备程序。聚焦古村文化特色课程开发，更能彰显我校扎根乡土古村的文化特色。

我校的校本文化课程是以古村文化为中心设计的课程，更多地体现特色课程的本质。因为根据学生学习经验、个性发展和学习兴趣需要开发的课程，更能体现基于学生核心素养的课程结构特点。比如：语文学习中，《桥》与我们古村的深井文塔历史文化相结合。课程内容的确定既要受到课程哲学的指引，同时也受课程资源条件的限制。如岭南花式毽球，我校一直聘请外校毽球教练，为学生进行毽球训练，毽球队屡获佳绩。在课程结构的选择上,我们主张整合的课程思维,强调特色聚焦下的古村文化课程内容应植根于学生。我校将课程文化与古村文化相结合,如语文课程与古村的百年文塔的历史相结合,我校聚焦古村文化特色,根据本校的古村文化特色和发展愿景,确立课程哲学,对特色课程的资源状况与课程开发路径进行价值判断,不断地对特色课程开发的程序、方法和价值进行校正,使学校的特色课程开发具有目的性,使学生的课程学习目标更加明确、直观。

五、 专业提升

课程建设开发意味着教师对知识的不断构建和重组,同时意味着他们对教学实践的不断反思和探索。在这一过程中,教师的课程意识、课程观念等都会发生相应的改变,从而促进教师专业能力的提升。提升教师的专业素养,重视教师队伍质量的提升,需要创新的工作思路,搭建更多的积极的平台。充分结合校情,不断创新课程开发模式,通过不同的渠道来构建课程群,重视对教师专业素养的教育培训和学习交流。每学期举行课程研修活动,每年举办一个活动,以学科课程为重心进行突破。全面推进学科建设群方案,以学科宣讲等方式进行,并在此基础之上进行课题研究。拟申报课题:基于"井养教育"理念的学校课程图谱建构与深度推进研究。

人人都是课程开发者,每个人可以依据自己的优势,恰当确定自己的课程开发方向,用开发课程来促进提升自己的专业发展,推动学校课程的深度整合,在校用课程中积极营造一种新的学习场景。在这种场景氛围下采用研讨、交流、固化成果、小组合作、开发课程等方式来进行教师的培训,从而提高教师的专业素养和实践水平,最终实现教师的专业成长。

六、 安全管理

安全教育是学校工作中的生命线,要求对学生进行经常性的教育,它直接关系到青少年学生能否安全、健康地成长,关系到千千万万个家庭的幸福安宁和社会稳定。我校从交通安全、校园安全、校产校舍安全、教学设施安全等管理方面对学生进行教育,一是通过排查化解在校内出现的安全隐患,加强学生的安全意识;二是对于一些思想偏激、性格偏执的学生进行必要的心理疏导,使校园环境的和谐因素尽可能增大,把消极因素解决在萌芽状态。

七、 家长参与

教育的最大效率是家校通力合作，学校管理是全方位的，只有充分发挥家长的评价机制，学校才能稳步前行。学校课程管理，课程实施过程，实施的效果等方面，以评价反馈表，评价问卷调查表等方式，让家长参与评价，以促进学校课程的全面稳定的实施与开展。

（本案例系作者与深井小学课程团队共同研制）

提示条

学校课程情境分析包括学校外在环境和内在情境分析。学校课程情境分析可采用 SWOT 分析对影响学校内外因素进行强、弱、机、危分析，也可以采用 KISS 分析对现有课程项目进行保留、改进、启动或停止的分析。

关键 2：怎样确定学校课程哲学？

问题单

什么是学校课程哲学？如何把握学校课程变革的核心精神，进而确立学校课程哲学呢？

　　学校课程哲学是指一所学校课程变革信奉的理念和价值追求。有学者认为，学校教育哲学在内容上包括学校使命、学校愿景和育人目标，其中育人目标是核心，表现为对学校发展的核心价值观、理想以及培养什么样的学生的一种本质性理解与规定。[①] 学校教育哲学对学校各项工作有着渗透性的指导作用。由学校教育哲学通过逻辑演绎而建构的学校课程哲学、特别是学校课程理念，对课程建设而言具有重要作用，它是整个课程模式的灵魂，引领着课程模式的构建，贯穿于学校课程变革之始终。学校课程哲学的独特性和坚定性有利于凸显学校课程模式的个性，有利于凸显学校课程变革的价值追求。当然，学校课程哲学不是学科意义上的哲学，而是观念层次上的哲学；不是整个教育层面的，而是具体学校层面的，是学校自主建构的、指引学校课程变革的核心精神。研制学校整体课程规划，要注意基于学校课程情境，包括研究学校的历史和现状，把握学校教育哲学和办学理念，在此基础上进行必要的逻辑演绎与深度推理，以使学校教育哲学、办学理念与课程理念逻辑上内在相联。

---

① 陈建华.学校应该有自己的教育哲学追求[J].教育科学研究,2007(1)：22.

智慧源

眺望式课程：给予儿童眺望世界的力量

给予儿童眺望世界的力量
——南京市浦口区江浦实验小学"眺望式课程"规划

南京市江浦实验小学坐落于钟灵毓秀的老山南麓,南依奔腾不息的长江,始创于清光绪二十九年(1903),开新学制之先河,至今已有117年的办学历史。其前身是江浦珠江书院,位于江浦文庙明伦堂右,先后十余次易名,2003年3月更名为南京市江浦实验小学。学校坚持"崇文立德"的校训,秉承"担当争先"的实小精神,以"为每一个孩子的成长积蓄力量"为办学理念,以"培养学生做新世纪的小主人、小强人、小能人"为育人目标,着力推进素质教育,为培养自信、自强、自主,具有民族情怀和国际视野的儿童而不懈努力。学校先后被评为"中国特色教育理念与实践项目学校""中国教育学会课程改革与校本课程研究实验基地",南京市"艺术教育普及性特色学校""体育与健康教育普及性特色学校"。江浦实小全体行政领导、中层、一线教师和部分学生代表,通过多轮理论学习、讨论协商和意见征询,依据教育部《关于全面深化课程改革落实立德树人根本任务的意见》(2014年)《关于深化教育教学改革全面提高义务教育质量的意见》(2019年6月23日)之精神,研制本校课程建设方案。

第一部分　学校课程情境

学校课程情境分析是学校课程规划科学合理的基本前提,直面学校实际,客观分析学校课程发展的历史与现状,是保障课程开发与实施顺利进行的重要条件。

一、学校课程发展的优势与经验

（一）清晰的教育价值取向

历代江浦实小人筚路蓝缕、奋斗不息，行走在教育改革的道路上。有着117年办学历史的江浦实验小学，经历了从书院制向现代班级授课制的转型，顺利实现育人目标与办学思想的变革，形成深厚的办学思想和丰富的课程经验。近几十年来，学校办学理念科学合理，办学目标明确，办学质量上乘，成为教育界人士和老百姓心目中的知名小学。

（二）用教育科研引导学校课程改革

学校十分重视教育教学改革和教育科学研究。"十五"期间，学校申报了江苏省规划课题"培养'小主人、小强人、小能人'的教育实验"，经过认真研究，取得丰硕的成果，形成了江浦实验小学"三小"教育特色。"十一五"期间，我校再接再厉，在"三小"教育的基础上，把教育科研引向"创新教育"，聚焦创新教育中的"发现品质"进行研究，成功申报了省级规划课题"小学生发现能力的发展特点和培养策略研究"，把教育科研和素质教育紧密结合起来，深入研究后取得可喜的阶段性成果。2003年初，我校积极参与第八次基础教育课程改革实验，把课程改革和教育科研结合起来，让教育科学研究更加贴近教育教学，用课题研究引导学校的课程改革。

（三）学校教学质量水平上乘

如今的江浦实小是江苏省现代教育技术实验学校、江苏省素质教育先进学校、南京市德育先进学校、南京市教育科学研究基地。在一代又一代实小人的努力下，学校教学质量始终保持高位发展，每年绩效考核均获区级一等奖，教学质量位居前列，在省级学业水平测试中也位列南京市名校行列，是名副其实的高质量学校。

（四）丰富的地方课程资源

江浦实验小学地处南京江北新区中心位置，属于国家级核心区。学校周边人文环境好，自然资源丰富。身处国家级森林公园——老山公园、长江生态湿地公园、凤凰山公园的环抱，优质的园林资源是我校儿童身边的隐性环境课程。求雨山公园、江浦文庙、林散之纪念馆等人文资源场所蕴含着动人的传说、美丽的故事，丰厚的文化积淀是校园课程资源的有效补充。学校通过"学习林散之墨迹故事""像林散之那样学习书法"等课程的开发，取得了较好的教育教学实绩，被浦口区教育局命名为"林散之小学"。

（五）开发了多样的校本课程

学校先后编写了《可爱的家乡，可贵的发现》《走进篮球》《什物拼贴》《笔墨童年》《笔墨人生》《诗韵春秋》等受师生欢迎的校本教材。"艺术节""读书节""英语节""科技节""体育节"等成为具有广泛影响力的校园节日。在丰富多彩、别具特色的校本课程实践中，学生的综合素质不断提高。在国家课程和已开发的多项特色课程的基础之上，课程研发团队尝试跟随国家教育风向，将"一带一路"转化为活动主题，以班级为单位，一个班级一个国家，开展"儿童的世界·世界的儿童"之"一班一国看一带一路"主题活动，研发了新时期我们自己的特色课程——"在教室里眺望世界"。自 2016 年第一次开展"一班一国看一带一路"迎新游园主题活动以来，我们的探索产生了很大的反响，受到老师、家长和学生一致赞誉，得到市政府教育督导专家、市教育局基教处、市教研室等领导专家的高度评价。

二、 学校课程发展的问题及思考

学校课程规划科学合理的前提是对学校课程发展的历史与现状做客观分析，这样才能保障课程开发与实施顺利进行。在梳理学校课程时，我们发现有些问题亟待慎重思考解决。

（一）缺少对学校课程进行顶层设计

顶层设计理念要求我们用全局的视角和系统的思维来考虑学校课程建设问题，重视学校课程的整体性及其课程体系的构建与课程实施、评估体系的结合。如今，学校课程建设有了很大的空间，如何在开发校本课程的同时统整三类课程，使学校课程更适合特定学校的师生呢？为实现这一目标，在学校课程建设中需要对学校整体课程进行顶层设计，形成适切性的课程体系。我校虽然在不同学科、不同主题模块下开发了丰富的课程，活跃了校园生活，促进了学生的发展。但是各类课程之间的关系是什么？课程目标与育人目标的关联度在哪里？课程实施中学习方式变革指向是什么？各类课程以一种怎样的方式呈现？……没有作系统思考，也没有整体设计，此次学校课程建设的使命，就是回到整体，回到系统的顶部，进行顶层的思考与规划。

（二）基于新理念的思考与提升还不够

学校课程的实施，就是有效利用课程资源的过程。在学校课程资源开发与利用的过程中，"人"的因素——教师，非常关键。他们决定着课程资源以怎样的面貌呈现给学生，学生又是以怎样的学习方式，乃至生命方式经历这一课程。教师通过合作、讨论、计划、实践、评价来开发适合学生发展需要的课程。在这一课程研发的关键环节，我们还缺少规范性的课程开发结构与流程，课程实施的随意性还存在。

（三）回应学校办学理念和育人目标的课程一致性不够

学校课程是落实办学理念和育人目标的核心部分和关键环节。办学理念、育人目标、课程理念、课程目标、课程内容、课程实施、课程评价等，应该有内在关联。只有一致起来，才能形成学校办学效率的最大化。我们在这样的一致性思考上，还缺少力度。

第二部分　学校课程哲学

学校教育哲学以及课程理念是学校课程变革的前提条件和价值取向。它指导学校课程发展的方向，指引课程模式的建构，贯穿于整个课程实践的全过程。

一、　学校教育哲学

清代学者郑观应认为："学校者，人才所由出；人才者，国势所由强。"可见学校是落实立德树人根本任务，实现家国兴旺百年大计极其重要的场所。"学校应该是什么？"这样的问题，常常浮现在教育人的脑海中，那是我们抱持着一种价值诉求在追问，抱持着一种理想的憧憬在追问，抱持着一个教育人的责任在追问。我校的办学宗旨是"为每一个孩子编织成才的梦想""为每一个孩子的成长蓄积力量"，基于学校历史和传统的个性表达，我们确立了学校教育哲学。

（一）我们的教育哲学：蓄力教育

基于上述考虑，我们确立了"为每一个孩子的成长蓄积力量"的教育哲学——蓄力教育。"蓄力教育"是我校在对理想学校、理想学校教育、理想儿童成长等问题追问的历程中提出的教育哲学。

从宏观上看，"蓄力教育"是一种教育价值观，是学校担当民族复兴、国家繁荣"蓄力人才"的责任的具体表现。《中国教育现代化2035》中明确提出：培养德智体美劳全面发展的社会主义建设者和接班人，加快推进教育现代化、建设教育强国、办好人民满意的教育是时代赋予现代学校的责任担当。作为人才培养奠基的小学，我们应该对照"中国学生发展核心素养"指标，把握人才成长的规律，立足儿童成长的独特性，给予一个个鲜活的童心以"养根式"的培育，让他们积蓄、储备具有核心竞争力的人才素养。"蓄力"旨在于"用未来观照现实"，既要注重眼前的显性教育质量，更要注重指向未来成长的隐性素养的培育；既要关注客观知识、能力的刚性认知发展，更要关注以体验感悟为主线的主观情感、价值观的形成；既要关注知识的增量，更要关注知识的转化，促进蓄积量变转向质变。

从中观上看，"蓄力教育"是一种方法论，是学校发展素质教育、落实立德树人根本任务、形成办学特色的方法论。随着国家教育教学改革的不断推进，互联网及人工智能时代的到来，学校的功能需进一步定位，办学思想需进一步优化。就学校而言，它不仅仅是学生获得知识的唯一场所，教师也不只是"知识的搬运工"。学校要实现"培养学生做新世纪的小主人、小强人、小能人"的育人目标，必须进行思想方法的变革，致力于使学生认识各种各样的事物，既要教他们了解和意识到事物之间的内部关系，接受认识事物、了解事物本质及其发展规律的教育，更要致力于使学生认识到自己的本质和内在生活，即认识自我并觉察自我。蓄力就是唤醒学生自我的不可或缺的教育时空。

从微观上看，"蓄力教育"是一种教育实践策略，是关注儿童成长与社会进步的和谐统一的策略。学校借助教学使作为学生的儿童获得关于自然事物和人类事物的本质的知识，这是小学教育的重要任务。这样有助于学生将来能根据这些知识，去应对个人生活和纷繁复杂的社会生活。道德品质、智力水平、身体素质、审美情趣、劳动技能等的形成，都需要儿童自己去感悟、去经历、去探究、去内化、去表达、去行动，蓄力就是一次全方位依赖儿童、充分相信儿童、深层次支持儿童的过程，是学的深度与教的智慧同频共振的美好生活。

（二）我们的办学理念：为每一个孩子的成长积蓄力量

台湾学者黄武雄在《学校在窗外》指出：打开学生的经验世界让其与世界产生联结。校里校外，屋里屋外，物里物外，事里事外，心里心外，人里人外，情里情外，书里书外……无论如何，我们都承载着提升人的灵魂境界的使命。灵魂境界提升，只能交给它的主人——儿童自己。我们认为，教育的全部意义，就在于"为每一个孩子的成长积蓄力量"。因此：

我们坚信，

学校是积蓄力量的地方；

我们坚信，

每一个孩子都拥有无穷的力量；

我们坚信，

教师是给予儿童前行力量的重要他人；

我们坚信，

给予儿童眺望世界的力量是教育的全部意义；

我们坚信，

为每一个孩子的成长积蓄力量是教育的神圣使命。

二、 学校课程理念

根据"蓄力教育"之哲学，我校提出这样的课程理念：给予儿童眺望世界的力量。在我们看来：

——**课程即成长力量**。我们的课程使命就是帮助儿童获得成长的力量。课程需为儿童提供适宜的环境、丰富的资源、恰当的方式、有效的途径、进步的喜悦、向上的力量。

——**课程即儿童立场**。在课程中，儿童是当然的主人。从"小主人"到"小能人"及"小强人"的育人目标，昭示着我们的课程立场，就是对儿童"生命发展潜能的唤醒"。在我校的课程中，儿童的需求得到尊重、学习经历和体验得到珍视、自我的探究和伙伴的互享得到彰显，内在的真善美外化为美德的光芒。

——**课程即心灵给养**。树因为有了水的给养而长得高大挺拔；豹子因为有了经验的给养从而捕猎成功；儿童因为有了教育的给养而智慧灵动。而如果树要获得水源，只有把根钻入地下足够深足够稳，才可吸到水分，豹子要捕到猎物，就要经常实践，越有经验收获越多。教育是给予儿童给养的过程，更是一个需要耐心等待、精心呵护的守护过程。在这一漫长又艰辛的过程中，需要一群人付出努力。

——课程即生命高瞻。课程是儿童向更高世界迈进的阶梯，是与"未来的自己"相遇的桥梁，是"眺望世界的窗口"。以未来发展的趋势回望当下的学校课程，以更广域的视野观照现实的课程，以成长的最大可能性设计儿童的课程。至此，课程方能"托举"起儿童生命的高度。

总之，我们认为课程是一切积极向上、给人希望、促人成长，让生活变得美好的设计。因此，我们将"蓄力教育"下的江浦实验小学特色课程模式命名为"眺望式课程"。

第三部分　学校课程目标

课程是落实立德树人根本任务、实现育人目标的载体。因此，确立学校育人目标以及课程目标是课程建设的基础，也是引领课程建设的方向。

一、 学校育人目标

我校致力培养"小主人、小强人、小能人"，我们简称"蓄力少年"。

——小主人：爱家国，有担当（热爱祖国、孝亲敬长、诚实友善、合作担当）；

——小强人：爱运动，强身心（热情有礼、习惯良好、健全身心、乐观向上）；

——小能人：爱学习，乐生活（乐学善思、宽域视野、勇于探究、全面发展）。

二、 学校课程目标

依据以上要求，我们将学校育人目标进行细化，形成 1—6 年级的课程目标，具体如下表。（见表 2 - 1）

表2-1 南京市浦口区江浦实验小学课程目标表

	小主人	小能人	小强人
	爱家国，有担当	爱运动，强身心	爱学习，乐生活
一年级	爱学校、爱班集体、爱父母、爱老师、爱同学、爱校园环境。讲文明、懂礼貌，养成良好的生活和行为习惯，懂得基本的道德规范和文明礼仪。诚信友善，宽厚待人。知错就改，自己的事情自己做。	积极参与体育活动，初步掌握简单的技术动作，感受运动给自己的生活带来的乐趣。珍爱生命，提高心理素质。学习初步的安全自护知识和健康技能。	对学习有兴趣，掌握低年段文化课程标准规定的要求，培养良好的学习习惯。善于合作，乐于分享，具有基本的动手操作能力。掌握一定的劳动技能。乐意与同伴交往，拥有积极乐观的生活态度。
二年级	爱学校、爱班集体、爱父母、爱老师、爱同学、爱校园环境。讲文明、懂礼貌，养成良好的生活和行为习惯，懂得基本的道德规范和文明礼仪。诚信友善，宽厚待人。遵守学校纪律，积极参加集体活动。知错就改，自己的事情自己做。	积极参与体育活动，初步掌握简单的技术动作，感受运动给自己的生活带来的乐趣，形成积极进取、乐观开朗的生活态度。珍爱生命，提高心理素质，形成健全人格。学习初步的安全自护知识和健康技能。	对学习有兴趣，掌握低年段文化课程标准规定的要求，培养良好的学习习惯。尝试探索，具有基本的动手操作能力。善于合作，乐于分享，并能发表自己的观点。掌握一定的劳动技能。乐意与同伴交往，遇到困难时能帮助他人，拥有积极乐观的生活态度。
三年级	爱祖国、爱家乡、爱学校、爱父母。自觉遵守行为规范和校规校纪，养成良好的学习、生活和行为习惯。诚信友善，宽厚待人。遵守学校纪律，积极参加集体活动。做事有责任心，能持之以恒。积极参加各项社团活动。传承中华优秀传统文化，理解社会主义核心价值观。	积极参加体育锻炼，掌握基本的运动技能，养成坚持锻炼身体的习惯，形成健康的生活方式和积极进取、乐观开朗的生活态度。珍爱生命，提升心理健康水平，形成健全人格。学习基本的安全自护知识和健康技能。	热爱学习，形成浓厚的学习兴趣，掌握中年段文化课程标准规定的要求。能认真倾听、独立思考、自主探究、动手实践、合作交流、反思质疑、展示分享。能运用所学习的知识和技能解决问题，并初步会将所学习的知识与技能运用于生活。具有积极的劳动态度和良好的劳动习惯。能和谐、融洽与人交往，乐于帮助他人，乐于分享，就不同的意见能与人商讨。
四年级	爱祖国、爱家乡、爱学校、爱父母。自觉遵守行为规范、校规校纪和社会公德，养成良好的学习、生活和行为习惯。诚信友善，宽厚待人。遵守学校纪律，积极参加集体活动。	积极参加体育锻炼，掌握基本的运动技能，养成坚持锻炼身体的习惯，形成健康的生活方式和积极进取、乐观开朗的生活态度。珍爱生命，提升心理健康水平，	热爱学习，形成浓厚的学习兴趣，掌握中年段文化课程标准规定的要求。能认真倾听、独立思考、自主探究、动手实践、合作交流、反思质疑、展示分享。

续表

	小主人	小能人	小强人
	爱家国，有担当	爱运动，强身心	爱学习，乐生活
四年级	做事有责任心，能持之以恒，能明辨是非，具有规则与法治意识。 积极参加各项社团活动。传承中华优秀传统文化，理解社会主义核心价值观。	充分发挥潜能，形成健全人格。学习基本的安全自护知识和健康技能。	能运用所学习的知识和技能解决问题，并初步会将所学习的知识与技能运用于生活。 具有积极的劳动态度和良好的劳动习惯。能和谐、融洽与人交往，乐于帮助他人，乐于分享，就不同的意见能与人商讨。
五年级	具有良好的爱祖国、爱人民、爱家乡、爱学校的思想情感和良好品德，孝亲敬长，有感恩之心。遵守社会公德和文明的行为习惯，具有规则意识和民主、法治观念，有积极向上的人生态度和良好的心理素质。 愿意为集体服务，做事有责任心，勇于承担责任，能持之以恒，能明辨是非，能换位思考，顾及他人感受。 积极参加各项社团活动。传承中华优秀传统文化，理解社会主义核心价值观。	能积极参加各项体育运动，形成灵敏、力量、耐力、协调等身体素质。通过国家体质健康测试，掌握 2—3 项体育运动技能，并成为特长项目。乐于运动，享受快乐，激发潜能，锻炼意志。 珍爱生命，提升心理健康水平，能控制自己的情绪，形成健全人格。掌握基本的安全自护知识和健康技能。	热爱学习、乐于学习、学会学习，保持积极主动的学习兴趣，掌握高年段文化课程标准规定的要求。养成良好的学习习惯和初步的自主学习的能力。具有大胆创新和主动探究的意识，对问题有自己独特的见解和看法并勇于发表自己不同的看法。能熟练运用所学习的知识和技能解决问题。 主动参加家务劳动、公益活动和社会实践。拓展知识领域，增长生活经验，感受知识与生活的联系。能掌握与人交往的方法，用积极的方式解决问题。
六年级	具有良好的爱祖国、爱人民、爱家乡、爱社会的思想情感和良好品德孝亲敬长，有感恩之心。遵守社会公德和文明的行为习惯，具有规则意识和民主、法制观念，初步形成积极向上的人生观、价值观。 有正确的价值取向和为人处世的基本原则。愿意为集体服务，做事有责任心，勇于承担责任，能持之以恒，能明辨是非，能换位思考，顾及他人感受。 了解党史国情，珍视国家荣誉。初步具有全球意识和开放的心态。	能积极参加各项体育运动，形成灵敏、力量、耐力、协调等身体素质。通过国家体质健康测试，掌握 2—3 项体育运动技能，并成为特长项目。乐于运动，享受快乐，激发潜能，锻炼意志。 珍爱生命，提升心理健康水平，能控制自己的情绪，形成健全人格。掌握基本的安全自护知识和健康技能。	热爱学习、乐于学习、学会学习，保持积极主动的学习兴趣，掌握高年段文化课程标准规定的要求。养成良好的学习习惯和一定的自主学习的能力。具有大胆创新和主动探究的意识，对问题有自己独特的见解和看法并勇于发表不同的看法。能熟练运用所学习的知识和技能解决问题。 主动参加家务劳动、公益活动和社会实践。拓展知识领域，增长生活经验，感受知识与生活的联系。能掌握与人交往的方法，用积极的方式解决问题。

第四部分 学校课程框架

学校以"眺望式课程"为抓手,致力于实现培养"爱家国,有担当、爱运动、强身心、爱学习,乐生活"的蓄力少年的育人目标,因此,建构了学校课程框架与体系。

一、 学校课程逻辑

学校基于"蓄力教育"的教育哲学以及学校课程目标,设置了"眺望式课程"课程体系,包括"蓄语、蓄智、蓄美、蓄德、蓄健、蓄创"六大类课程。以下是"眺望式课程"逻辑示意图。(见图 2-1)

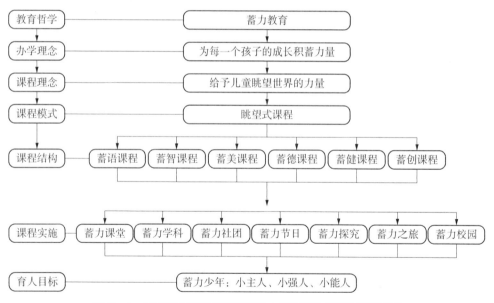

图 2-1 南京市浦口区江浦实验小学"眺望式课程"逻辑图

二、 学校课程结构

依据学校办学理念、育人目标以及课程目标分解,形成"眺望式课程"结构图。如下图(见图 2-2):

图 2-2　南京市浦口区江浦实验小学"眺望式课程"结构图

三、学校课程设置

根据"眺望式课程"立足学生需求，结合学校课程资源，对课程的内容体系进行系统设置。（见表 2-2）

表 2-2　南京市浦口区江浦实验小学课程设置表

学期	蓄语课程	蓄智课程	蓄美课程	蓄德课程	蓄健课程	蓄创课程
一上	童声朗朗 雏凤讲坛 书香家庭 书签制作	口算大王 图形王国（一） 书桌最干净 身边的数	触动音弦 悦动节奏 唱享未来 舞动青春 郑板桥笔下的竹 气的泡泡（表情 包的设计） 节日中的艺术 品——春（对联、 福字） 飞舞的蜻蜓	新生入学仪式 习惯养成课程 参观图书馆	追风足球课程 走进篮球 伞操课程 传统游戏	科技小制作和 科学小实验 （一级）

学期	蓄语课程	蓄智课程	蓄美课程	蓄德课程	蓄健课程	蓄创课程
一下	童声琅琅 雏凤讲坛 故事大王 书签制作	计算大王 图形王国（二） 教室最干净 超市我会购	触动音弦 悦动节奏 唱享未来 舞动青春 黄宾虹笔下的山水 吃糖的小朋友 节日中的艺术品 ——春节（剪纸） 报纸杂志拼贴画	入队仪式 传统礼仪课程 参观政务大厅	追风足球课程 走进篮球 伞操课程 传统游戏	科技小制作和科学小实验（二级）
二上	童声朗朗 雏凤讲坛 成语大赛 读书卡制作	乘乘有理 我会观察 火眼金睛 测量小达人	触动音弦 悦动节奏 唱享未来 舞动青春 齐白石老人笔下的虾 拿起画笔画绘本 节日中的艺术品 ——春节（年画） 水彩剪贴画——小花伞	文明礼仪教育 亲子育德运动会 参观中医院	追风足球课程 走进篮球 "绳"采"绳"韵课程 轮舞少年	科技小制作和科学小实验（三级）
二下	童声朗朗 雏凤讲坛 绘声绘色 读书卡制作	除除有余 玩转七巧板 小小调查员 时间的秘密	触动音弦 悦动节奏 唱享未来 舞动青春 吴冠中笔下的熊猫 丰盛的晚餐 节日中的艺术品——春节（十二生肖） 花衣裳的大鸟	文明礼仪教育课程 "我们的节日"课程 参观邮政局	追风足球课程 走进篮球"绳"采"绳"韵课程 轮舞少年	科技小制作和科学小实验（四级）
三上	童声朗朗 雏凤讲坛 诗意中华 摘抄乐园	笔算我最强 图形猜猜猜 有趣的数据 买菜我能行	七彩音符 笛声悠悠 天籁和音 黄胄笔下的驴 太空飞船 节日中的艺术品——元宵节（泥塑创意元宵）			

续表

学期	蓄语课程	蓄智课程	蓄美课程	蓄德课程	蓄健课程	蓄创课程
三上			拓印画美丽的蒲公英	红色教育课程"八礼"课程参观消防大队	追风足球课程走进篮球"绳"采"绳"韵课程舞动青春课程	航空模型基础课程
三下	童声朗朗雏凤讲坛诗意中华摘抄乐园	神机妙算贴窗花啰沉默的数据假期安排表	七彩音符笛声悠悠天籁和音徐悲鸿笔下的马旅行日记节日中的艺术品——元宵节(彩灯)青蛙的故事	榜样教育课程十岁成长礼参观求雨山文化园	追风足球课程走进篮球"绳"采"绳"韵课程舞动青春课程	航空模型竞赛课程
四上	诵读经典雏凤讲坛我是主编话剧展演	巧算24点开心滑梯垃圾分类美妙周期	七彩音符笛声悠悠天籁和音莫奈笔下的日出印象我爸爸我妈妈节日中的艺术品——端午节(五彩粽)海上帆船	爱心作业课程家庭劳动课程参观敬老院	追风足球课程走进篮球舞龙舞狮舞动青春课程	航海模型基础课程
四下	诵读经典雏凤讲坛我是主编话剧展演	化繁为简唯美多边形幸运大抽奖对称之美	七彩音符笛声悠悠天籁和音毕加索笔下的人物下雨啦节日中的艺术品——端午节(香囊)瓦楞纸创意街景	自立自主教育环保公益课程参观水厂	追风足球课程走进篮球舞龙舞狮舞动青春课程	航海模型竞赛课程
五上	诵读经典雏凤讲坛阅读悦美配音英雄	分数的秘密开发商的秘密多彩统计图国旗真美丽	赏心悦耳笛韵悠扬歌韵绕梁达·芬奇笔下的	互助教育课程传统礼仪课程参观文化园	追风足球课程走进篮球田径课程排球课程	车辆模型基础竞赛课程

续表

学期	蓄语课程	蓄智课程	蓄美课程	蓄德课程	蓄健课程	蓄创课程
五上			蒙娜丽莎 建筑工地 节日中的艺术品——端午节（龙舟） 漂亮的餐桌布			
五下	诵读经典 雏凤讲坛 阅读悦美 配音英雄	数独游戏 震中在哪里 小小种植员 旅行中的数学	赏心悦耳 笛韵悠扬 歌韵绕梁 马蒂斯的剪纸作品 夜色中温暖的灯 节日中的艺术品——中秋（月饼） 我做的一碗面（毛线创意手工）	美好节日课程 亲子沟通课程 参观高科技企业	追风足球课程 走进篮球 田径课程 排球课程	建筑模型竞赛课程
六上	诵读经典 雏凤讲坛 我是演说家 汉字英雄	巧算"双十一" 面面俱到 不做低头族 数学魔术	赏心悦耳 笛韵悠扬 歌韵绕梁 修拉笔下大碗岛星期天的下午 初夏 节日中的艺术品——重阳（重阳糕、簪菊花） 拓印画美丽的花瓶	团队合作课程 科学探索课程 徒步远足活动	追风足球课程 走进篮球 田径课程 排球课程	未来工程师基础课程
六下	诵读经典 雏凤讲坛 我是演说家 汉字英雄	神机妙算 我是设计师 成长的脚印 探索黄金比	赏心悦耳 笛韵悠扬 歌韵绕梁 梵高笔下的向日葵 我的家 节日中的艺术品——腊八节（腊八粥谷物拼贴画）	感恩教育课程 励志教育课程 毕业典礼	追风足球课程 走进篮球 田径课程 排球课程	未来工程师竞赛课程

续表

学期	蓄语课程	蓄智课程	蓄美课程	蓄德课程	蓄健课程	蓄创课程
六下			创意小笔筒			
年度整合活动	诵读说展演	趣味数学节	"唱响五月"合唱节	蓄力少年蓄力中队	运动会体育节	科技月活动科学实验展示、小制作展示、航模比赛等，分层次展开

第五部分　学校课程实施与评价

课程实施是实现课程理想的必要途径，从学校实际出发，依据学校课程目标，我校制订出富有学校特色的课程实施方案，从建构"蓄力课堂"，建设"蓄力学科"，创设"蓄力社团"，推行"蓄力节日"，落实"蓄力之旅"，实现"蓄力探究"等方面入手，奉行"为每一个孩子的成长蓄积力量"的理念，实践"眺望式课程"，见证"给予儿童眺望世界的力量"，为儿童成长的拓展学习渠道，形成符合我校特色的课程实施体系。

一、建构"蓄力课堂"，提升课程实施品质

课堂是学校教育的主阵地，是推进课程实施的主渠道。"蓄力课堂"从每一名学生学科素养的培育和长远发展出发，激发兴趣、激活思维、积蓄智慧，指向健全、丰富、生态、动态和立体，在理性严谨与色彩斑斓中推动学科育人，提升课程实施品质。

（一）"蓄力课堂"的"五有"实践模型

"蓄力课堂"倡导"五有"，即以"有道、有情、有源、有型和有益"五个方面为特征，其基本内涵为，"有道"意指课堂要有最基本的价值观底色，培育健全人格，全面落实立德树人，推动学科育人；"有情"意指课堂要以"人"为本，彰显儿童立场，体现课堂生态；"有源"意指课堂所授内容要有内在与外在的联系性，体现知识本源和学科本质；"有型"意指课堂要有结构设计，即课堂教学环节之间具有内在的关联；"有益"意

指课堂过程要达到一定的效果,有利于孩子未来发展,指向其学科素养的培育及育人功效。

"蓄力课堂"的"五有"实践模式,即有道、有情、有源、有型和有益的"五有"课堂。依据"五有"课堂的特征,分别从价值取向、课堂生态、学科本质、教学结构和教学效益五个方面来进行课堂教学的转变。其中,价值取向关涉立德树人、学科育人,有德所以有道;课堂生态关涉执教者和教育对象,有人所以有情;学科本质关涉教学内容,有本所以有源;教学结构关涉教学设计的有主有次和课堂实施的有致有章,有型兼而有序;教学效益关涉学生所获和学生发展,有效及至有益。其间关涉可由下图表示,并以此来探索课堂教学的模型,发挥各基础学科育人功效。(见图2-3)

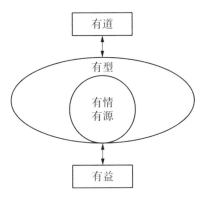

图2-3 "蓄力课堂"的"五有"关系图

基于学校课堂教学的现状和问题,从"有道、有情、有源、有型和有益"五个方面,结合"价值取向""课堂生态""教学内容""教学结构"和"教学效益"五个要素构建。

1. **价值取向有德有道** 教育的最终目的是培养全面发展的有健全人格的人,因此,"蓄力课堂"首先关注学生的情感态度价值观,从课堂教学中敏锐捕捉教育契机,引导学生正确价值观的建立,实现立德树人的育人目标。

2. **课堂生态有情有人** 在课堂教学中,儿童是学习的主体,是一个个有感情的鲜活个体,充分理解儿童,遵循儿童的心理特点和身心发展的规律,尊重儿童已有的认知经验对于取得良好的教育成效至关重要,因此,蓄力课堂中,教师需要站在学生的立场,以情化人,以爱育爱,根据学生学习的规律,采用多种方法,启发学生的思维,调动学生的学习主动性和积极性，促使他们生动活泼地学习。同时，教师作为课堂教学的引导者、组织者和参与者，在引导学生学有所获的同时，也不断涵养自己的品格和修养，提升人格魅力。

3. **教学内容有本有源。** 学科知识虽多以具象载体呈现，但知识之间都有着密切联系，课堂教学内容具有内在与外在联系。内在联系指涉及学科内容之间的联系，外在联系指涉及学科内容与其他学科以及学科之间的联系。教师教学中要善于找到知识的本源，透过借以研究的具象载体，凸显学科本质，打通知识之间的联系，让学生"通则不痛"，培育学科素养。

4. **教学结构有型有序。** 这一要素包括教学设计的有主有次和课堂实施的有致有章。学校提出基本课堂教学结构：课前三分钟展示——关键问题引领下自主探究——有层次的发展性练习——有深度的自我反思——自主练习，这是课堂教学的"型"。教师在实施过程中时时关注学习动态，张弛有度，智慧展开教学，有致有章，这是教学组织的"序"。

5. **教学过程有效有益。** 有效是课堂教学的基本保障，而有益则指向儿童的长效发展。五有课堂的构建既需关注每堂课的实际效果，也即从学生所获的角度探查学生知识与技能、过程与方法的掌握情况，以保证课堂教学基本目标的达成，又需充分引导学生经历学习的过程，体现大问题引领下的自主学习与探究，学生展示充分、开放，彰显师生间的智慧对话，有评价、有补充、有质疑、有辩论，张扬学生的个性，培养学生创新型思维，促进学生学科素养的培育，培养学生成为德、智、体、美、劳全面发展的社会主义建设者和接班人。

（二）"蓄力课堂"的评价标准

根据"蓄力课堂"的内涵特点，学校围绕"五有"，从"价值取向""课堂生态""教学内容""教学结构"和"教学效益"五个维度制定"蓄力课堂"评价量表，具体评价标准如下。（见表 2 - 3）

"五有"是课堂的五个维度，五种要求，五项目标，或者也可以说是五个角度，不是相互独立和割裂的，而是一个相互交融的有机整体。具体到每一节课，可各有侧重，但缺一不可，"五有"的整体有机落实是推进"蓄力课堂"的标志。

表2-3　南京市浦口区江浦实验小学"蓄力课堂"评价表

执教老师		学科		时间	
执教班级		课题		观课人	
项目	指标	评价标准		分值	评价结果
价值取向	有道	1. 关注学生的情感态度价值观发展,建立健全人格; 2. 敏锐捕捉教育契机,适时有效评价,引导学生正确价值观的建立,立德树人。		20	
课堂生态	有情	1. 充分理解儿童,遵循儿童的心理特点和身心发展的规律,尊重儿童已有的认知经验,打造民主、和谐、共进的课堂氛围; 2. 根据学生学习的规律,采用多种方法,启发学生的思维,调动学生的学习主动性和积极性,促使他们生动活泼地学习; 3. 教学相长,以情化人,以爱育爱。		20	
教学内容	有源	1. 教学内容之间具有内在与外在的联系,体现联系性; 2. 立足学科本质,教学中善于找到知识的本源,透过借以研究的具象载体,凸显学科本质,打通知识之间的联系; 3. 帮助学生形成知识的体系化和结构化。		20	
教学结构	有型	1. 教学设计有主有次,重难点突出,结构分明; 2. 课堂实施有致有章,教师教法灵活,注重学法指导,收放自如,张弛有度,富有教学机智,智慧处理预设与生成的关系。充分发挥组织者、引导者、合作者的作用; 3. 课堂自有节律,教和学自然发生。		20	
教学过程	有益	1. 达成课堂教学基本目标,掌握基本知识技能; 2. 创设有利于学生个性发展的开放的学习环境,充分引导学生经历学习的过程,体现大问题引领下的自主学习与探究; 3. 学生展示充分,彰显师生间的智慧对话,有评价、有补充、有质疑、有辩论,张扬学生的个性,培养学生创新型思维; 4. 课堂参与面广,参与度高,充分经历、体验学习过程,体现深度学习;		20	

续表

项目	指标	评价标准	分值	评价结果
教学过程	有益	5. 学生获得良好的情感体验和思维体验，促进学生长效发展。		
总体评价	亮点			
	建议			

二、 建设"蓄力学科"，丰富学校课程体系

学科课程是凸显学校办学特色的重要路径。"蓄力学科"是江浦实验小学推进学科特色建设的有效路径和实施策略。"蓄力学科"是优质、唤醒、追求学生素养提升的学科。

"蓄"是"积蓄"，"力"是"力量"。"蓄力学科"是指以"为每一个孩子积蓄成长的力量"的学科理念为指导，以"培养学生做新世纪的小主人、小强人、小能人"为育人目标，在已有的传统学科的基础上形成具有特色的、被学生接受喜爱、润泽生命的学科教育。

（一）"蓄力学科"的建设路径

在"眺望式课程"理念的指导下，依据学生终身发展的需求，本着"为了每一个生命的自我实现和终身发展"的理念，结合学校良好的学科基础，构建"1＋X"学科课程群，发掘学科特色提升核心素养，从而打造学校的"蓄力学科"。"1＋X"课程是指基于学科课程，延伸拓展、自主研发丰富的课程，形成具有学校特色的学科课程群。

1. "唯美语文"课程群

我们认为"唯美"是学校语文课程的核心精神，用美的精神去打造语文学习，让学生在学习中体会中华文化之美。"唯美语文"是"体会美"的语文，它亲近学生的生命感受。"唯美语文"是"塑造美"的语文，它滋润学生的学习情趣。"唯美语文"是"内化美"的语文，它带动学生的审美成长。正如语文课程标准中要求的那样：语文课程丰富的人文内涵对学生精神世界的影响是广泛而深刻的，学生对语文材料的感受和理解又往往是多元的。因此，应该重视语文课程对学生思想情感所起的熏陶感染作用，注意课

程内容的价值取向,要继承和发扬中华优秀文化传统和革命传统,体现社会主义核心价值体系的引领作用,突出中国特色社会主义共同理想,弘扬以爱国主义为核心的民族精神和以改革创新为核心的时代精神,树立社会主义荣辱观,培养良好思想道德风尚,同时也要尊重学生在语文学习过程中的独特体验。我们以"蓄力"为始引领学生的自然成长,以"唯美"为终落实学生的核心素养。除基础课程外,"唯美语文"课程设置如下。(见表2-4)

表2-4　南京市浦口区江浦实验小学"唯美语文"课程设置表

		阅读苑	风采展	读写绘	采蜜廊
一年级	上学期	童声朗朗	雏凤讲坛国学启蒙	书香家庭	书签制作
	下学期	童声朗朗	雏凤讲坛国学启蒙	故事大王	书签制作
二年级	上学期	童声朗朗	雏凤讲坛国学启蒙	成语大赛	读书卡制作
	下学期	童声朗朗	雏凤讲坛国学启蒙	绘声绘色	读书卡制作
三年级	上学期	童声朗朗	雏凤讲坛国学启蒙	诗意中华	摘抄乐园
	下学期	童声朗朗	雏凤讲坛国学启蒙	诗意中华	摘抄乐园
四年级	上学期	诵读经典	雏凤讲坛名家名著	我是主编	话剧展演
	下学期	诵读经典	雏凤讲坛名家名著	我是主编	话剧展演
五年级	上学期	诵读经典	雏凤讲坛名家名著	阅读悦美	配音英雄
	下学期	诵读经典	雏凤讲坛名家名著	阅读悦美	配音英雄
六年级	上学期	诵读经典	雏凤讲坛名家名著	我是演说家	汉字英雄
	下学期	诵读经典	雏凤讲坛名家名著	我是演说家	汉字英雄

2. "多彩英语"课程群

基于英语学科核心素养,我校以多彩童年为核心理念。以"多彩、多元、多悦"为课程建设和发展方向,构建了Colorful English课程体系,以课程类型丰富,教学目标多元,学生乐学,兼顾全体学生为目标,努力激发学生学习英语的兴趣,培养学生思维品质,提升学生综合语言运用能力。"多彩英语"课程设置如下。(见表2-5)

表 2-5　南京市浦口区江浦实验小学"Colorful 英语"课程设置表

年级/学期	课程	悦感知	悦享读	悦扮演	悦表达
三年级	上学期	字母创意画	跟上兔子系列	字谜游戏	缤纷字母
	下学期	每日一句	跟上兔子系列	情景对话	念念有词
四年级	上学期	创意书签	跟上兔子系列	每日一歌	有声有色
	下学期	每日一景	跟上兔子系列	创编达人	我写我秀
五年级	上学期	英文原版电影赏析	跟上兔子系列	我的模仿秀	妙笔生花
	下学期	英语趣配音	跟上兔子系列	我的表演秀	主题海报
六年级	上学期	走进中西	跟上兔子系列	我的演讲秀	配图作文
	下学期	走进剧本	跟上兔子系列	我的脱口秀	英语讲坛

3. "启智数学"课程群

"启智"以道启心、以心启智。意在培养学生良好品德，启迪潜在智慧。"启智数学"课程群是基于数学学科基础知识开发的，发挥学生的主观能动性和聪明才智，通过学习数学知识与技能，激发学生学习数学的兴趣、发展学生思维水平，培养学生创新能力的系列课程组合。具体设置如下。（见表 2-6）

表 2-6　南京市浦口区江浦实验小学"启智数学"课程设置表

年级	学期	启智运算	启智空间	启智统计	启智能力
一年级	上学期	口算大王	图形王国(一)	书桌最干净	身边的数
	下学期	计算大王	图形王国(二)	教室最干净	超市我会购
二年级	上学期	乘乘有理	我会观察	火眼金睛	测量小达人
	下学期	除除有余	玩转七巧板	小小调查员	时间的秘密
三年级	上学期	笔算我最强	图形猜猜猜	有趣的数据	买菜我能行
	下学期	神机妙算	贴窗花啰	沉默的数据	假期安排表
四年级	上学期	巧算24点	开心滑梯	垃圾分类	美妙周期
	下学期	化繁为简	唯美多边形	幸运大抽奖	对称之美

续表

年级	学期	启智运算	启智空间	启智统计	启智能力
五年级	上学期	分数的秘密	开发商的秘密	多彩统计图	国旗真美丽
	下学期	数独游戏	震中在哪里	小小种植员	旅行数学
六年级	上学期	巧算"双十一"	面面俱到	不做低头族	数学魔术
	下学期	神机妙算	我是设计师	成长的脚印	探索黄金比

4. "悦动体育"课程群

我们认为体育学科的核心概念为"悦动体育",学科课程理念为"为孩子积蓄腾飞的力量",灵动、创造、健康是对其丰富内涵的多元的解读。

"悦动体育"是灵动的体育。在教育教学过程中,学生是教育的对象,是教育的主体,教师起主导作用。这是因为教师以育人为己任,对学生的身心施加影响,来进行"传道,授业,解惑"。教师要学会发挥学生的主观能动性,充分激发学生对体育的兴趣,培养学生养成终生体育的观念。

"悦动体育"是创造的体育。在教育教学过程中,教师要不断地引入各种创新的游戏,学生可以插上想象的翅膀,不断创造新的体育游戏,从而进一步激发学生对运动的兴趣,让学生会学习、爱学习。

"悦动体育"是健康的体育。课程坚持"健康第一"的指导思想,学生在学习中不断学会新的运动技能,磨炼意志品质,增强与他人交往的能力,养成会运动、勤运动的好习惯。除基础课程外,"悦动体育"课程设置如下。(见表2-7)

表2-7 南京市浦口区江浦实验小学"悦动体育"课程设置表

	悦动激趣	悦动提能	悦动强体	悦动育德
一年级上	棒操伞舞	追风足球	走进篮球	传统游戏
一年级下	棒操伞舞	追风足球	走进篮球	传统游戏
二年级上	绳采绳韵	追风足球	走进篮球	轮舞少年
二年级下	绳采绳韵	追风足球	走进篮球	轮舞少年
三年级上	绳采绳韵	足球小子	篮球火	舞动青春

续表

	悦动激趣	悦动提能	悦动强体	悦动育德
三年级下	绳采绳韵	足球小子	篮球火	舞动青春
四年级上	舞龙舞狮	足球小子	篮球火	舞动青春
四年级下	舞龙舞狮	足球小子	篮球火	舞动青春
五年级上	长绳接力赛	足球健将	灌篮高手	竞技运动会
五年级下	长绳接力赛	足球健将	灌篮高手	竞技运动会
六年级上	趣味接力	足球健将	灌篮高手	竞技运动会
六年级下	趣味接力	足球健将	灌篮高手	竞技运动会

5. "创美美术"课程群

我们认为"创美"是学校美术学科的核心精神，也是学校美术学科的发展目标。"创美美术"是用美术引领学生在实践中创造，在创造中发现美、感悟美，最终达到提高学生绘画、审美、创新等美术素质的目的。用"创美美术"来完善人格，完成从想象美到创造美的发展里程，真正肩负起民族发展的重任，创造新的世界。细分 6 个年级 12 个学期，课程设置如下。（见表 2-8）

表 2-8　南京市浦口区江浦实验小学"创美美术"课程设置表

		学习大师画中的美	发现自己画中的美	寻找民间艺术的美	利用废旧材料的美
一年级	上册	郑板桥笔下的竹	淘气的泡泡人（表情包的设计）	节日中的艺术品——春节（对联、福字）	飞舞的蜻蜓
	下册	黄宾虹笔下的山水	吃糖的小朋友	节日中的艺术品——春节（剪纸）	报纸杂志拼贴画
二年级	上册	齐白石老人笔下的虾	拿起画笔画绘本	节日中的艺术品——春节（年画）	水彩剪贴画——小花伞
	下册	吴冠中笔下的熊猫	丰盛的晚餐	节日中的艺术品——春节（十二生肖）	花衣裳的大鸟
三年级	上册	黄胄笔下的驴	太空飞船	节日中的艺术品——元宵节（泥塑创意元宵）	拓印画美丽的蒲公英
	下册	徐悲鸿笔下的马	旅行日记	节日中的艺术品——元宵节（彩灯）	青蛙的故事

		学习大师画中的美	发现自己画中的美	寻找民间艺术的美	利用废旧材料的美
四年级	上册	莫奈笔下的日出印象	我爸爸我妈妈	节日中的艺术品——端午节(五彩粽)	海上帆船
	下册	毕加索笔下的人物	下雨啦	节日中的艺术品——端午节(香囊)	瓦楞纸创意街景
五年级	上册	达·芬奇笔下的蒙娜丽莎	建筑工地	节日中的艺术品——端午节(龙舟)	漂亮的餐桌布
	下册	马蒂斯的剪纸作品	夜色中温暖的灯	节日中的艺术品——中秋(月饼)	我做的一碗面(毛线创意手工)
六年级	上册	修拉笔下大碗岛星期天的下午	初夏	节日中的艺术品——重阳(重阳糕、簪菊花)	拓印画美丽的花瓶
	下册	梵高笔下的向日葵	我的家	节日中的艺术品——腊八节(腊八粥谷物拼贴画)	创意小笔筒

6. "吟玩科学"课程群

"玩"是孩子们喜闻乐见的事情,符合儿童的心理特点,在"玩"中更有利于发展孩童的能力。我们认为"吟玩"是学校科学学科的核心内涵。寻绎吟玩是引导学生反复推求,探索玩味,让学生懂玩、会玩、善玩、乐玩,从而玩出创意、玩出智慧,体会科学的奥秘。"吟玩科学"课程设置如下。(见表2-9)

表2-9　南京市浦口区江浦实验小学"吟玩科学"课程设置表

课程年级/学期		物质科学	生命科学	地球与宇宙科学	技术与工程	年度整合活动
一年级	上学期	科技小制作和科学小实验(一级)	科技小制作和科学小实验(一级)	科技小制作和科学小实验(一级)	科技小制作和科学小实验(一级)	
	下学期	科技小制作和科学小实验(二级)	科技小制作和科学小实验(二级)	科技小制作和科学小实验(二级)	科技小制作和科学小实验(二级)	
二年级	上学期	科技小制作和科学小实验(三级)	科技小制作和科学小实验(三级)	科技小制作和科学小实验(三级)	科技小制作和科学小实验(三级)	
	下学期	科技小制作和科学小实验(四级)	科技小制作和科学小实验(四级)	科技小制作和科学小实验(四级)	科技小制作和科学小实验(四级)	

续表

课程年级/学期		物质科学	生命科学	地球与宇宙科学	技术与工程	年度整合活动
三年级	上学期	航空模型基础课程	航空模型基础课程	航空模型基础课程	航空模型基础课程	科技活动实践，小作品制作展示，航模比赛等，分层次展开
	下学期	航空模型竞赛课程	航空模型竞赛课程	航空模型竞赛课程	航空模型竞赛课程	
四年级	上学期	航海模型基础课程	航海模型基础课程	航海模型基础课程	航海模型基础课程	
	下学期	航海模型竞赛课程	航海模型竞赛课程	航海模型竞赛课程	航海模型竞赛课程	
五年级	上学期	车辆模型基础竞赛课程	车辆模型基础竞赛课程	车辆模型基础竞赛课程	车辆模型基础竞赛课程	
	下学期	建筑模型竞赛课程	建筑模型竞赛课程	建筑模型竞赛课程	建筑模型竞赛课程	
六年级	上学期	未来工程师基础课程	未来工程师基础课程	未来工程师基础课程	未来工程师基础课程	
	下学期	未来工程师竞赛课程	未来工程师竞赛课程	未来工程师竞赛课程	未来工程师竞赛课程	

7. "畅享音乐"课程群

"畅享音乐"课程群严格遵循"音乐审美为核心，以兴趣爱好为动力"的"新课程标准"理念，强调音乐实践，打造丰富多彩的音乐实践活动。依托"畅享音乐"课程建设，让学生通过各种有效的途径和方式走近音乐（如合唱节、音乐社团等），在亲身参与音乐活动的过程中喜爱音乐，得到美的熏陶。除基础课程外，课程设置具体如下。（见表 2-10）

表 2-10　南京市浦口区江浦实验小学"畅享音乐"课程设置表

	声入我心	声声入耳	音为有你	轻舞飞扬
一年级上	触动音弦	悦动节奏	唱享未来	舞动精灵
一年级下	触动音弦	悦动节奏	唱享未来	舞动精灵

	声入我心	声声入耳	音为有你	轻舞飞扬
二年级上	触动音弦	悦动节奏	唱享未来	舞动精灵
二年级下	触动音弦	悦动节奏	唱享未来	舞动精灵
三年级上	七彩音符	笛声悠悠	天籁和音	舞动青春
三年级下	七彩音符	笛声悠悠	天籁和音	舞动青春
四年级上	七彩音符	笛声悠悠	天籁和音	舞动青春
四年级下	七彩音符	笛声悠悠	天籁和音	舞动青春
五年级上	赏心悦耳	笛韵悠扬	歌韵绕梁	舞动人生
五年级下	赏心悦耳	笛韵悠扬	歌韵绕梁	舞动人生
六年级上	赏心悦耳	笛韵悠扬	歌韵绕梁	舞动人生
六年级下	赏心悦耳	笛韵悠扬	歌韵绕梁	舞动人生

(二)"蓄力学科"的推进策略

"蓄力学科"建设是学校课程建设的重要组成部分。可以从学科课程、学科团队、学科教学、学科学习和学科应用构成五位一体的模型,推动学科建设。

1. 结合学科特点,构建特色学科课程

学科课程是教师基于国家课程自主开发的顺应学生发展需求的特色课程。学校从两个方面入手,一方面通过挖掘学科内部或与其他学科之间的逻辑来构建专业的学科课程群;另一方面将地域特色渗透学科中。基于特色追求,教师根据对学科的独特理解、独特优势、独特资源,开发课程、汇聚课程群。共同打造"蓄力学科"。

"蓄力学科"课程的具体操作采用长短课时相结合嵌入实施。充分利用"晨读"、"课前3分钟"、课堂讲题、课后交流、主题学习课等时间高效完成课程内容,达成课程目标。在空间上打破教室的藩篱,利用网络平台、笔记交流、作业共享等形式拓展学习的方式。

2. 借助团队合力,彰显学科特色教研

以学校主管领导为主要负责人整体把握和引领课程建设,各教研组引领各级优秀骨干教师研发"蓄力学科"课程,在实施中不断提升全体教师的课程领导力。教师结合自身情况组建"新秀工作坊""智趣数学坊""师徒结对""三人行工作坊""名师工作室"

"课程中心"等形成学习共同体，明确目标定期活动，打造"领航团队"形成教学、科研、学习全方位发展，为学科课程群的高质量建设奠定了基础。

3. 打造高效课堂，提升学科教学品质

学科团队基于学校"蓄力课堂"文化形态和各学科本质研究教学，制订指向学科核心素养的学科课程规划，编写基于课程标准的学期课程纲要和与教学目标、学习活动、评价任务一致的教学方案。各科教师大胆开拓课程实施方式，提炼个人教学主张，形成独具特色的教学风格，在不断优化课程实施的过程中提升学科的教学品质，使"蓄力学科"课程高效逐层落实。

4. 构建多元学习，聚焦学科核心素养

每一门学科都有适合自己的学习方式，每一个学生都有不同于他人的学习方式，我们聚焦各学科核心素养，引导学生寻找适合自己的学习方式，以数学学科为例，创建如"数学快递""作业超市""魅力数学"……学科学习方式指南，在课程实施中树立"以生为本"的学科教学理念，培养促进终身发展的学习方法。

5. 着力应用价值，彰显学科育人魅力

高品质的学科教学是保障教学质量的基础，也必然彰显学科的应用和育人价值。各学科团队基于学科特色，以正确的教学目标为前提，以丰富的课堂活动为主线，以全面提升学生的学习力和应用能力为目标，创设"我会用，我真行"等学习情境，彰显学科育人魅力。

（三）"蓄力学科"的评价

我们根据"蓄力学科"的意涵从学科课程、学科团队、学科教学、学科学习和学科应用五个方面制定评价标准，形成具有学科特色的"蓄力学科"课程，促进学校各类学科持续性、跨越性发展，具体要求如下表。（见表2-11）

表2-11 南京市浦口区江浦实验小学"蓄力学科"评价细目表

项目	指标	标准解读
学科课程	优质 （20分）	贯彻落实学校教育思想、课程理念
		有明确的学科价值观、学科亮点突出
		课程体系科学、完善、有逻辑

续表

项目	指标	标准解读
学科课程	优质 （20分）	课程内容丰富、突显学科核心知识与关键能力
		整合优化相关课程的内容形成体系
学科团队	共进 （20分）	团队组建结构合理、分工明确
		教研氛围良好，形成具有特色的学习、教研文化
		有完备的教育科研制度，人人有课题
		团队形成适合课程研发与有效实施的运行机制
		团队具有进取意识和创新精神
学科教学	特色 （20分）	以学科核心素养为依据确立教学目标，开展基于学科本质的课堂教学研究，构建以学为主线，以学为本的课堂教学模式
		以课程标准引导教学行为改变，以课程标准理念、目标、要求、任务的落实，展示出课堂教学的学科特质
		教学设计中学习目标、学习活动、评价任务融为一个整体，三者具有内在的一致性
		课程实施分数多样，形成具有学校特色的学科教学方法和经验
		教研组形成有特点的学科教学理念，教师提炼教学主张，构建个性鲜明的课堂教学
学科学习	共识 （20分）	确立"师生都是学习者"的师生观，形成"以学生为本，让学习发展贯穿始终"的教学结构
		坚持"发展与实践相结合"的学习意识，提倡自主、合作、探究的学习方法，培养学生思维的逻辑性与批判性，鼓励学生发现问题、研究问题、创造性解决问题
		要从各学科特点和学校实际出发，制定各学科学习规范，引导学生自主学习
		指导学生确立正确的学习观念和思路，构建科学的学习策略、方法和技术系统，提高学习效率
		学生能结合自身特点灵活运用学习方法形成个性化的学习，提高学习品质
学科应用	提升 （20分）	活动设置依据学生已具备的知识和技能
		活动设置要适应时代、贴近生活，有一定的应用性和前瞻性
		活动要有普及型，让全员参与
		活动形式多样，让每个学生都参与
		活动要有成果展示，体现创造性和创新性

"蓄力学科"的建设过程中将实行全程动态管理和考核，定期评估。

1. **自我评审，申报评优。** 学校每 2 年评选一次"蓄力学科"，由学校教务处负责组织。各学科参照评选方案和江浦实验小学"蓄力学科"评价细目表自愿参加评选。

2. **答辩审核，公平竞争。** 教务处组织校长、教学副校长、教研员、优秀教师、学生代表等组成评审委员会。首先对申报资料进行审核、评估，由申报的学科负责人介绍本学科的基本情况和建设方案，并对评审委员提出的问题进行答辩。评审委员会根据学科团队提交的材料和答辩情况进行实地考察，以定性与定量相结合的方式进行评选。

3. **资格认定，定期考核。** 教务处根据评审委员会的意见结合学校实际情况认定"蓄力学科"，并颁发证书，明确责任和义务，定期考核。被认定的"蓄力学科"团队成员在评优评先和绩效考核中均要有所体现。

三、 建构"蓄力社团"，激活学校课程活力

在"传承、赋能、点亮、唤醒"新发展理念引导下，江浦实小不断地开发适合学生成长的社团课程，为学生发展提供多维的成长空间。学校最大限度地优化教学资源，扩大课程的自主选择性，在原有社团的基础上，重新组建涵盖艺术、体育、书法、科技等近70 个社团，进一步陶冶学生的艺术情操，提升文化素质，培养积极向上的精神风貌，塑造阳光、自信的心态。

（一）"蓄力社团"内涵所在

为了适应时代发展的需要，立足我校实际，为学生有效地选择课程，同时也为了有利于促进教师继续学习和专业成长。根据学校教育教学工作思路要求每位教师拥有一项特长或才艺，能教好一门社团课程，决定在开设社团特色课程。

"蓄力社团"是发展个性的社团。 各种社团课程缤纷绚丽，多姿多彩，不受教材的束缚，学生在自己的社团中尽情展现个性。

"蓄力社团"是传承赋能的社团。 将传承民族文化精神融入课程和特色活动中，用赤子之心，点燃文化的火炬。

"蓄力社团"是培养能力的社团。 "走班制"是社团课的基本形式。参加社团课程

的学生来自不同年级、不同班级，多角度多侧面的信息来源使学生们不断取长补短，共同提高。

"蓄力社团"是挖掘潜能的社团。促进所有学生的全面发展，拓展学生的视野，发展学生的思维，陶冶学生的情操，实现教育角色和学习方式的转变，培养学生的兴趣和一技之长。

（二）"蓄力社团"的建设途径

学校从艺术、体育、科技、书法、国粹等专题入手，在丰富原有社团的基础上，开设了五大类的社团课程。

1. **艺术类社团：**提升学生审美情趣的艺术类社团缤纷绚丽、多姿多彩，包括音乐类的合唱、器乐（吉他、陶笛）社团、舞蹈社团；美术类的女工、工笔画、编制社团；表演类街舞、话剧社团。

2. **体育类社团：**灵活的运球，精准的投篮，在磨练中释放自信，通其法，得其意，在"楚河汉界"里走好童年的每一步棋。篮球社团、啦啦操社团、足球社团、龙狮舞社团、象棋社团、围棋社团等。

3. **科技类社团：**每次实验突出了趣味性，结合实验用具，充分引导启发学生进行科学探索和发现，培养他们敢于动手、积极思考、善于观察、勇敢表述的能力。探索航模社团、科技制作社团、机器人创客社团等。

4. **书法类社团：**书法一直是我校的传统和特色，作为南京市六家书法教育示范校之一，浦口区唯一一家"江苏省书法教育示范校"。当代"草圣"林散之至高的书法影响力是我校特有优势及重要教育资源。学校以书法教育为突破，以此带动学校各类艺术教育选修课程的全面开设。硬笔书法社团每个年级均开设两个班，软笔书法社团每个年级均开设一个班级。

5. **国粹类社团：**我校积极整合民族传统文化资源，将传承民族文化精神融入课程和特色活动中，用赤子之心，点燃文化的火炬。该国粹类社团有中医娃娃社团、空竹社团、戏剧脸谱社团等。

（三）"蓄力社团"的开设建设流程

1. **选课。**学期初，教务处向师生发放《社团选修课课题申报表》《社团选修课课程申请表》。任课教师详细填写《社团选修课课题申报表》：课程名称、主讲教师、教学目标、计划课时、教学内容、学生限额等，经教务处批准后方可开课；学生根据各自的兴趣、爱好，结合学校开设的校本课程选修科目，任选一项提出申请，填写《社团选修课程申请表》，以班级为单位报教务处汇总。每学期终结综合评价后调整一次，实行动态管理。

2. **组班。** 各办公室要根据学校开设课程门类，在相应年级进行大力宣传，由各班班主任组织学生自愿参加。教务处根据教师、学生报名情况，结合学校条件，决定选修课的名称、任课教师、学生、上课时间、上课地点，编制一份完整的名单和课程表，通知师生。原则上，每个社团班配备1位教师，全员参与。六年级不参加。

3. **开课。**

① 辅导教师要根据自己承担的课程内容拟定好教学计划，精心设计每一节课的教案，认真组织学生开展辅导工作，强调社团课程教学的实效性，加强社团课程系统研究，逐步形成校本教材。

② 学生要准时参加社团课学习，遵守课堂纪律。所有学生必须按学校规定的时间、地点，参加各社团科目，不得无故缺课、迟到、早退。如有特殊情况不能参加的，必须向社团课老师请假；各社团科目如因故更换地点或延时、改期，以各社团课程教师的通知为准。

③ 社团活动时间安排在一——二年级每周三15：40—16：40。

三——五年级每周五15：40—16：40。

（四）"蓄力社团"的评价要求

所有社团课程教师要做到有计划、有教案、有考勤、有考核。学生学期考查分优秀、良好、一般、差四个等级。各辅导教师必须认真整理、搜集好工作计划、教案、工作记录、考勤记录表等资料，适时开展演（展）出汇报。学校将对各辅导班开展情况进行检查，在学期结束时，根据各社团实际开展辅导的时间、教师上交教案、计划、活动记录的数量和质量，学生的培训效果及各种参赛获奖情况予以考核和奖励；凡按学校规定完成上述任务，可视为达到职称评审基本条件中关于"有组织的辅导学生课外小组"的要求。社团活动按每周2课时，计入工作量。对于考核合格、优秀的社团和优秀学员予以奖励。（见表2-12）

表2-12　南京市浦口区江浦实验小学"蓄力社团"评价细目表

项目	标准解读	评估方式	得分
制度 30分	认真制订社团学习计划,认真填写"社团活动记录册"。	实地查看 材料核实 活动展示	
	社团人数符合要求,做好考勤以及档案跟踪管理。		
管理 30分	指导教师规范、认真、负责。		
	社团活动场地环境良好,有相应的文化布置。		
实施 20分	定期开展社团活动,组织有序,记录完整。		
	完成学期末的"美篇"总结,评选优秀学员。		
效果 20分	社团成员或社团成果有很好的展示,比赛成绩优异。		
	社团活动取得良好的教育效果。		
亮点			总分

四、推行"蓄力之旅",落实研学旅行课程

研学旅行是学校教育和校外教育衔接的创新形式。"蓄力之旅"是江浦实验小学实现综合实践育人的有效途径,"蓄力之旅"是开放、启智、多维、自主的旅行研学,旨在提升学生的自理能力、创新精神和实践能力。

(一)"蓄力之旅"的内涵要义

"蓄力"是教育能量的积蓄,是人生力量的积淀,是社会文明的厚积薄发。"蓄力之旅"是开放办学的体现,是学科智能的提升,是多维的学习意识,是自主创新的锻造开发。

"蓄力之旅"是开放办学的教育思路。教育为社会服务,更应从社会中汲取教育资源。打开校园围墙,整合教育资源,将学生带到更加广阔的空间去学习,使书本知识和生活经验深度融合,体现了教育的目标和归宿。

"蓄力之旅"是启迪智慧的旅行学习。"纸上得来终觉浅,绝知此事要躬行"。我国自古就有实践求真的优秀学习传统,唯有在与平常不同的生活中拓展视野,在真实情境中丰富知识,才能加深与自然和文化的亲近感,增加对集体生活方式和社会公共道德的体验。

"蓄力之旅"是多维思考的有效塑造。社会是融合的，生活是全面的，情境是综合的。在旅行中有目的，有计划地引导学生调动自己的各种感官全方位地观察景物和事物，感受文化和精神，发展学生思考问题的全面性和辩证性。

"蓄力之旅"是自主创新的锻造开发。自然是无声的字典，生活是最好的老师。在自然和生活的不断发问中，学生动眼、动脑、动手，在真实的问题中学习，在真实的情境中感受，学生的自主能力得到锻造，创新意识得到开发，学会动手动脑，学会生存生活，学会做人做事。"蓄力之旅"有利于推动全面实施素质教育以及创新人才培养模式。

（二）"蓄力之旅"的实践操作

"蓄力之旅"根据教育部等11部门联合发布的《关于推进中小学生研学旅行的意见》，积极开展符合当地区域特色、学生年龄特点和各学科教学内容需要的研学旅行课程。主要方式及其关键要素包含考察探究、社会公益、职业体验等。其中考察探究是学生基于自身兴趣，在教师的指导下，从自然社会和生活中选择和确定研究主题，开展研究性学习，在观察记录和思考中主动获取知识分析并解决问题，如野外考察、社会调查、主题走访等。江浦实验小学"蓄力之旅"的活动安排如下。（见表2-13）

表2-13 南京市江浦实验小学"蓄力之旅"的活动安排表

课程	地点	活动
走进大自然	老山森林公园、红山动物园、栖霞山风景区、雨发生态园	观察大自然，亲近大自然研究植物、动物，撰写研究报告，写风景记游记
追寻红色足迹	王洪波纪念馆、南京大屠杀遇难同胞纪念馆、雨花台烈士陵园	了解革命历史，了解国情、热爱祖国，着力提高学生的社会责任感
科技之光	南京科技馆、中铁十四局	增加科学知识，探索科学奥秘，培养科学精神
艺术之美	南京博物院、南京美术馆、林散之纪念堂	欣赏艺术作品，感受多样的艺术形态，接受美的熏陶，成为美的使者
爱心之行	浦口区特殊学校、浦口区敬老院	走进特殊群体，关心关爱，了解社会，激发社会责任感
职业体验	南京市浦口区交警大队、浦口区公交公司、浦口区苏果超市、浦口区垃圾分类中心	走进不同的职业场景，感受职业辛劳，了解社会运作秩序，懂得"人人为我，我为人人"

在课程安排方面,小学 1—2 年级平均每月不少于 1 课时;小学 3—6 年级平均每月不少于 2 课时。充分利用寒暑假,以雏鹰假日小队的形式为主,也可以在家长陪伴下个人单独进行。在保障安全的前提下,雏鹰假日小队的合作范围可以从班级内部逐步走向跨班级、跨年级、跨学校和跨区域。教师要根据实际情况灵活运用各种组织方式,制订明确的活动方案,要引导学生根据兴趣、能力、特长、活动需要,明确分工,做到人尽其责,合理高效。我们既要让学生有独立思考的时间和空间,又要充分发挥合作学习的优势,高度重视培训培养学生的自主参与意识与合作沟通能力,鼓励学生利用信息技术手段冲破突破时空界限,进行广泛的交流与密切合作。

(三)"蓄力之旅"的评价要求

江浦实验小学的"蓄力之旅"课程要做到"蓄语""蓄智""蓄美""蓄德""蓄健"。

1. 建立完备的制度保障。 制定学校研学旅行课程纲要。每次的研学旅行应有明确的研学方案,包含研学目标、研学内容、评价方式等。

2. 设计创新的课程体系。 结合当地区域特色、学生年龄特点和各学科教学内容需要,设计符合培育目标的课程体系,课程应充分体现实践性和创新性。

3. 实施精致的课程安排。 根据具体的课程实施方案,结合具有时代性、典型性的社会新资源,优化课程安排,做好实施准备,有利于研学课程内容延展深度和广度。

4. 汇集真实的课程体验。 汇集学生真实的课程体验,积累成册。研学旅行课程中丰富的体验,是学生们最真实的学习,学生在最真实的情境下得到最真实最独特的感受,从而获得多方面的成长。通过积累成册,也有利于研究、改进课程内容,实施更符合学生身心特点的课程设计。

5. 提供足够的安全保证。 建立安全责任体系,配备安全保障设备,明确各方安全责任。在实施研学旅行计划时,一定要做好安全方案和应急预案,以确保课程的顺利进行。

总之,根据不同学段、年龄特点的学生,要设计更具针对性的课程评价方案,注重学生过程性评价和发展性评价。

五、 创意"蓄力探究",发展学校特色课程

"蓄力探究"之"一带一路"特色课程旨在让本校学生较为全面地了解"一带一路"

提出的背景、具体内容，具有世界眼光和开放心态，学会尊重与关怀不同的文化，从而更加爱自己的国家，为自己是一名中国小学生而感到自豪。

（一）"蓄力探究"之"一带一路"特色课程实施

"一带一路"不只是一个空间概念和经济合作战略，它更是一个建立在历史文化概念影响基础之上的文化影响力范畴，是用文化将历史、现实与未来连接在一起从而成为中国面向全球化的战略架构。因此，文化是"一带一路"的灵魂。

1. **方案自己订。** 凡事预则立，不预则废。无论做什么事，事先有准备，就能得到成功，不然就会失败。它强调了做事之前先制订一个切实可行的计划的重要性。因而，学会制订计划、提高规划能力对于学生学会做事，未来走向事业的成功有着重要的意义。让学生来制订方案，让每一个学生都能积极参与到方案的制订中来，是"一带一路"游园活动的一项重要内容。首先由学校层面制订全校的游园活动方案，各个班级可以由学生投票表决选择最感兴趣的一个国家开展研究性学习。方案制订课的教学可分为三个阶段，一个是学生自主策划制订方案的阶段，二是交流展示阶段，三是修改定稿阶段。方案的制订，不仅是教师在指导，学生之间也存在一个相互学习的过程。比如，在小组汇报后，全班师生对每组的活动计划进行讨论。论证方案的可行性，指出方案的亮点和不足之处，提出修改意见和建议，让学生明白应从哪些方面去完善自己小组的计划。小组之间还可以相互借鉴，反思自己计划的不足，进一步修订、完善自己小组的活动方案。让学生经历计划的制订过程，学生也会逐步学会制订计划提高策划能力，并使学生从规划活动逐渐走向规划人生，为学生的未来发展奠定基础。

2. **活动自己创。** "动手之前先动脑"。计划的落实离不开充分而又细致的准备。游园活动展示之前的准备工作是千头万绪的，环境的布置，物品的采购，人员的分工，节目的准备等，稍有疏漏就会顾此失彼。做好活动前的万无一失，达到理想的效果，是做事必须具备的能力。班级内分为各个准备小组，每组有小组长，组员有明确的职责分工。在活动中人人都是小主人，培养学生的责任心和担当意识。

3. **展示自己演。** 一间教室模拟一个国家。彩带飞舞、旗帜飘扬，五彩缤纷的简报呈现的是"一带一路"沿线国家的相关知识，展现出不同国家的风土人情。民族时装秀、桌上琳琅满目的各色特产、传统美食，还有现场的舞蹈表演，吸引了前来参观的学生们。同学们还制作自己的"小护照",为即将到来的"跨国旅行"做准备。游园活动以生动活泼的形式展示汇报学生对"一带一路"的理解,人人都是参与者,人人都能秀一秀,学生在充分的经历体验中,个性得到张扬,自信得到提高,创意得到激发。该课程的实施分为三个阶段。(见2-14)

表2-14 "一带一路"特色课程实施路径表

活动推进	活动准备阶段	活动实施阶段			总结交流阶段
课时	第一课时	第二课时	第三课时	第四课时	第五课时
课型	方案制订课	信息整理课	汇报交流课	活动实施课	总结评价课
内容	分工合作,制订"一班一国 看一带一路"活动研究方案	采用网络搜索、文献查阅、实地考察、采访、问卷调查等形式进行各组对应的"一班一国 看一带一路"相关信息搜集,并根据小组分工对搜集的信息进行整理,将整理的信息内容在课堂上进行整理汇报、分析总结	学生通过第二课时谈论在课后进行整理,运用拍照、手抄报、PPT展示、视频展示等手段,将各组收集内容及新的"一班一国 看一带一路"活动方案进行汇报	各组根据方案进行实施操作	各小组就此阶段的活动进行总结,教师给予评价、指导

(二)"蓄力探究"之"一带一路"特色课程评价要求

"一带一路"特色课程的评价结合注重多元评价和综合考察。突出评价对学生活动实施过程中能力发展的价值,充分肯定学生在活动过程中问题解决策略多样性,鼓励学生们在活动过程中能够进行自我评价的同时还能与同学间进行合作交流以及经验的分享。

"一带一路"特色课程实施过程中,按照时间进程的不同,对学生进行分阶段评价,对于学生发展性评价指标体系的构建也根据不同阶段的不同活动内容和活动目标进行。

1. "一带一路"活动准备阶段学生发展性评价。 此阶段学生要在教师的指导下提出问题、确定活动主题、划分小组、制订活动方案。此阶段要注重引导学生综合运用各学科知识，能够从日常学习生活、社会生活中，提出有意义的活动主题，发展学生发现问题、提出问题的能力，注重发展学生的合作意识，培养规划能力。因此我们将此阶段学生发展性评价指标确定如下。（见表2－15）

表2－15 "一带一路"活动准备阶段学生发展性评价指标

	★★★	★★☆	★☆☆
提出问题	能留心观察，搜集资料，主动提出与活动主题相关的问题，并从不同角度提出多个不同的问题	能留心观察，搜集资料，主动提出与活动主题相关的问题	留心观察，提出问题
问题表达	能清晰、有条理、简洁地进行问题表达，有自己的独特思考	能清晰、有条理、简洁地进行问题表达	比较能清晰、有条理进行问题表达
团结合作	能与小组成员团结合作，主动承担活动任务，主动与小组成员分享交流	能与小组成员团结合作，主动承担活动任务	能较好地与同伴合作完成小组长布置的任务

2. "一带一路"活动实施阶段学生发展性评价。"一带一路"活动实施阶段是活动方案的执行并完成过程，是核心阶段。在此阶段，我们重点考察学生运用储存的技能和经验，通过调查、采访、考察、收集资料等多样化学习方式进行实践活动，活动中具有真实体验，逐步形成热爱祖国、为自己是中国人感到自豪的思想情感。因此我们将此阶段学生发展性评价指标确定如下。（见表2－16）

表2－16 "一带一路"活动实施阶段学生发展性评价指标

	★★★	★★☆	★☆☆
收集整理资料	能够结合主题选择恰当的收集资料方式，能够发现资料中出现的问题，及时删除、筛选归纳，获取有用的资料信息	能够结合主题选择恰当的收集资料方式，并进行归纳、整理	能够在同伴的帮助下搜集资料，并进行筛选、归纳
动手操作	能独立结合本组研究主题运用正确的研究方法进行服装设计制作、教室装扮、课件制作等	能在小组伙伴帮助下结合本组研究主题运用正确的研究方法进行服装	不能独立设计制作，但能配合小组成员进行设计制作等

续表

	★★★	★★☆	★☆☆
动手操作		设计制作、教室装扮、课件制作等	
沟通与合作	能在活动过程中获得积极的情感体验，并乐于分享自己的获得、体会，与同伴合作积极愉快	较能在活动过程中分享自己的获得、体会，与同伴合作积极愉快	在同伴鼓励下，能尝试表达沟通，愿意与同学合作

3. "一带一路"活动总结交流阶段学生发展性评价。"一带一路"活动总结交流阶段是活动的最后一个阶段。此阶段学生通过一系列的学习、合作、探究，得出结论，形成成果，并通过多种方式展示交流各自的研究成果。这个阶段，学生能够倾听学习他人的研究成果，提出自己的想法、疑问和建议，学会欣赏、悦纳。因此我们将此阶段学生发展性评价指标确定如下。（见表 2-17）

表 2-17 "一带一路"活动总结交流阶段学生发展性评价指标

	★★★	★★☆	★☆☆
展示交流	交流内容符合活动主题，丰富多彩，能运用多种方法将研究过程中的解决方法、成果及感受体验表达清楚	展示内容符合主题，但展示方法不够丰富，基本能将研究过程中的解决方法、成果及感受体验表达清楚	展示内容基本符合主题，但展示方法不够丰富，基本能将研究过程中的解决方法、成果及感受体验表达清楚
语言仪态	仪态自然大方，语言表达生动、清晰、流畅有礼貌，声音响亮	仪态较为自然，语言表达生动、清晰、流畅有礼貌，声音响亮	仪态不太自然，但语言表达较为清晰、流畅有礼貌，声音比较响亮
评价反思	能够主动反思本组或个人活动实施中的不足与优点，能够用肯定与鼓励的话语评价他人，给出合理建议	较能够主动反思本组或个人活动实施中的不足与优点，也能够用肯定与鼓励的话语评价他人，给出合理建议	比较能对自我进行反思，也能接受他人建议

六、 推行"蓄力节日"，活跃课程实施氛围

节日是文化身份认同的重要载体，参与节日就是建立文化认同的过程，也是一种

从个人到家、国、天下的文化体验过程。推行"蓄力节日"是江浦实验小学弘扬校园文化、活跃课程实施氛围的有效途径。"蓄力节日"体现其自主性、实践性、凝聚性、辐射性四大特点。

（一）"蓄力节日"的内涵要义

学校以"为每一个孩子的成长积蓄力量"为办学理念，"蓄力节日"以节日为载体，开阔学生视野，展示学生特长，陶冶学生情操，凝聚学生和谐、团结、向上的精神力量，帮助学生获得成长的动力。

自主性——让学生成为"蓄力节日"的主人。让学生自主"创造"自己喜欢的节日，并自主设计、自主开展、自主总结，自己组织过这些节日。让每一个学生都成为学校节日活动的主角。

实践性——在活动中提高学生的实践能力。结合"蓄力节日"开展丰富多样的活动，在活动中培养学生搜集资料、交流讨论、组织活动、总结思考等实践能力。

凝聚性——凝聚学生和谐、团结、向上的精神力量。"蓄力节日"贴近学生生活，使学生感受到强烈的集体归属感和割舍不掉的文化认同，凝聚和谐、团结、向上的精神力量。

辐射性——将节日文化辐射到家庭与社会。"蓄力节日"不单单只在学校推行，而是以学生带动家庭，以家庭辐射社会。通过"小手拉大手"的活动方式，将良好的节日文化在社会中广泛传播。

（二）"蓄力节日"的实践操作

学校从"传统节日课程""现代节日课程""校园节日课程"三个方面入手实施"蓄力节日"，以多种渠道开发创新节日课程，活跃课程实施氛围。

1. **传统节日课程。**　中国的传统节日形式多样、内容丰富，是弘扬中华民族优秀传统文化和传承中华传统美德的重要载体，我们利用传统节日课程揭示传统文化的内在价值，弘扬民族精神，对加强小学生的传统文化教育具有很重要的意义。学校"蓄力节日"的"传统节日课程"安排如下。（见表2-18）

我们结合学生的年龄特点和实际情况，以活动为载体，营造浓郁的传统节日氛围，创新开展新鲜多样的节日庆祝活动。通过搜集资料、制作资料卡、分组讨论等方式，深入了解传统节日的日期、由来等知识。通过剪窗花、写对联、猜灯谜、包粽子等综合实践活动体验传统民俗，感受中华优秀传统文化的魅力，进而增强民族自豪感，弘扬学生

表2-18　南京市浦口区江浦实验小学"传统节日课程"设置表

月份	节日	主题	活动
一月	春节	迎新春，过大年	剪窗花、写对联、春节主题征文评比
二月	元宵节	闹元宵，献爱心	做花灯、赏花灯、猜灯谜、花灯义卖
四月	清明节	祭先烈，扬精神	讲先烈故事、祭扫烈士墓
六月	端午节	缅故人，扬传统	缅怀屈原、制作粽子香包挂件和香囊
九月	中秋节	庆中秋，共团圆	中秋故事会、制作手工黏土和月饼
十月	重阳节	九月九，要敬老	为自己的爷爷奶奶献孝心、看望敬老院老人

的爱国之情。

2. **现代节日课程。** 现代节日充分展现了现代文明，体现了中国人民自立自强、尊重妇女等现代精神风貌，同时也是对传统节日的一些良好的补充。学校"蓄力节日"的"现代节日课程"安排如下。（见表2-19）

表2-19　南京市浦口区江浦实验小学"现代节日课程"设置表

月份	节日	主题	活动
一月	元旦	新年新气象	"一班一国看一带一路"新年游园活动、制定新年学习目标
三月	植树节	爱绿护绿在行动	栽种树木幼苗、制作保护树木警示牌
三月	妇女节	妈妈，我爱您	为妈妈分担一点家务、为妈妈洗一次脚、对妈妈说一句感激的话、送给妈妈一件小礼物
五月	劳动节	我劳动，我光荣	我与爸爸/妈妈换一天岗、绘画"各行各业劳动人民"美术作品、学唱歌曲《劳动最光荣》
六月	儿童节	争做新时代好队员	六一文艺汇演、一年级入队仪式
九月	教师节	老师，您辛苦了	诗朗诵和舞蹈表演《我爱米兰》、讲述我与老师之间的故事、送给老师一张手工贺卡
十月	国庆节	我和我的祖国	"我与国旗同框"摄影活动、"祖国，我为你自豪"主题班会课、三年级少年军校活动、"我的祖国我的骄傲"百米长卷书画活动、"我骄傲，我是中国人"演讲比赛

我们结合具体的现代节日确定活动主题，利用升旗仪式、红领巾广播站、主题班会、黑板报、我的地盘等阵地宣传活动主题，通过家校互动、走进社会等方式落实活动，充分发挥家校合作育人的作用。

3. **校园主题节日课程。**"校园主题节日课程"不同于教育部门规定的课程，它是为丰富儿童的文化生活专门创设的课程，是一个由全体儿童自主开发、共同参与的课程，其在儿童眼中的重要性不言而喻。学校"蓄力节日"的"校园主题节日课程"安排如下。（见表 2 - 20）

表 2 - 20 南京市浦口区江浦实验小学"校园主题节日课程"设置表

月份	节日	主题	活动
一月	安全节	安全意识伴我行	食品安全宣讲活动、防拐骗安全教育讲座、寒假安全教育
二月	读书节	读经典的书，做有根的人	作家进校园活动、启动"雏凤书香"实小讲坛活动、校园诗词大会、书签制作比赛、汉字故事表演、图书跳蚤市场
三月	雷锋节	积小善为大善，善莫大焉	主题班会讲雷锋、布置学雷锋黑板报及我的地盘、绘制学雷锋主题手抄报、以雏鹰假日小队形式开展学雷锋活动、为特殊教育学校孩子献爱心
四月	运动节	在运动中健康成长	短跑、接力跑、投掷沙包、立定跳远、篮球运球绕杆、实心球、排球垫球、跳高
五月	合唱节	童声唱响红五月	以班级为单位创编集体合唱、各年级组建一支年级合唱队参与展演
六月	话剧节	相约经典话剧，演绎精彩童年	每个年级创编和演出两台话剧
十月	科技节	推动科技进步，推进绿色发展	组织学生参观科普教育基地、创作科学小发明、科学论文、科学创意、科学幻想绘画
十一月	艺术节	艺术之花，在实小盛开	硬笔书法比赛、软笔书法比赛、绘画比赛、器乐比赛、独唱比赛、舞蹈比赛
十二月	法治节	学宪法，讲宪法	"学宪法，讲宪法"主题演讲比赛、邀请朱宏律师开展法治教育讲座

有了这些自己"创造"的"校园节日"，孩子们逐渐学会了有序地进行组织与交流，

生活变得越来越丰富;"校园节日"课程也让一些爱"捣乱""不守规矩"的孩子"动"了起来,他们开始把过剩的精力用在活动的组织和开展上;同伴之间的沟通多了,矛盾少了,班级秩序更加规范了。

学校通过"传统节日""现代节日""校园节日"三种"蓄力节日"课程的设计与开展,让学生树立责任意识,落实公民教育,培植家国情怀,在实践中拓展视野。

（三）"蓄力节日"的评价要求

节日一直以其丰富有趣的内容、生动活泼的形式,深受儿童喜爱。节日活动不应只是当天热闹的展示,活动的后续评价工作尤为重要。为了使"蓄力节日"课程落到实处,使节日的韵味不至于骤然消失,在学生的脑海中能产生较为持久的印象,起到较为深刻的教育意义,我们根据"蓄力节日"的内涵和特点制作了评价细目表。（见表2-21）

表2-21   南京市浦口区江浦实验小学"蓄力节日"评价细则

评价项目	评价要点	评价标准	得分
主题	自主性 （25分）	根据学生的兴趣和身心发展规律确定主题	
		节日活动由学生自主设计、自主开展、自主总结	
		面向全体学生,同时关注学生个性和差异,让每一个学生能充分展示自我	
目标	凝聚性 （25分）	目标明确,有明确的文化导向和时代性	
		学生有认识,有感悟,能促进学生身心健康发展	
		使学生感受到强烈的集体归属感和文化认同,凝聚学生和谐、团结、向上的精神力量	
实施	实践性 （25分）	结合学校具体情况精心设计节日活动,有特色有创意,操作性强	
		按照"自主性、实践性、凝聚性、辐射性"四大活动原则,采取多种形式呈现活动方式	
		注重培养学生的实践能力,教育效果明显	
效果	辐射性 （25分）	节日氛围生动活泼,有效达成活动目标	
		学生了解不同节日的日期、由来等相关知识和文化内涵	
		以学生带动家庭,以家庭辐射社会,将良好的节日文化在社会中广泛传播	

学校成立由学生、家长、老师三方面组成的评价小组，采取"自评""互评""家评""校评"相结合的办法，根据《江浦实验小学"蓄力节日"评价细则》为每次节日打分，及时将评价结果向全体师生、家长和社会公布，并进行大力宣传和表彰，激励学生在"蓄力节日"课程中自主自立、乐观向上，取得良好的育人效果。

七、 设计"蓄力校园"，激活环境隐性课程

校园环境文化是学校隐性课程，具有特殊的潜在的教育功能。江浦实小在学校文化建设中，注重环境文化的打造，"蓄力校园"环境在用心经营中慢慢立体而丰富起来，"蓄力校园"是怡情、浸润、赋能、实践、融合的校园，承载着学校文化的精神内核和理想追求，培育了澄澈纯净、多元动感的学校生命场。

（一）"蓄力校园"的内涵和要义

"蓄力校园"建设是向"蓄力教育"生动之处漫溯的有力举措；是推进学校更具内涵、更富诗意发展的有效探索；是彰显师生生命更趋敞亮、更趋幸福的不懈追求。

"蓄力校园"是怡情的校园。 学校环境赋予文化因素后，就会显现艺术魅力。特别是自然景观，一草一木、一水一石，都能给人美的享受，正所谓"景美则心旷，心旷则神怡，神怡则智清，智清则学佳"。

"蓄力校园"是浸润的校园。 学校规章制度清晰、区域划分明确、功能实施健全，能寓教育于潜移默化之中，必有浸润人心的功能，产生"润物细无声"的微妙效应。

"蓄力校园"是赋能的校园。 学校良好的学习氛围、纯正的校风学风、浓郁的古韵今风、醉人的翰墨书香、浓厚的文化积淀、和谐的人际关系，是全体师生隐性环境课程资源，更是恒久的能量源，持续为大家传递正能量。

"蓄力校园"是实践的校园。 学校环境建设需要群体智慧和通力合作。校园景观布局、细节设计、班级文化呈现等，都是师生智慧和才艺的展现，又是师生交流思想情感、历练实践能力的过程。

"蓄力校园"是融合的校园。 蕴含学校精神和价值观的学校环境，不但能对师生产生约束、调节作用，更能引发一种价值认同感、归属感和凝聚力，促使师生结成发展共同体。

(二)"蓄力校园"的建设路径

1. **精心设计,让校园中的每一处建筑都"会说话"。** 江浦实小始终坚持将蓄力教育元素融入校园环境文化设计之中,让"传承、赋能、点亮、唤醒"的新教育发展理念物化为各种富有教育内涵的创意设计。本着"传统底色,现代元素,审美追求,品牌化标识,主题性单元分类集成"的原则,全新规划新真楼、求善楼、求美楼的主题文化。调整学校部分绿化布局,在已有的亭台、连廊基础上,增设具有学校文化特色兼具人文情怀的校园景点。利用楼梯道口墙面、教学楼通道间墙面,设立多处文化版块,努力创设赏心悦目、充满智趣的校园育人环境,彰显学校文化传统和特色。一面面会"说话"的主题墙,告诉孩子们什么是传统和现代的融合;集欣赏、游戏、休憩于一体的长廊,让课间活动"有声有色";环形小书柜、皮质小座椅、融阅读与休闲于一体的"图书角",成为书香校园最好的诠释。此外,智能的报告厅,雅致的珠江书院,舒心的教室,一条条走廊,一个个转角……一系列"会说话"的校园空间构筑了江浦实小独特的"蓄力校园"环境文化,熏陶着江浦实小的每一个孩子。

2. **细心雕琢,让校园中的每一个细节都能传情。** 缔造美丽校园,关注每一个细节,把每一个角落都打造成浸润孩子们心灵的文化空间,是"蓄力校园"建设的初衷。我校把学校办学理念外化在环境上,将"蓄力教育"哲学"植入"学校"土壤"。更改会议室名,增设墙体标语,装饰"一训三风"墙,把警示的箴言画幅、励志的诗文警句、学生创作的儿童书画作品,都放在合适的位置,让校园的楼道、墙壁、花池、场地成为"蓄力教育"的文化阵地。不断整合资源,把校园的不同功能区有机地衔接起来,让校园处处有"景",学生步步赏"景",努力让学生置身在优质、多彩的"蓄力教育"环境之中。走过错落有致、疏密相间的教学楼区,步入绿化景区,栖息小亭可供学生休息读书,一方池水辉映蓝天白云,让学生在回味经典中感悟人生。江浦实小校园里的每一位客人,总能在每一个角落里品味到耐人寻味的细节文化,它们巧妙地赋予每一个空间最真的灵魂,营造出校园中一道道亮丽的风景线,向每一个孩子传递出生活中点点滴滴的细节文化和实践创意。

3. **全心倡导,让江浦实小的每个主人都成为建设者。** 江浦实小始终认为,参与建设的过程就是受到教育、浸染文化的过程。因此,学校鼓励每个教职工和孩子都成为校园环境文化的建设者和维护者。于是,无数个美好的创意被激发和点燃。走进江浦实小的校园，你会惊喜地发现：美术老师们手工创作黏土拼盘、书法大咖们挥毫之作激发了孩子们的创造欲望和装扮校园的奇思妙想；你还会发现，每个班级墙壁上设"争星榜"和"小荷才露尖尖角"专栏，学生的绘画、书法、手工、摄影等作品可以自由地在上面进行展示，有的粗糙简单，有的精致创意，作品真实地记录了学生的成长之路；心理健康教育中心的"笑脸墙"文化，百余张天真灿烂的笑脸提醒着大家：微笑迎接每一天。漫步江浦实小的任何角落，目之所及，都能欣赏到老师和孩子们的艺术创作：绘制于圆木片上的创意诗画，炫酷的 3D 打印作品，具有丰富色彩、充满想象力的京剧脸谱绘图……全体师生用智慧创造着"独具匠心"的校园文化。

（三）"蓄力校园"的推进策略

学校以人文、科学、信息、艺术、环保为主要元素，形成主题文化，激活环境隐性课程，努力打造"人文的书香校园""灵动的特色校园""现代的智慧校园""尚美的书画校园""绿色的环保校园"，全面实施"蓄力校园"建设，使学校环境文化生态系统健康而高雅。

1. **发扬传统优势，共创书画校园。** 利用林散之地域文化优势，大力推进"书画课堂"工作，把书画教育纳入校本课程，聘请优秀书法、美术教师充实教师队伍，提升学生书画水平。同时，学校每年定期举办艺术节，选拔优秀苗子，积极参加上级单位组织的书画比赛。与"和园"的书法神韵相契合，在学校的四面围墙、班级"我的地盘"等处设置专栏，定期展示学生优秀书画作品。

2. **借力京剧文化，打造特色校园。** 依据学校着力打造的京剧脸谱文化特定项目，创编随四季变化的京剧伞舞大课间，利用话剧社团为学校话剧月不断输出专业小演员，在求善楼和求美楼二楼连廊处设置相对独立的京剧脸谱文化区域，与新真楼京剧脸谱文化相呼应。除此之外，学校对全体学生进行京剧脸谱常识普及，建立京剧脸谱校本教材的编写小组，开发京剧脸谱校本教材。学校积极搭建各种平台，为孩子们创造各种展示的舞台。在未来，江浦实小的京剧脸谱特色文化成为学校的一张亮丽的名片，让国粹艺术得到传承。

3. **营造浓郁氛围，建设书香校园。** 不断充实图书馆和图书角的图书资料；在校园橱窗和教学楼走道布置读书主题文化；在校园草地布置有人文气息的书香宣传标语;把学生在阅览室、走廊、家里、社区等静心阅读、分享阅读的情景通过图片展示出来,让每一位步入江浦实小的人都能感受到阅读带来的愉悦享受。

4. 依托现代技术,构建智慧校园。 目前我校智慧校园创建正在稳步展开,充满时代气息的现代化校园渐渐形成,改造和优化现行的智能化的校园管理系统、课堂教学支持系统、学生智慧学习系统、后勤服务管理系统,形成个性化的学习环境,提供智能化、集成化的校园管理以及人本化、效能化的教育教学服务,使学校的信息化环境与教育教学实践和谐深度融合,相互促进。

5. 树立环保意识,创立绿色校园。 通过海报、展板、LED 屏等媒介普及绿色低碳知识和生态文明理念;组织学生志愿者通过捡拾垃圾、文明劝导等形式,激发广大学生的责任感和使命感,增强环保意识、节约意识。利用班队会、夕会、升旗仪式等将环保教育常态化,常抓不懈、持之以恒,每次主题教育做到有方案、有布置、有检查、有反思,以此引导广大学生将生态文明理念内化为个人价值取向和自觉行动,勇当生态文明的引领者、宣传者和践行者。

(四)"蓄力校园"的评价

学校"蓄力校园"的评价从多方面有针对性地进行,综合全面考察显性环境建设和隐性课程生发。前者主要借助实地参观,邀请专家、教师、学生、家长等组成考评团,对照评价细则(见表 2-22)逐一考核;后者是通过每学期期末向全体师生投放问卷,由校长室、书记室进行问卷汇总、分析,每个年级蹲点校级领导点对点反馈。

表 2-22 南京市浦口区江浦实小"蓄力校园"建设评价细目表

项目	指标	评价内容及参考分值	得分
校园环境建设	怡情(10 分)	校园无土不绿,特色鲜明,布局合理	
	浸润(10 分)	校园环境整洁,制度完善,功能齐全	
	赋能(10 分)	校训"三风"、警示语、宣传栏等彰显学校人文特色	
	实践(10 分)	有师生群体智慧和通力合作的成果和作品展示	
	融合(10 分)	亭台、装饰物、提示牌等人文景观体现师生共同价值追求	

续表

项目	指标	评价内容及参考分值	得分
廊道环境建设	怡情(5分)	与学校文化特色保持高度一致,具有鲜明主题且有机兼容	
	浸润(5分)	能够根据不同年段学生特点布置,新颖别致,富有童趣	
	赋能(5分)	有反映师生积极阳光生活内容,艺术性和思想性统一	
	实践(5分)	慧心酝酿,巧手雕琢,集思广益,用常见物诠释别样精彩	
	融合(5分)	物尽其用,传统与现代交织,节约与创意共生	
班级环境建设	怡情(5分)	设计体现儿童年段特点,风格统一,整体性强	
	浸润(5分)	班级有中队角、评比栏,制度上墙,营造浓郁育人氛围	
	赋能(5分)	班级布置具有文化内涵,体现学生主体,展示良好班风	
	实践(5分)	融入学生智慧,有学生作品展示栏,具备交流学习功能	
	融合(5分)	师生衣着整齐、干净,谈吐文明,待人接物有礼貌	
您的建议			总分

"蓄力校园"建设是学校构建环境生态系统的奋进之笔,高视角立意,低重心操作,使环境塑建、教育主题、文化活动在这本环境立体大书里有机呈现——章节紧凑,主题分明,内容丰富,时时处处都展现着学校环境的整洁条理,点点滴滴都生发着教育的价值追求。

第六部分　学校课程管理

学校课程管理是在一定社会条件下,有领导、有组织地协调人、物与课程的关系,指挥课程建设与课程实施,使之达到预定目标。我们从课程的价值引领、组织建设、制度建构、评价导航和安全管理等方面对课程采取经营管理措施,为课程的开发和实施提供重要保障。

一、 价值引领

把江浦实小打造成为"高质量、现代化、有特色的江北强校、江北名校"是我们的办学愿景。而高品质的课程建构和高质量的课程实施,是学校内涵发展、品牌形成的重要的工程。围绕"蓄力教育"的办学理念,而进行整合和重构的"眺望式课程"的全面架构,是我校开启新一轮学校教育改革和发展而迈出的重要的一步。

全校教师深刻学习《义务教育学校管理标准》《关于全面深化新时代教师队伍建设改革的意见》等文件精神,落实"立德树人"育人目标,以"中国学生发展核心素养"为思考的方向,以建构主义理论、多元智能理论、深度学习理论等现代先进的教育思想指导自己的教育实践,确保课程实施中达成课程预定的目标。

二、 组织建设

为了"眺望式"课程的顺利实施,学校特成立课程开发领导小组、学科课程建设小组、社团课程建设小组、特色课程建设小组、环境隐性课程建设小组等组织,明确责任和分工。

三、 制度建构

为了进一步加强学校课程建设,提高学校教学质量和办学效率,结合学校的实际情况,学校建立课程责任人制度,课程评价制度,管理办法及相关激励制度;教学校长及教务处、教研组长负责课程的开发、实施与常规管理工作,包括课程实施的计划、总结,时间、地点、人员的安排,检查、反馈与评价等;学校要制定、修订、完善校本课程的相关制度。

四、 评价导航

课程评价对象的范围很广,它既包括课程计划本身,也包括参与课程实施的教师、学生、学校,还包括课程活动的结果,即学生和教师的发展。课程评价是强化课程管理,提升课程执行力,确保课程目标实现的重要手段。在评价方面,我们坚持评价对象、内容多元化和评价主体多元化相结合,教师评价教师、学生评价教师;学生自主评价、教师评价学生、学生评价学生。

五、 安全管理

1. 定期进行课程的教与学的评价，推进其深入持久进行。

2. 在课程的推进与实施中，学校后勤与卫生室为师生提供安全保障。

六、 家长参与

1. 优选家长资源，开展"家长学堂""家长百科全书""家长开放日"等活动，让家长参与到课程的开发中来。

2. 发挥家长的评价体系作用，让家长参与到课程的评价中，并吸收家长好的建议加以修正。

3. 家校、社区共建，举办大型汇报表演或竞赛等活动，让家长体验到课程的价值与成果，并做好课程的宣传。

（本案例系作者与江浦实验小学课程团队共同研制）

提示条

学校课程哲学是一所学校课程变革信奉的理念和价值追求。研制学校整体课程规划，要注意研究学校的历史和现状，把握学校教育哲学和办学理念，在此基础上进行必要的逻辑演绎与深度推理，使学校办学理念与课程理念逻辑上内在相联。

关键 3：如何厘定学校课程目标？

问题单

学校课程目标与育人目标是什么关系？为什么要厘定学校课程目标？如何厘定学校课程目标？

　　课程功能是课程与环境在相互作用过程中表现出来的对环境的比较稳定而独特的作用与影响，既包括输入环节课程对环境的反作用，也包括输出环节课程对环境的直接作用。不同类型的课程承载着不同的功能，如学科课程与活动课程、分科课程与综合课程、必修课程与选修课程、显性课程与隐性课程等；同时从功能的指向对象来看，又可分为对学习者个人或人群的功能和对社会的功能。[①] 学校课程模式是根据特定的课程功能构建的，而特定功能的发挥是保持课程结构稳定性的必要条件。在个性化课程模式中，必然包含相对应的课程功能，并且是特定课程功能的耦合系统。育人目标和课程目标在很大程度上规定着课程的功能，蕴含着特定的功能期待，包括课程的方向、水平、广度、深度、效果等，二者直接凸显了课程功能的多样性。在课程模式建构中，不同类型的课程总是指向特定的功能，具体科目也承担着特定的育人功能。学校课程目标是育人目标在课程领域中的反映，是基于国家和地方的课程目标体系，经过学校课程哲学的筛选，对学校整体课程的学习结果和要求做出的界定。学校课程目标的制定要考虑匹配、价值、措辞、合适等多个维度，要有适当的数量，善于利用行为目标、表现目标等多样的表现形式。研制学校整体课程规划，要注意在厘定学校育人目标的基础上，对育人目标进行合理的年级分解，形成有机对接的课程目标体系，以便于目标导向的课程体系建构。

[①] 郭晓明. 课程结构论：一种原理性探寻[M]. 长沙：湖南师范大学出版社，2002，102.

智慧源

鼎立树课程：在这里，与高尚的灵魂对话

在这里，与高尚的灵魂对话
——郑州市管城回族区第三中学"鼎立树课程"规划

　　古老管城，人才辈出，历史文化，源远流长。在物华天宝的潮河西岸，人杰地灵的管南片区，毗邻京广铁路线，背靠郑州南四环，商都历史文化的汇集地，坐落着郑州市管城回族区第三中学。学校位于郑州市管城区紫辰路 199 号，占地 33 452 平方米，建筑面积 19 266 平方米。学校 1978 年建校，前身为南曹社中，后改名为南曹乡一中，2002 年更名为郑州市管城回族区第三中学，隶属于郑州市管城区教育体育局，是一所全日制寄宿制公办初级中学。教育教学质量在管城区乃至郑州市名列前茅，享有较好的社会声誉。它曾是无数绿城学子梦寐以求的学府，现在它正以崭新的姿态砥砺前行、追逐梦想。学校现有 20 个教学班，学生 965 名，专职教师 79 名。其中高级教师 17 人，省学术技术带头人 1 名，省级骨干教师 5 名，市级骨干教师 14 名，区级骨干教师 4 名，区级名教师 2 名。近几年以来先后被评为：河南省教育系统先进家长学校、郑州市"中学生社会主义核心价值体系成长教育"活动先进单位、郑州市书香校园、郑州市普通初中教育教学先进单位、管城回族区中小学教育教学先进单位、管城区平安校园先进单位、南曹乡教育教学先进单位……学校"创客空间""经典咏流传"等特色课程建设初步形成，学校品质逐步提升。为了让管三的学子打开心扉，激发潜能，敢于担当，昂然于世，学校合理整合校内外资源，传承学校的办学优势，在"鼎心教育"教育哲学的引领下，积极构建个性化、多样化的"鼎立树课程"体系。现依据教育部《关于全面深化课程改革落实立德树人根本任务的意见》制订我校课程规划方案。

第一部分　学校课程情境

建校 42 年来,学校办学规模基本稳定,学校设施基本完善。抚今追昔,鉴往知来。站在 42 年改革开放的新起点上,今天的管城三中正乘着管城区打造优质品牌学校的东风,整装出发,书写管城三中改革开放"下篇章"新的传奇、新的史诗。尽管面临一些问题,但机遇大于挑战。学校已基本具备跨越式发展的条件,已进入良性发展的快车道。在此背景下,教育学生面对现实世界,掌握解决实际问题的品格和能力,很大程度依赖于课程。为此,梳理、分析、整合学校课程资源的发展优势与发展空间是课程建设的首要问题。

一、 学校课程发展优势

(一)具备美好的课程发展愿景

结合当今教育发展的趋势,我校以人为本,提出了"鼎心教育"哲学。据此,确立"让每一个生命昂然挺立"的办学理念,培养"鼎于心,懂得爱;立于行,能担当;察于眼,会做事"的管三学子。学校学术氛围浓厚,教风学风端正,教育教学质量在管城区名列前茅,享有较好的社会声誉。这为学校课程开发提供了美好的发展愿景。

(二)具备多元的课程发展资源

校外资源:南曹乡在郑州市今后 30 年规划中,处在中心城区东南位置,学校处在规划中的商都物流园区里,学校西面将建成万人居住小区,学校东南一公里左右被规划为郑州火车站小李庄客运站。新型城镇化发展,商都历史文化区,商都物流园区的打造,成为学校发展的新动力资源。另外,管城深厚的历史底蕴,也为学校的课程发展奠定了根基。管城是商都城,商城造就了许多物质和非物质文化遗产,这些资源极大地充实了学校课程建设,青铜鼎在商代已经成为一个时代的标记,鼎也是中华文化的重要标志,我校以此为发展契机,继承优秀的传统文化,确立了"鼎立树课程"体系。

校内资源:学校硬件设施一流,建有省级标准的理、化、生实验室、数学探究室、地理探究室、劳技室、历史教室、计算机室、美术教室、舞蹈教室、心理咨询室、录播教室等。学生食堂可容纳 1 200 人同时就餐，学生公寓可容纳 700 人住宿，阅览室、图书馆可容纳 120 人同时阅读，报告厅可以容纳 750 人，还有 300 米环形跑道的体育场以及 900 平方米的室内运动场。这为学校课程开发提供了必要的条件。

（三）具备健康的课程发展态势

自建校 42 年以来，学校一直保持着优良的传统和持续健康的发展态势。经过多年的积淀，在学校顶层设计、课程建设、德育教育、教育教学、师生发展等方面积累了符合自身特点的比较成熟的经验和运行机制，并正实现着由"育分"向"育人"的转变。这为学校课程开发提供了坚实的基础。

（四）激情四射的课程发展团队

我校现有省学术技术带头人 1 名，省级骨干教师 5 名，市级骨干教师 14 名，区级骨干教师 4 名，区级名教师 2 名。伴随着每年新教师分配，为我校不断注入新鲜血液，增添了新的活力。我们的教师团队既具备教育科研、课程开发的实力，又有课程研发、品质提升的强烈愿望。

（五）课程评价体系趋于完善

多年来，我校在校内教学的不断实践探索中，已经初步形成一套较为科学的国家课程评价体系。随着地方课程和校本课程的不断推进落实，我校组织教师走出去，借鉴山东杜郎口中学、上海杨思中学等具有特色的评价方式，选择性地吸收整合，具有我校特色的课程评价在探索中也初步成熟。

二、 学校课程发展空间

虽然站在新的起点，谋划新的发展，实现新的跨越，学校已找到课程建设的思路和抓手，但是还需对学校教育哲学进行深度思考，并在此基础上，对学校的课程发展进行"顶层设计"，通过资源的深度开发、教师课程开发意识与能力的提升，以学校特色的凝练与丰富多彩多元的发展为目标，创造学校课程发展的新生长点。

（一）课程发展架构不清晰

近年来，北京、上海等先进城市课程发展迅疾，这也凸显出我校课程发展的盲目性，教育哲学、课程理念不清晰，育人目标显得大而空，课程类别缺乏逻辑性，整体架构不清甚至较为混乱,特色课程还没有找准学校特色定位,缺乏学校特色品牌影响力。亟待相关的高瞻性、可持续性的理论指导,形成逻辑清晰的完整的课程体系。

（二）课程团队急需"活水"源

学校教师具有较强的国家课程执行力,具有课程研发、提升发展的强烈愿望,但却对"立德树人"的教育根本任务认识不深刻,学生核心素养的提升缺乏有效的方法,处于"如鱼缺水"的发展现状,急需相关课程发展方面的专家教授的指导和引领,才能很快地得到提升,打造"精品"课程。

（三）课程资源发现、挖掘不够

课程资源是课程实施的前提和基础,从来源上分校内资源和校外资源。随着课程的发展,课程理念已深入人心,但对校内资源比如教材、实践活动、信息技术,校外资源比如商城历史文化、土地气候等显性资源发现不够,对学生的爱国热情、责任担当、团结合作、科学创新等隐性资源更是挖掘不深。怎样去发掘更多课程发展资源,并和学校特色课程有效整合,仍是一个重要的研究课题。

第二部分   学校课程哲学

学校在新的教育教学思想的影响下,不断梳理既符合地域文化需求,要顺应时代发展要求的办学理念和目标。管城区是一个地域文化深厚的商都历史文化区,鼎文化深深植根于管城人血脉之中,根据多年的办学经验,结合学校实际,提出"让每一个生命昂然挺立"的核心办学理念,并将其概括为"鼎心教育"之学校课程哲学。

一、 学校教育哲学

学校教育哲学是"鼎心教育"。"鼎心教育"是我校的教育价值观和内涵发展方法论。

"鼎",是国之重器,象征社稷国家。世代相传的鼎文化,彰显"和谐有序、德之表征、韧性包容和责任担当"等时代内涵,已成为中华民族的精神象征,深深植根于管城人血脉之中。

"心",即健康的心灵。健康的心灵是人的智慧之眼,洞察事物之根源,帮助人们辨析是非，指引人们作出正确选择；"心"是精神的家园，精神活动是宇宙的最高表现；"心"是生命的底色，是价值的取向，是良知，是一种理想与担当。

"鼎心"是一种精神之旅。心以鼎为本，鼎以心为魂。"鼎心"就是唤醒每一个生命个体当中的良知，让良知占据内心的最高堡垒，将鼎的文化厚植于心中，将"责任、爱"等良知立在心中。做到"鼎于心，懂得爱"。

"鼎心"是一次生命历程。"问鼎"内心，不是空谈内心之所想，而是要以内心为正确指导而付诸行动，即"知行合一"，达到"立于行，能担当；察于眼，会做事"的目的。这样才可使每个生命昂然挺立于未来的新时代。

"鼎心教育"是直抵灵魂高扬大爱的暖教育。苏格拉底说："教育不是灌输，而是点燃火炬。"柏拉图说："教育非他，乃心灵转换。"陶行知先生认为"真教育是心心相印的活动"；孟子说："爱人者，人恒爱之。"（《孟子·离娄章句下》）法国思想家、教育家卢梭说："凡是教师缺乏爱的地方，无论品格还是智慧都不能充分自由地发展，只有真心实意地爱学生，才会精雕细刻地塑造他们的灵魂。"爱是教育的灵魂，归根到底，鼎心教育是播撒爱影响孩子精神成长，温暖孩子心灵的教育。

"鼎心教育"是归于感动和美好的悟教育。从内涵发展方法论角度看，"鼎心教育"是我校推进素质教育的策略和方法，鼎心教育是归于自我感动的悟教育。曾子曰："吾日三省吾身：为人谋而不忠乎？与朋友交而不信乎？传不习乎？"叶澜教授曾将教育解读为"教天地人事，育生命自觉"。生命自觉主要包括三个方面：对自我的生命自觉，即知晓自己的优势、劣势和潜势，对自己的人生有清晰的觉知并因此变得坦然、从容和有气度；对他人的生命自觉，其要义是对他人的生命有敏感、尊重和敬畏；对环境的生命自觉，即能够对影响自我和他人生命成长的环境具有清醒的意识和明智的判断。"鼎心教育"是归于自我感动的悟教育。"鼎心教育"从某种意义上具有很强的道德实践意义，时刻反省自己的内心，遵照正确的规则去规范自己的行动，要将善念如"鼎"般昂然挺立于学生生命之中，"心"之自省要时刻加固"鼎"之根基。

"鼎心教育"是理性、和谐的品质教育。鼎心教育的作用就在于找到适合孩子发展的环境和时机，是理性、和谐的品质教育，是更关注人性的提升、人格的健全、人的终身发展的教育，是更关注家乡、关注社会、时代、民族乃至全世界的未来的教育，是对时代发展、民族复兴、人类文明、社会和谐负责任的教育，其根本宗旨是造就人的爱心、责任心,担当精神以及履行责任的本领。"鼎心教育"就是构建学生内心与家、校、社会和谐互动的育人平台,营造以师生群体发展为核心的幸福成长生命场,塑造学生学习、做人、做事的良好心性和品德,从而达到立德树人的目的。"鼎心教育"与当下的教育价值观相吻合,就是要办老百姓家门口的新优质学校。

我们坚信,

鼎心是温暖的生命律动;

我们坚信,

学校是充满爱的精神家园;

我们坚信,

教育是成全生命美好的过程;

我们坚信,

每个孩子都会绽放灿烂的笑容;

我们坚信,

教师是美好种子的播种者、守望者;

我们坚信,

让生命昂然挺立是教育最美好的图景;

我们坚信,

在每一个孩子心中立鼎是教育的神圣使命!

二、 学校课程理念

在"让每一个生命昂然挺立"的办学理念引领下,学校提出如下课程理念:"在这里,与高尚的灵魂对话!"其具体内涵如下:

——**课程即生命场景**。生命的意义,在于有正确的人生观,才能使宝贵的生命焕发灿烂的光辉。推动基于课程向度的仪式创意与空间设计,关注学习方式的多变性和场景性、学习时间的灵活性和可支配性、学习空间的多元性与舒适性、学习资源的丰富性和易得性,让所有的时空都释放出教育价值,让所有的时空都成为课程场景,让孩子们学习作品的形成、展示、发布、分享成为校园里最美丽的景观,让时空展现出生命成长的气息和活性,这是课程的一个重要表征。学生有其自身的发展规律,作为教育的载体,课程承担着学生发展中转折点的作用。课程开发以学生不断进步,学有小成,学有大成为目的。丰富课程种类,调整课程实施途径,让学生在课程中感受发展带来的乐趣和成就。

——**课程即文化相遇。**传统文化是历史沉淀下来的精华,中华优秀传统文化逐渐成为中华民族伟大复兴的一个重要表征。优秀的传统文化走进校园是民族智慧和情感的传承和发扬。在学生人生观、价值观和文化观初步形成的中学阶段,学科教学融入传统文化的教育,会让学生增加对祖国优秀文化的认同感和自豪感。我国悠久的历史和优秀的传统文化为高素质人才的成长提供了保障。中国传统文化涵盖广泛,博大精深,不仅包括语言文字、文学艺术,还包括道德价值、风俗礼仪,等等。从文化这一维度来理解课程的深层内涵,无疑能给课程开发带来新的思路。因此,以本土文化为资源,开发具有乡土特色的校本课程,勾起萦绕在每个学生内心的文化情愫是学校课程建设的独特视角。

——**课程即美好情愫。**人生旅程漫漫度,岁月如歌悠悠行。美景如画静静赏,温情诗梦深深藏。指尖凝香绕流年,素卷漫舒绽花妍。拥有美丽的梦想,去追寻美丽的人生! 美丽使人陶醉,令人憧憬! 人生,要有美好的理想,不断努力开拓创新,保持心灵的美好,心泉清澈幽静,了悟人生真谛。人生的幸福是在我们的心间,靠智慧来营造一方圣土,用心灵去感应最美好的情愫。用真心去呵护心泉,沐浴明媚的阳光,心泉流潺潺,温柔绵长,日夜流淌着真和善,不断升华自己的心灵,这样才能成就幸福美丽人生。课程设置中着重培养学生对美的判断和向往,让学生的心灵不断净化、思想不断提升。

——**课程即心灵对话。**"与心灵对话,改变人的一生"。在这个精神世界里,我们每个人都能感受到一种神奇而强大的力量,它支配我们的行动,时而带给我们喜悦,时而带给我们忧愁,时而带给我们深深的疑惑。与自己心灵对话可以正身,与名人心灵对话,可以养性。在课程设置中充分认识到这一点,才能潜移默化,感染学生的灵魂。"心灵对话",昭示民主、平等,从"情"的角度我们可以看出,学生与教师一样,有独立的人格,有自由的意志,有丰富的内心世界,有舒展生命、表达自己的空间;"心灵对话",张扬个性,生发灵性,让对话过程中每一个场景都成为积极的生命流程中的驿站;在彼此交往过程中认知、态度及价值观等方面进行交流与碰撞,沟通与合作,激发与感悟,是一种致力于相互理解、相互协作、相互共生、相互促进的过程。"心灵对话"像种子一样获得膏腴土地，就能生长出"灵动的表象"；像"火星"一样，遇有足够的原料，就能"引爆"出丰富的联想和想象；像乐声一样遇到共鸣的弦索，就能"引发"情思和理趣的共鸣。

——**课程即责任担当**。责任教育，旨在使广大学生树立对自己负责，对家庭负责，对他人负责，对集体负责，对祖国、社会和对生态环境负责的良好心态，养成良好的责任行为，学生逐步成为自我教育、自我管理、自我调节、自我发展的主体。以对自己负责为起始点，学会修身；以对家庭负责为基本点，学会孝敬；以对学习负责为支撑点，学会学习；以对他人负责为出发点，学会合作；以对集体负责为凝聚点，学会关心；以对社会负责为制高点，学会报答是学校课程目标的指向和归宿点。

总之，课程是学生心灵滋养和智慧启迪的载体，让每一个生命昂然挺立，让每一个孩子做一个一言九鼎的人，不断努力拔山举鼎、问鼎巅峰、鼎足而居，才能问鼎中原，达到鼎鼎有名。这是"鼎心教育"的内涵决定的。因此，我们开发了基于"鼎心教育"的"鼎立树课程"，使每一个学生都能在教育阳光的沐浴下傲然挺立！

第三部分　学校课程目标

学校根据时代发展对未来人才培养的需要，按照国家基础教育的基本要求和当代中国学生核心素养的发展框架，结合学校的教育哲学，以培养全面发展的人为宗旨，提出学校的育人目标，并制定相应的课程目标。

一、学校育人目标

学校的育人目标是：培养"鼎于心，懂得爱；立于行，能担当；察于眼，会做事"的学子。具体内涵阐释如下：

——**"鼎于心，懂得爱"：自信自爱，懂得感恩**

心不倒，人则立。就是通过"鼎心教育"，启迪学生的心智，打开学生的心扉，挖掘学生的潜能，树立学生的信心，成为一个自信的人。在此基础上，培养学生有忠心、爱心、孝心、信心、虚心、诚心、恒心、开心、责任心，使每一名学生在家庭、学校、社会不仅爱自己,也关爱周围的亲人和朋友,更有对社会的大爱。

——"立于行,能担当"：修养品行,勇于担当

就是学生通过各种课程的学习,用知识武装自己,由外及内,滋养身心,修养品行,使自己坚强挺立。面对人生各种问题,做到不退缩,能担负起自己应尽的责任。

——"察于眼,会做事"：学会做事,敢于实践

就是通过丰富多彩的实践活动,开拓学生视野,创新思维,化知识为能力,让学生能做事,会做事。

二、 学校课程目标

学校在"让每一个生命昂然挺立"的办学理念引领下,以课程为载体,以文化融合为方式,以促进学生全面发展为核心,努力实现学校"鼎于心,懂得爱;立于行,能担当;察于眼,会做事"的育人目标。基于学校育人目标,课程目标根据学生特点进行分级实施。(见表3-1)

表3-1 郑州市管城回族区第三中学年段课程目标表

目标 / 年级	鼎于心，懂得爱	立于行，能担当	察于眼，会做事
七年级	1. 掌握七年级文化课程标准规定的要求,正确认识自我。 2. 学会自己的事情自己做,遵守学校纪律,爱护校园环境,注意个人卫生,培养良好的学习习惯和生活习惯,同学之间互相帮助,团结友爱。 3. 形成爱班、爱学校、爱父母、爱老师的情感。	1. 乐学善学,勤于反思,养成良好的学习习惯。 2. 初步形成规则与法治意识。 3. 培养学生自尊、自爱、自强、自重、自立的品行,让学生学会对自我负责,对他人负责,对家庭负责,对集体负责。	1. 初步学会观察自己的生活环境,学会爱护环境,不乱扔垃圾。 2. 懂得做事要讲善、小。自己的事情自己做,从小事做起,从身边事做起,在家里会为父母分担一些力所能及的家务活;在学校里,自己的书包、床铺自己整理,自己的学业自己学,认真完成老师布置的作业,班级里的事情一起做。 3. 初步学会遵守学校规章制度,尊师守纪,形成认真踏实的做事风格。

续表

目标 年级	鼎于心，懂得爱	立于行，能担当	察于眼，会做事
八年级	1. 懂得基本的做人道理，养成良好的行为习惯，关心社会环境。 2. 保护自然，学会礼貌，待人热心，帮助他人。 3. 养成对自己、对班级的责任心，拥有自信心，形成爱学校，爱社区的情感。	1. 养成良好的学习习惯。 2. 初步形成规则与法治意识。 3. 培养学生自尊、自爱、自强、自重、自立的品行。 4. 让学生学会对自我负责，对他人负责，对家庭负责，对集体负责，对社会负责，对国家负责，对民族负责，对人类负责，对自然负责，对时代负责，对未来负责。	1. 初步学会关心社会环境，能处理好个人与环境的关系，保护自然。 2. 懂得做事要讲勤、恒，掌握必要的处事能力，养成良好的行为习惯。 3. 会制订合理的计划，做事时学会思考，明辨是非，遇到问题能够通过自己的努力来解决，善于动脑，并享受"做事"成功的乐趣。 4. 通过做事，初步培养对自己、对班级的责任心，以及树立较强的自信心，为他们未来的发展奠定良好的基础。
九年级	1. 懂得为人处事的基本准则，树立正确的人生观，价值观，能正确处理个人与集体社会的关系，关心集体，乐于奉献。 2. 具有环保意识，认真认识人类与自然的相互依存关系，拥有强烈的社会责任心。 3. 形成较强的自信心，具有爱家乡、爱社会、爱国家的情感。	1. 乐学善学，勤于反思，养成良好的学习习惯。 2. 初步形成规则与法治意识。 3. 培养学生自尊、自爱、自强、自重、自立的品行。 4. 学会对自我负责，对他人负责，对家庭负责，对集体负责，对社会负责，对国家负责，对民族负责，对人类负责，对自然负责，对时代负责，对未来负责。	1. 认识人类与自然的相互依存关系，具有基础的环保意识。 2. 懂得为人处事的基本准则，树立正确的人生观、价值观。明确人生的价值、意义。处理好个人与集体、社会的关系。 3. 拥有强烈的社会责任感。具有诚实、守信的品格，培养言行一致的风格。 4. 形成较强的自信心，充满活力，充满智慧，充满创造力，敢于实践，为学生认识社会、参与社会、适应社会，成为做事具有奋斗目标、有责任心、有条理、有坚强毅力等良好的行为习惯和个性品质的社会主义合格公民奠定基础。

第四部分　学校课程体系

依据"鼎心教育"的教育哲学，及"让每一个生命昂然挺立"的办学理念和学校的育人目标，学校梳理现有课程，建构体现"在这里，与高尚的灵魂对话"的课程理念的"鼎立树课程"体系，以实现"鼎于心，懂得爱；立于行，能担当；察于眼，会做事"的育人目标。

一、学校课程逻辑

学校"鼎立树课程"包含鼎信、鼎智、鼎能、鼎言、鼎新、鼎行等六大课程领域。丰富多彩的课程共同承载育人功能，实现育人目标。学校课程逻辑图如下。（见图3-1）

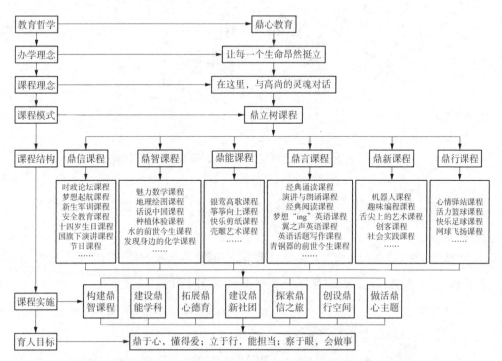

图3-1　郑州市管城回族区第三中学"鼎立树课程"逻辑示意图

二、学校课程结构

根据"鼎心教育"理念和中学生六大核心素养,设计"鼎立树课程"结构(见图3-2)。这六个方面的课程相互融合,共同促进学生全面发展。

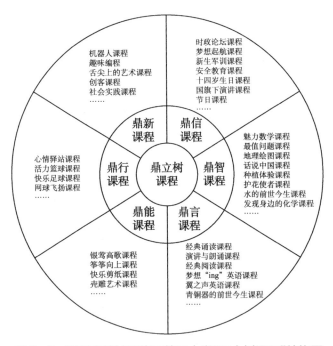

图3-2   郑州市管城回族区第三中学"鼎立树课程"结构图

"鼎立树课程"设置为六大课程领域,包含鼎信、鼎智、鼎能、鼎言、鼎新、鼎行六大课程。

"鼎信课程"指向六大素养之品格与修养,包括梦想起航、新生军训、安全教育、消防演练、14岁生日、节日教育、百日誓师、毕业典礼、社会实践等;

"鼎智课程"指向六大素养之逻辑与思维,包括趣味数学、智汇地理、趣味物理、魔法化学、百草园、中原问鼎——省情文化教育等;

"鼎言课程"指向六大素养之语言与表达,包括演讲与朗诵、经典阅读、翼之声英语社团、梦想"ing"、青铜器的前世今生等;

"鼎能课程"指向六大素养之艺术与审美,包括快乐音乐、筝筝向上、"妙手生花"快乐剪纸、壳雕艺术等;

"鼎新课程"指向六大素养之科学与探索,包括机器人、趣味编程、"舌尖上的艺术"烹饪课程、创客课程、社会实践课程等;

"鼎行课程"指向六大素养之运动与健康,包括心情驿站、活力篮球、快乐足球、网球飞扬等。

三、 学校课程设置

根据国家基础课程安排,结合学校课程资源、课程门类,考虑学生的学习兴趣和发展需求,学校按照年级水平对课程内容进行系统建构,形成"鼎立树课程"六大领域课程设置的具体框架。(见表3-2)

表3-2　郑州市管城回族区第三中学"鼎立树课程"七—九年级课程设置

年级	学期	鼎信课程	鼎智课程	鼎言课程	鼎能课程	鼎新课程	鼎行课程
七年级	上期	时政论坛课程 梦想起航课程 新生军训课程 安全教育课程 法治教育课程 国旗下演讲课程 领导力课程	魅力数学课程 神奇图形计算课程 "最值问题"课程 地理绘图课程 话说中国课程 种植体验课程 "护花使者"课程	经典诵读课程 演讲与朗诵课程 经典阅读课程 梦想 ing 英语课程 青铜器的前世今生课程	银莺高歌课程 筝筝向上课程 快乐剪纸课程 壳雕艺术课程	信息技术课程 综合实践课程 趣味编程课程 "舌尖上的艺术"烹饪课程	活力篮球课程 快乐足球课程 网球飞扬课程 心情驿站课程
	下期	时政论坛课程 梦想起航课程 安全教育课程 法治教育课程 国旗下演讲课程 领导力课程	魅力数学课程 神奇图形计算课程 "最值问题"课程 地理绘图课程 话说中国课程 小小园艺工课程 自然日记课程	经典诵读课程 演讲与朗诵课程 经典阅读课程 梦想 ing 英语课程 青铜器的前世今生课程	银莺高歌课程 筝筝向上课程 快乐剪纸课程 壳雕艺术课程	信息技术课程 综合实践课程 趣味编程课程 "舌尖上的艺术"烹饪课程	快乐足球课程 活力篮球课程 网球飞扬课程 心情驿站课程

续表

年级	学期	鼎信课程	鼎智课程	鼎言课程	鼎能课程	鼎新课程	鼎行课程
八年级	上期	时政论坛课程 梦想起航课程 安全教育课程 法治教育课程 节日教育课程 国旗下演讲课程 领导力课程	魅力数学课程 神奇图形计算课程 "最值问题"课程 地理绘图课程 花与艺术课程 "水的前世今生"课程 生活中的凸透镜课程	经典诵读课程 演讲与朗诵课程 经典阅读课程 翼之声英语课程 青铜器的前世今生课程	银莺高歌课程 筝筝向上课程 快乐剪纸课程 壳雕艺术课程	信息技术课程 综合实践课程 趣味编程课程 "舌尖上的艺术"烹饪课程	快乐足球课程 活力篮球课程 网球飞扬课程 心情驿站课程
	下期	时政论坛课程 梦想起航课程 安全教育课程 法治教育课程 14岁生日课程 节日教育课程 国旗下演讲课程 领导力课程	魅力数学课程 神奇图形计算课程 "最值问题"课程 地理绘图课程 话说中国课程 植物小达人课程 神奇的种子课程 生活中的功课程 制摩擦力探究课程	经典诵读课程 演讲与朗诵课程 经典阅读课程 翼之声英语课程 青铜器的前世今生课程	银莺高歌课程 筝筝向上课程 快乐剪纸课程 壳雕艺术课程	信息技术课程 综合实践课程 趣味编程课程 "舌尖上的艺术"烹饪课程	快乐足球课程 活力篮球课程 网球飞扬课程 心情驿站课程
九年级	上期	梦想起航课程 励志教育课程 国旗下演讲课程 领导力课程	"最值问题"课程 化学的昨天、今天和明天课程 生活中的电课程	经典诵读课程 演讲与朗诵课程 经典阅读课程 英语话题写作课程 青铜器的前世今生课程	壳雕艺术课程	编程课程	快乐足球课程 活力篮球课程 心情驿站课程
	下期	百日誓师课程 毕业典礼课程 国旗下演讲课程 领导力课程	"最值问题"课程 化学揭秘生活课程 发现身边的化学课程 化学辨真假课程	经典诵读课程 演讲与朗诵课程 经典阅读课程 英语话题写作课程 青铜器的前世今生课程	壳雕艺术课程	编程课程	快乐足球课程 活力篮球课程 心情驿站课程

四、 课程内容

完善的课程体系是促进学生成长的重要载体。学校依据加德纳的多元智能理论，围绕"鼎于心，懂得爱；立于行，能担当；察于眼，会做事"的育人目标，基于校情、学情、教情将"鼎立树"课程设置为六大课程领域，包含鼎信、鼎智、鼎能、鼎言、鼎新、鼎行六大课程。每个课程领域都包含学科基础课程、拓展课程、活动课程等丰富的课程种类，满足学生课程需求，为学生发展提供适切的课程选择。（具体见下表 3-3、表 3-4、表 3-5）

表 3-3　管城三中"鼎立树课程"七年级课程内容设置表

课程维度	学期	课程名称	课程目标	课程内容
鼎信课程	上学期	时政论坛课程	1. 引导学生关注时事政治。 2. 通过播报时政新闻，学会思考、评价当前发生在国内外的新闻事件。	1. 香港问题、台湾问题、中日关系、中美关系等。 2. 我国国防安全形势、食品安全问题。
		法律通课程	1. 引导学生关注有关法律的时事政治。 2. 通过播报法律新闻，学会思考当前发生在国内外的新闻事件。	1. 《外商投资法》。 2. 《中华人民共和国宪法修正案》。 3. 宪法宣誓制度。
		梦想起航课程	1. 通过对近期发生的正能量的社会现象进行分析，增强明辨是非能力，培养家国情怀和增强社会担当意识。 2. 带领学生通过实际行动，增强规则意识，学会适应新的集体、新的学期、新的转变。	1. 入学目标教育，树立三年目标和阶段性目标。 2. 入学规则教育。 3. 新学段学习方法指导和与人沟通方法指导。 4. 学校优良传承文化的学习，增强集体荣誉感。
		新生军训课程	1. 通过军训，学会整军容站军姿唱军歌。 2. 掌握军事训练的基本动作与技能。 3. 知道自觉接受国防教育、维护国家安全是公民应尽的义务。 4. 通过军训，培养吃苦耐劳敢于担当的军人优良品质，增强团队和纪律意识，激发强军强国梦。	1. 队列操练。 2. 军事素质。 3. 政训：心理健康教育、行为规范教育、安全教育。

续表

课程维度	学期	课程名称	课程目标	课程内容
鼎信课程	上学期	安全教育课程	1. 形成安全意识,掌握必要的安全行为的知识和技能。 2. 养成在日常生活和突发安全事件中正确应对的习惯。	安全相关知识。
		法治教育课程	1. 了解相关的法律法规常识,增强法治观念。 2. 掌握基本的自护能力。	相关法律知识。
		国旗下演讲课程	1. 结合最新国内外大事和全校师生出现的典型事件,以各种具有教育意义和纪念意义的节日为话题,以激励的语言,激发学生高尚情感,在校园里弘扬爱国正能量。 2. 增强学校德育的主动性和实效性。	1. 最新国内外大事和全校师生出现的典型事件。 2. 各种教育意义和纪念意义的节日主题。
		领导力课程	1. 培养学生干部的角色意识、责任意识、服务意识。 2. 培养学生干部的业务素质、协调力和工作方法。	学生干部职责及工作方法培训。
		节日课程	1. 传承中国传统文化、红色文化,坚定文化自信。 2. 培养学生的生活情趣,使学生热爱生活,学会感恩,热爱中华民族,增强民族自信心、自豪感。	1. 传统节日:中秋节、重阳节。 2. 红色节日:建军节、建党节、国庆节。 3. 重大节日:教师节。
	下学期	时政论坛课程	1. 培养学生辩证分析问题的思维方式。 2. 激发学生的探究求知欲望,提升持续学习力。	1. 趣谈社会流行用语。 2. 明明白白看两会。 3. 错综复杂的中美关系。
		礼仪相伴课程	1. 知道礼仪的重要性、各种场合的礼仪要求,做一个知礼、守礼、行礼的人。 2. 会用各种礼仪,增强各种场合的礼仪品质和礼仪修养。	《初中生礼仪读本》。

续表

课程维度	学期	课程名称	课程目标	课程内容
鼎智课程	下学期	梦想起航课程	1. 通过对近期发生的正能量的社会现象进行分析,增强明辨是非能力。 2. 培养家国情怀和增强社会担当意识。 3. 带领学生通过实际行动,增强规则意识,学会适应新的集体、新的学期、新的转变。	1. 入学目标教育。 2. 目标和阶段性目标规划。 3. 新学段学习方法指导和与人沟通方法指导。 4. 学校优良传承文化学习。
		安全教育课程	1. 形成安全意识,掌握必要的安全行为知识和技能。 2. 养成在日常生活和突发安全事件中正确应对的习惯。	安全相关知识。
		法治教育课程	1. 了解相关的法律法规常识,增强法治观念。 2. 掌握自我保护能力。	相关法律知识。
		国旗下演讲课程	1. 结合最新国内外大事和全校师生出现的典型事件,以各种具有教育意义和纪念意义的节日为话题,以激励的语言,激发学生高尚情感,在校园里弘扬爱国正能量。 2. 增强学校德育的主动性和实效性。	1. 最新国内外大事和全校师生出现的典型事件。 2. 各种教育意义和纪念意义的节日主题。
		领导力课程	1. 培养学生干部的角色意识、责任意识、服务意识。 2. 培养学生干部的业务素质和协调能力和工作方法。	学生干部职责及工作方法培训。
		节日课程	1. 传承中国传统文化、红色文化,坚定文化自信。 2. 培养学生的生活情趣,使学生热爱生活,学会感恩,热爱中华民族,增强民族自信心、自豪感。	1. 传统节日：春节、元宵节、清明节、端午节。 2. 红色节日：建军节、建党节、国庆节、青年节。 3. 重大节日：劳动节等。
鼎信课程	上学期	魅力数学课程	1. 在活动中培养学生的动手能力。 2. 在规律中发现数学的对称美。	玩转七巧板。
		神奇的图形计算器课程	1. 经历收集、整理、描述和分析数据的活动。	数据的统计与分析。

续表

课程维度	学期	课程名称	课程目标	课程内容
鼎信课程	上学期	神奇的图形计算器课程	2. 了解数据处理的过程,会用计算器处理较为复杂的数据。	
		"最值问题"课程	1. 结合实际生活,会利用数学知识解决供给站问题。 2. 数学来源于生活更服务于生活的宗旨。	供给站位置的设计。
		地理绘图课程	培养学生的动手、探索、合作能力。	1. 地球仪的制作。 2. 地形模型的制作。
		种植体验课程	1. 提高学生动手种植的能力。 2. 培养学生热爱大自然和劳动的意识。	种植植物。
		"护花使者"课程	1. 在实际活动过程中学习保护植物的知识。 2. 培养主动承担责任环保的意识。	护花爱花知识。
	下学期	魅力数学课程	1. 在活动中培养学生的动手能力。 2. 在规律中发现数学的对称美。	玩转七巧板。
		神奇的图形计算器课程	1. 经历收集、整理、描述和分析数据的活动。 2. 了解数据处理的过程,会用计算器处理较为复杂的数据。	数据的统计与分析。
		"最值问题"课程	1. 结合实际生活,会利用数学知识解决供给站问题。 2. 体现数学来源于生活更服务于生活的宗旨。	供给站位置的设计。
		地理绘图课程	1. 培养学生的空间感知、定位能力。 2. 以图说图,树立人地协调观。	1. 中国轮廓图。 2. 巴西轮廓图。
		小小园艺工课程	1. 知道不同植物的生长特点,掌握管理植物的知识。 2. 培养依据观察设计方案的能力、尊重生命和环保意识。	养护植物。
		自然日记课程	1. 观察所学内容,仔细思考并记录。 2. 培养方案实施、交流与讨论的能力。	记录植物生长过程。

续表

课程维度	学期	课程名称	课程目标	课程内容
鼎信课程	上学期	经典诵读课程	1. 课前十分钟诵读，激发兴趣，能背诵经典古诗词。 2. 感悟诗歌韵律美，传承优秀传统文化。	《经典咏流传》。
		演讲与朗诵课程	1. 学会演讲和朗诵的技巧与方法。 2. 热爱演讲与朗诵，润泽生命，增强自信。	1. 绕口令。 2. 美文美诵。
		经典阅读课程	1. 阅读文学经典名著，领略到读书的价值和意义，有自己的情感体验。 2. 初步领悟作品内涵，讲述作品中感人的故事情节，提高人文素养和人文精神。	读名著·讲故事。
		梦想"ing"英语课程	1. 规范英语书写，改善英语发音，夯实英语学习的基础。 2. 激发学生学习英语的兴趣，扩大词汇量，增强学英语的信心。	1. 字母书写音标学习。 2. 英语歌曲学习。 3. 英语趣配音。 4. 故事阅读与展演。
		青铜器的前世今生课程	1. 了解青铜器的发展历程。 2. 了解商代及管城的发展历史，增强爱家乡的情怀。	1. 青铜器的认识。 2. 青铜器的发展。
	下学期	经典诵读课程	1. 课前十分钟诵读，激发兴趣，能背诵经典诗歌。 2. 感悟诗歌韵律美，传承优秀传统文化。	《经典咏流传》。
		演讲与朗诵课程	1. 学会演讲和朗诵的技巧与方法。 2. 爱上演讲与朗诵，润泽生命，增强自信。	1. 绕口令。 2. 美文美诵。
		经典阅读课程	1. 阅读文学经典名著，领略读书的价值和意义，形成对文学经典浓厚的阅读兴趣，有自己的情感体验。 2. 初步领悟作品内涵，讲述作品中感人的故事情节，提高人文素养和人文精神。	读名著·讲故事。
		梦想"ing"英语课程	1. 进一步激发学生英语学习的兴趣，感受语言魅力和中西方文化差异。 2. 进一步扩大词汇量，增强英语学习的信心，培养团队合作意识。	1. 英语趣配音。 2. 英语歌曲。 3. 英语故事阅读与展演。 4. 英语手抄报展。

续表

课程维度	学期	课程名称	课程目标	课程内容
鼎信课程	下学期	青铜器的前世今生课程	1. 扩大有关青铜器的知识面。 2. 感受大美青铜器的魅力、增强爱家乡的情感。	1. 青铜器大讨论。 2. 青铜器的代表。
鼎能课程	上学期	筝筝向上课程	1. 让学生掌握古筝的基础知识。 2. 认识古筝独特魅力与文化,获得快乐。	古筝基础理论知识讲解与实践。
		银莺高歌课程	1. 让学生掌握合唱的相关基础知识。 2. 通过练唱,提高音乐修养和自身素质。	合唱基础理论知识讲解与练习。
		快乐剪纸课程	1. 了解剪纸的来历,学习剪纸技能。 2. 传承传统文化,培养学生审美的能力,激发学习兴趣。	《走进剪纸》。
		壳雕艺术课程	1. 了解壳雕艺术相关知识技能,传承传统文化。 2. 培养学生的审美能力,激发学生兴趣。	《魔力蛋壳》。
	下学期	筝筝向上课程	1. 通过简单曲目练习,陶冶情操。 2. 提高音乐素质,传承传统音乐文化。	古筝曲目练习。
		银莺高歌课程	1. 掌握合唱的方法、声音的要求。 2. 通过不断练习达到声音的和谐,培养交流协作能力。	基本和声的练习。
		快乐剪纸课程	1. 通过对剪纸技能的学习,辅导学生进行底稿创作,传承传统文化。 2. 培养学生发现美的能力。	《剪彩人生》。
		壳雕艺术课程	1. 通过对壳雕技能的初步掌握,辅导学生各自绘画蛋稿,传承传统文化。 2. 培养学生发现美的能力。	《对话蛋壳壳雕艺术》。
鼎新课程	上学期	机器人课程	1. 指导学生获得初步的机器人知识,了解机器人的基本构造、基本原理、搭建基础、程序应用等。 2. 培养学生学科学、用科学的能力,主要是初步的观察能力、实验能力、动手能力、逻辑思维能力和想象能力,启发他们的创造精神。	机器人课编程。

续表

课程维度	学期	课程名称	课程目标	课程内容
鼎新课程	上学期	综合实践课程	1. 实施素质教育，促进学生全面发展。 2. 全面贯彻落实立德树人根本，大力培育和践行社会主义核心价值观。	1. 团队意识。 2. 动手能力。 3. 磨练意志。 4. 解决问题能力。
		趣味编程课程	1. 初步认识 Scratch 软件编程。 2. 对角色动作指令形成一个较为全面的认识。	《初识 Scratch》。
		舌尖上艺术课程	1. 初步了解美食的制作、调配、食用习惯、文化。 2. 在合作中培养动手、交流协作的能力，节粮意识。	《烹饪大全》。
	下学期	综合实践课程	1. 实施素质教育，促进学生全面发展。 2. 全面贯彻落实立德树人根本，大力培育和践行社会主义核心价值观。	1. 团队意识。 2. 动手能力。 3. 磨练意志。 4. 解决问题能力。
		趣味编程课程	初步认识 Scratch 软件编程，并对角色动作指令形成一个较为全面的认识。	《初识 Scratch》。
		舌尖上艺术课程	1. 初步了解美食的制作、调配、食用习惯、文化。 2. 在合作中培养动手、交流协作的能力，节粮意识。	《烹饪大全》。
鼎行课程	上学期	活力篮球课程	1. 结合篮球做各种协调性练习。 2. 熟悉球性，提升篮球兴趣。	熟悉球性。
		快乐足球课程	1. 让学生了解足球团体运动。 2. 培养学生参与运动的热情，激发足球学习的兴趣。	1. 球性练习。 2. 直曲线运球。
		网球飞扬课程	1. 通过练习掌握网球运动的基本技术。 2. 了解网球运动的特点，激发网球学习的兴趣。	1. 建立网球兴趣。 2. 了解网球基础知识。

续表

课程维度	学期	课程名称	课程目标	课程内容
鼎行课程	上学期	心情驿站课程	1. 培养学生的自信心和积极健康的情绪。 2. 促进学生健康成长。	1. 自信心的培养。 2. 情绪健康管理。
	下学期	活力篮球课程	1. 通过练习掌握基本的变向运球,加强投篮练习,培养防守意识。 2. 懂得篮球的健身功能,增强自信心和抗挫能力。	1. 技巧、战术的学习。 2. 防守动作。
		快乐足球课程	1. 通过练习,提高对球的控制能力,学习跑位、射门、简单的战术配合。 2. 掌握行进间传球,了解篮球的健身功能,培养合作意识,增强自信心和抗挫能力。	1. 运控球能力。 2. 战术配合。 3. 掌握行进间传球。
		网球飞扬课程	1. 掌握网球运动的基本技术与战术。 2. 了解网球运动的特点,培养自主健身能力。	1. 熟悉球性。 2. 正手击球及低手发球。
		心情驿站课程	1. 培养学生健康的人际交往。 2. 使学生过健康的学生生活。	1. 人际交往困惑。 2. 人际交往技巧。

表 3-4 管城三中"鼎立树课程"八年级课程内容设置表

课程维度	学期	课程名称	课程目标	课程内容
鼎信课程	上学期	时政评说课程	1. 拓宽国际视野,纵览天下大事,了解国内外热点问题的原由和本质。 2. 让学生了解和关注社会,增强他们的责任感和使命感等	1. 一带一路与全球治理。 2. 校园食品安全。 3. 环境生态保护。
		梦想起航课程	1. 通过对近期发生的正能量的社会现象进行分析。 2. 增强明辨是非能力,培养家国情怀和增强社会担当意识。 3. 带领学生通过实际行动,增强规则意识,学会适应新的集体、新的学期、新的转变。	1. 八年级学生生理和心理变化带来的困惑。 2. 八年级学生法治教育,正确世界观、人生观、价值观、学校观的形成。 3. 阶段性目标的检测,根据实际情况,修正阶段性目标。

续表

课程维度	学期	课程名称	课程目标	课程内容
鼎信课程	上学期	节日教育课程	1. 传承中国传统文化、红色文化，坚定文化自信。 2. 培养学生的生活情趣，使学生热爱生活、学会感恩，热爱中华民族，增强民族自信心、自豪感。	1. 传统节日：春节、元宵节、清明节、端午节。 2. 红色节日：青年节。 3. 重大节日：劳动节。
		安全教育课程	1. 形成安全意识，掌握必要的安全行为的知识和技能。 2. 养成在日常生活和突发安全事件中正确应对的习惯。	安全相关知识。
		法治教育课程	1. 了解相关的法律法规常识，增强法治观念。 2. 掌握自护能力。	相关法律知识。
		国旗下演讲课程	1. 结合最新国内外大事和全校师生出现的典型事件，以各种教育意义和纪念意义的节日为话题，以激励的语言，激发学生发自内心的高尚情感，在校园里弘扬爱国正能量。 2. 增强学校德育的主动性和实效性。	1. 最新国内外大事和全校师生出现的典型事件。 2. 各种教育意义和纪念意义的节日主题。
		领导力课程	1. 培养学生干部的角色意识、责任意识、服务意识。 2. 培养学生干部的业务素质和协调能力和工作方法。	学生干部职责及工作方法培训。
	下学期	时政评说课程	通过分析时政材料，培养他们亲近社会、奉献社会的意识。	1. 文物保护。 2. 新中国成立 70 周年。 3. 保健药品乱象。
		梦想起航课程	1. 通过对近期发生的正能量的社会现象进行分析，增强明辨是非能力。 2. 培养家国情怀和增强社会担当意识。 3. 带领学生通过实际行动，增强规则意识，学会适应新的集体、新的学期、新的转变。	1. 八年级学生生理和心理变化带来的困惑。 2. 八年级学生法治教育，正确世界观、人生观、价值观、学校观的形成。 3. 阶段性目标的检测，根据实际情况，修正阶段性目标。
		十四岁生日课程	1. 引导学生理解青春的内涵，树立正确的人生观、价值观。 2. 引导学生树立集体主义观念。 3. 培养学生学会感恩，勇担责任。	1. 离队入团仪式教育。 2. 回忆成长历程，感恩挚友良师。 3. 青春誓言。

续表

课程维度	学期	课程名称	课程目标	课程内容
鼎信课程	下学期	安全教育课程	1. 形成安全意识，掌握必要的安全行为的知识和技能。 2. 养成在日常生活和突发安全事件中正确应对的习惯。	安全相关知识。
		法治教育课程	1. 了解相关的法律法规常识，增强法治观念。 2. 掌握自护能力。	法治讲座。
		国旗下演讲课程	1. 结合最新国内外大事和全校师生出现的典型事件，以各种教育意义和纪念意义的节日为话题，以激励的语言，激发学生发自内心的高尚情感，在校园里弘扬爱国正能量。 2. 增强学校德育的主动性和实效性。	1. 最新国内外大事和全校师生出现的典型事件。 2. 各种教育意义和纪念意义的节日主题。
		领导力课程课程	1. 培养学生干部的角色意识、责任意识、服务意识。 2. 培养学生干部的业务素质和协调能力和工作方法。	学生干部职责及工作方法培训。
		节日课程	1. 传承中国传统文化、红色文化，坚定文化自信。 2. 培养学生的生活情趣，使学生热爱生活，学会感恩，热爱中华民族，增强民族自信心、自豪感。	1. 传统节日：春节、元宵节、清明节、端午节。 2. 红色节日：青年节。 3. 重大节日：劳动节。
	上学期	魅力数学课程	1. 着力培养学生的动手能力、想象能力。 2. 在活动中发现数学的旋转美。	玩转魔方。
		神奇的图形计算器课程	1. 会利用图形计算器进行二维码的设计等试验。 2. 培养学生的创新意识和能力。	精美的图案设计。
		"最值问题"课程	1. 结合实际生活，会利用一次函数及不等式知识对利润最大化问题进行方案设计。 2. 提高学生学习数学的兴趣。	方案的设计。
		话说中国课程	1. 搜集相关资料，说出中国重要的节日、风俗习惯等，扩大视野。 2. 增强民族自豪感和家国情怀。	1. 中国重要的节日。 2. 中国的民族和省情文化。

续表

课程维度	学期	课程名称	课程目标	课程内容
鼎信课程	上学期	"水的前世今生"课程	1. 动手实验掌握水的物态变化并设计多种方法测量水的密度。 2. 提升学生设计实验的能力。	物理实验。
		生活中的凸透镜课程	1. 用原理去解释生活中有关凸透镜现象。 2. 提升理解、分析、归纳的能力。	生活中的凸透镜的光现象。
		神奇的树叶与花朵课程	1. 学会用美的眼光看待世界。 2. 体会生物学中的美。	观察树叶与花。
		花与艺术课程	1. 了解花朵的结构、花朵中的艺术。 2. 培养学生欣赏美、热爱生命的观念。	花朵中的艺术。
	下学期	魅力数学课程	1. 培养学生的动手能力、想象能力。 2. 在活动中发现数学的旋转美。	玩转魔方。
		神奇的图形计算器课程	1. 会利用图形计算器进行二维码的设计等试验。 2. 培养学生的创新意识和能力。	精美的图案设计。
		"最值问题"课程	1. 结合实际生活,会利用一次函数及不等式知识对利润最大化问题。 2. 进行方案设计,提高学生学习数学的兴趣。	方案的设计。
		话说中国课程	1. 制作黄土高原水土流失、沙尘暴等自然环境问题模型,说出中国目前的环保问题。 2. 树立人地协调观,争做环保小卫士。	1. 黄土高原水土流失。 2. 沙尘暴雾霾。
		摩擦力探究课程	1. 体验生活中的摩擦力,并形成科学推理的思维。 2. 提升解决实际问题的能力。	生活中摩擦力的现象。
		生活中的功课程	1. 分析研究生活中的滑轮、斜面、杠杆的现象。 2. 加强学生模型建构、科学论证的品质。	生活中有关功的现象。
		植物小达人课程	1. 会观察校园植物。 2. 能辨认校园中 30 种常见植物。	观察辨认植物。

续表

课程维度	学期	课程名称	课程目标	课程内容
鼎信课程	下学期	神奇的种子课程	1. 观察种子生长过程,了解种子成长相关知识。 2. 养成写观察日记的习惯,培养尊重生命的观念。	种子生长日记。
	上学期	经典诵读课程	1. 课前十分钟诵读,激发兴趣,能背诵经典古诗文。 2. 感悟诗歌的韵律美,传承优秀传统文化。	《经典咏流传》。
		演讲与朗诵课程	1. 学会演讲和朗诵的技巧与方法。 2. 爱上演讲与朗诵,润泽生命,增强自信。	1. 演讲与口才。 2. 超级演说家。
		经典阅读课程	1. 阅读文学经典名著,领略到读书的价值和意义,有自己的情感体验。 2. 初步领悟作品内涵,讲述作品中感人的故事情节,提高人文素养和人文精神。	读名著·品人物。
		翼之声英语课程	1. 激发英语学习兴趣。 2. 训练团队合作意识,增强自信。	1. 英语歌曲。 2. 故事阅读。 3. 英语趣配音。 4. 电影片段欣赏。
		中原问鼎课程	1. 了解鼎的历史发展历程,进而了解商代及管城的发展历史。 2. 引导学生关注身边的历史,感悟中原文化的博大精深。	1. 鼎的起源。 2. 郑州鼎器代表。 3. 参观博物馆。
		经典诵读课程	1. 课前十分钟诵读,激发兴趣,能背诵经典。 2. 古诗文,感悟诗歌的韵律美,传承优秀传统文化。	《经典咏流传》。
		演讲与朗诵课程	1. 发展学生语言能力,培养学生的口才。 2. 能就适当话题作即席讲话和有准备的主题演讲。 3. 培养学生的自信。	1. 演讲与口才。 2. 超级演说家。
		经典阅读课程	1. 学生阅读文学经典作品,形成对文学经典浓厚的阅读兴趣,获得对自然、对社会、对人生的有益启示。 2. 欣赏品味作品中典型的人物形象,提高人文素养和人文精神。	读名著·品人物。

续表

课程维度	学期	课程名称	课程目标	课程内容
鼎信课程	下学期	翼之声英语课程	1. 激发学英语的兴趣。 2. 训练团队合作意识,增强学英语的自信。	1. 英语趣配音。 2. 英语歌曲。 3. 故事阅读。 4. 电影欣赏。 5. 英语演讲。
		中原问鼎课程	1. 初步了解鼎的冶炼、制作、雕刻、作用、合金及配比等,学做鼎。 2. 培养学生的动手操作能力;学习鼎的相关文化,培养学生理解鼎所蕴含的文化内涵。	1. 鼎的制作工艺的学习。 2. 鼎的艺术样式学习。 3. 国之象征——鼎文化的含义与现实意义。 4. 大国外交——鼎文化运用。
	上学期	银莺高歌课程	1. 通过学习和声的基础训练。 2. 培养人的个性,形成正确人生观。	合唱多声部的练习。
		快乐剪纸课程	1. 通过对剪纸技能的学习,辅导学生进行底稿创作。 2. 传承传统文化,培养审美力,培养创造能力。	《彩色剪纸》。
		壳雕艺术课程	1. 通过对壳雕技能的初步掌握,辅导学生各自绘画蛋稿。 2. 传承传统文化,培养动手能力、审美能力。	《蛋壳装饰》。
	下学期	银莺高歌课程	1. 在声音位置和谐的基础上,和声的再次练习。 2. 培养学生的个性,锤炼人的意志。	合唱歌曲的练习。
		快乐剪纸课程	1. 通过对剪纸进一步的学习,进行剪纸,刻纸训练。 2. 传承传统文化,培养学生的审美表现能力。	《剪彩人生》。
		壳雕艺术课程	1. 通过对壳雕进一步的学习,在蛋壳上学习进行雕刻。 2. 传承传统文化,培养学生的文化理解能力。	《对话蛋壳壳雕艺术》。
	上学期	机器人课程	1. 指导学生获得初步的机器人知识,了解机器人的基本构造、基本原理、搭建基础、程序应用等。 2. 培养学生学科学、用科学的能力,主要是初步的观察能力、实验能力、动手能力、逻辑思维能力和想象能力,启发他们的创造精神。	《机器人编程》。

课程维度	学期	课程名称	课程目标	课程内容
鼎信课程	上学期	综合实践课程	1. 实施素质教育,促进学生全面发展的重要途径。 2. 全面贯彻落实立德树人根本,大力培育和践行社会主义核心价值观。	1. 团队意识。 2. 动手能力。 3. 磨练意志。 4. 解决问题能力。
		趣味编程课程	应用命令进行情景探索,运用侦测与判断创作故事或游戏。	《设计编程游戏》。
		舌尖上艺术	1. 初步了解美食的制作、调配、食用习惯、文化。 2. 在合作中培养动手、交流协作的能力,节粮意识。	《烹饪大全》。
	下学期	机器人课程	1. 指导学生获得初步的机器人知识,了解机器人的基本构造、基本原理、搭建基础、程序应用等。 2. 培养学生学科学、用科学的能力,主要是初步的观察能力、实验能力、动手能力、逻辑思维能力和想象能力,启发他们的创造精神。	《机器人编程》。
		综合实践课程	1. 实施素质教育,促进学生全面发展的重要途径。 2. 全面贯彻落实立德树人根本,大力培育和践行社会主义核心价值观。	1. 团队意识。 2. 动手能力。 3. 磨练意志。 4. 解决问题能力。
		趣味编程课程	1. 能根据模型进行组装机器人。 2. 分析如何编程让机器人完成地图中的轨迹。	《机器人编程》。
		舌尖上艺术课程	1. 初步了解美食的制作、调配、食用习惯、文化。 2. 在合作中培养动手、交流协作的能力,节粮意识。	《烹饪大全》。
	上学期	活力篮球课程	1. 通过训练掌握行进间变向运、传球方法,攻防训练,学习篮下卡位抢篮板技术,发动一传。 2. 培养小组合作能力。	1. 基本技术的练习。 2. 进行攻防练习。 3. 抢篮板技术。
		快乐足球课程	1. 通过游戏训练项目,掌握停球、二过一技术动作。 2. 增加足球运动的趣味性,培养学生竞技能力。	1. 运控能力。 2. 竞技战术运用。 3. 五人制比赛规则。

续表

课程维度	学期	课程名称	课程目标	课程内容
鼎信课程	上学期	网球飞扬课程	1. 通过训练发展学生专项素质。 2. 培养积极进取和克服困难、团结友爱的集体主义精神。	1. 学习反手击球。 2. 削球及上手发球。
		心情驿站课程	1. 了解青春期心理特点。 2. 做正能量中学生。	1. 青春期心理常识。 2. 克服叛逆心理。
	下学期	活力篮球课程	1. 通过训练巩固各项篮球基本技术，掌握快攻多打少基本技术，初步练习全场五对五攻防。 2. 培养学生规则意识、耐挫能力、集体主义精神。	1. 运传投基本技术。 2. 半场攻防练习。 3. 五对五攻防练习。
		快乐足球课程	1. 通过训练，巩固足球的基本技术，初步学习 11 人制足球规则。 2. 培养学生规则意识、耐挫能力、集体主义精神。	1. 基本技术动作。 2. 守门员技术动作。 3. 全场 11 人制比赛。
		网球飞扬课程	1. 发展学生专项素质，培养学生参与网球运动的热情。 2. 提高参加网球运动的兴趣和能力。	1. 学习网前截击球。 2. 组织单打比赛。
		心情驿站课程	了解学习心理特点，更好地管理学习，过健康的学习生活。	1. 学习心理常识。 2. 缓解学习和考试焦虑方法。

表 3-5 管城三中"鼎立树课程"九年级课程内容设置表

课程维度	学期	课程名称	课程目标	课程内容
鼎信课程	上学期	时政命题课程	1. 通过分享新闻事件，拓展学生的知识视野，丰富学生的人文素养。 2. 培养学生的辩证思维方式时，学会用独特的视角去看待时下社会现象和事件。	1. 当下娱乐节目带给我们的思考。 2. 新中国 70 周年。 3. 5G 技术应用。
		励志教育课程	1. 鼓舞士气，培养拼搏竞争精神。 2. 明确目标，培养正确人生观、价值观。	1. 班级目标与誓言。 2. 教师寄语。 3. 家长鼓励。 4. 个人奋斗目标。

课程维度	学期	课程名称	课程目标	课程内容
鼎信课程	上学期	梦想起航课程	1. 对近期发生的正能量的社会现象进行分析。 2. 增强明辨是非的能力，培养家国情怀，增强社会担当意识。 3. 带领学生通过实际行动，增强规则意识，学会适应新的集体、新的学期、新的转变。	1. 通过时下的案例，加强责任担当意识。 2. 道德和法治教育。 3. 目标确定和持续性努力方向。
		国旗下演讲课程	1. 结合最新国内外大事和全校师生出现的典型事件，以各种具有教育意义和纪念意义的节日为话题，以激励的语言，激发学生发自内心的高尚情感，在校园里弘扬爱国正能量。 2. 增强学校德育的主动性和实效性。	1. 最新国内外大事和全校师生出现的典型事件。 2. 各种具有教育意义和纪念意义的节日主题。
		节日课程	1. 传承中国传统文化、红色文化，坚定文化自信。 2. 培养学生的生活情趣，使学生热爱生活，学会感恩，热爱中华民族，增强民族自信心、自豪感。	1. 传统节日：春节、元宵节、清明节、端午节。 2. 红色节日：青年节。 3. 重大节日：劳动节。
	下学期	时政命题课程	1. 拓宽国际视野，纵览天下大事，了解国内外热点问题的原由和本质。 2. 增强学生为中华民族伟大复兴建功立业的责任感和使命感。	1. 维护国际秩序的"中国贡献"。 2. 70年饮食之变，中国越来越健康。
		梦想起航课程	1. 通过对近期发生的正能量的社会现象进行分析，增强明辨是非的能力，培养家国情怀，增强社会担当意识。 2. 带领学生通过实际行动，增强规则意识，学会适应新的集体、新的学期、新的转变。	1. 通过时下的案例，加强责任担当意识。 2. 道德和法治教育。 3. 目标确定和持续性努力方向。
		励志教育课程	1. 鼓舞士气，培养拼搏、竞争精神。 2. 明确目标，为梦想努力，培养正确人生观、价值观。	1. 班级目标与誓言。 2. 教师寄语。 3. 家长鼓励。 4. 个人奋斗目标。

续表

课程维度	学期	课程名称	课程目标	课程内容
	下学期	毕业典礼课程	1. 通过师生互动,浓缩三年的学习生活,创设轻松、自然、温馨的氛围,引导学生唱响青春、收获感悟。 2. 合理、健康地抒发内心的毕业情怀,带着在母校的收获,走上新的人生旅途。 3. 培养感恩、担当的意识。	1. 回顾三年初中学习生活。 2. 展望美好明天。 3. 奠定人生旅途的基石。
		国旗下演讲课程	1. 结合最新国内外大事和全校师生出现的典型事件,以各种具有教育意义和纪念意义的节日为话题,以激励的语言,激发学生发自内心的高尚情感,在校园里弘扬爱国正能量。 2. 增强学校德育的主动性和实效性。	1. 最新国内外大事和全校师生出现的典型事件。 2. 各种具有教育意义和纪念意义的节日主题。
鼎智课程	上学期	"最值问题"课程	1. 结合实际生活,会利用二次函数对利润最大化问题进行方案设计。 2. 渗透数学建模的思想,提高学生学习数学的兴趣。	方案的设计。
		趣味化学课程	1. 通过趣味化学实验,激发学生的兴趣。 2. 提高学生的实验能力。	化学小魔术。
		化学的昨天、今天和明天课程	1. 讲解化学发展史,让学生回到真实的历史情境中去感受化学。 2. 启发学生学习化学的兴趣。	化学发展史。
		生活中的电课程	1. 扩大学生的知识面、学习课本之外的电学知识。 2. 将课本理论应用到现实生活中,并加深对理论的理解,培养学生观察事物的能力。	电工技术学。
	下学期	"最值问题"课程	1. 结合实际生活,会利用二次函数对利润最大化问题进行方案设计。 2. 渗透数学建模的思想,提高学生学习数学的兴趣。	方案的设计。

课程维度	学期	课程名称	课程目标	课程内容
鼎言课程	下学期	化学揭秘生活课程	1. 从化学的角度解释生活中常见的问题和现象。 2. 提高学生的学科素养。	研究生活中的化学现象。
		发现身边的化学课程	1. 提高将化学知识应用于生产、生活实践的意识。 2. 逐步形成可持续发展的思想。	发现身边的化学现象。
		化学辨真假课程	1. 将科学探究与初中化学知识及实际生活联系起来。 2. 提高学生的科学素养。	化学揭秘。
	上学期	经典诵读课程	1. 理解古代诗词内容，积累、感悟和运用。 2. 提高欣赏品位，传承传统文化。	诗词鉴赏。
		经典阅读课程	1. 围绕多篇小说并抓住一个点指导学生阅读，使学生能提出自己观点。 2. 提升阅读力和思考力。	小说群文阅读。
		英语话题写作课程	基于话题，提升学生英语写作的兴趣，形成写作框架，提升英语话题写作能力。	1. 审题、列提纲、绘制思维导图。 2. 片段练习。
		青铜器的前世今生课程	1. 认识周边环境、身边的管城，感受文化。 2. 增强对家乡的认同感，树立为祖国、为家乡的复兴而努力学习的志向。	1. 结合家乡说青铜器。 2. 感受青铜文化魅力。
	下学期	经典诵读课程	1. 理解古代诗文内容，积累、感悟和运用。 2. 提高欣赏品位，传承传统文化。	古诗文鉴赏。
		经典阅读课程	把握戏剧冲突，理解人物形象，品味戏剧台词，尝试戏剧演出。	戏剧群文阅读。
		英语话题写作课程	通过不同的话题，提升学生的英语话题写作水平。	1. 审题、列提纲、绘制思维导图。 2. 片段练习。
		青铜器的前世今生课程	1. 培养学生坚韧的意志品质。 2. 树立为祖国、为家乡的复兴而努力学习的志向。	1. 国之重器。 2. 人若重器。

续表

课程维度	学期	课程名称	课程目标	课程内容
鼎能课程	上学期	壳雕艺术课程	1. 通过对壳雕相关技能的掌握,学生能够独自在蛋壳上进行绘画创作。 2. 提升学生审美能力。	《指尖艺术》。
	下学期	壳雕艺术课程	1. 在蛋壳绘画的基础上辅导学生独自进行雕刻。 2. 传承传统文化,提升审美能力、创造能力。	《指尖艺术》。
鼎新课程	上学期	编程课程	1. 能根据模型组装机器人。 2. 分析如何通过编程让机器人完成地图中的轨迹。	《机器人编程》。
	下学期	编程课程	1. 能根据模型组装机器人。 2. 分析如何通过编程让机器人完成地图中的轨迹。	《机器人编程》。
鼎行课程	上学期	活力篮球课程	1. 巩固各项篮球基本技术,在一些篮球游戏中培养学生团结协作能力。 2. 增强学生体质。	1. 《拍球游戏》。 2. 《运球帷幄》。
		快乐足球课程	1. 通过双脚不停地控球去绕过每个标示盘,提高学生的协调性与球感。 2. 培养自主健身能力。	《单双脚传球》。
		心情驿站课程	促进学生正确看待竞争与合作,学会良好地进行合作与竞争。	1. 合作与竞争。 2. 角色互换。
	下学期	活力篮球课程	1. 通过各种拍球练习,培养学生协调性、臂力和手腕的力量。 2. 培养学生自主锻炼的能力。	《运球帷幄》。
		快乐足球课程	在有一定基础的情况下,加入游戏接力赛模式,提高学生兴趣,培养自主运动能力。	1. 《跳踩球》。 2. 《横拨球》。
		心情驿站课程	使学生树立远大理想,适应毕业考试。	职业生涯规划。

第五部分　学校课程实施与评价

学校通过建构"鼎智课堂"、建设"鼎能学科",做活课程整合;通过创设"鼎新社团"、创立"鼎心节日"、创设"鼎行空间"、推行"鼎信之旅"等方式,推进各类课程有效实施;通过做活"仪式教育",凸显校园文化隐性课程。

一、 建构"鼎智课堂",提升课程实施品质

在"在这里,与高尚的灵魂对话"课程理念引领下,学校以建构"鼎智课堂"为抓手,转变教师教育理念,改进学生学习方式,培养学生学习能力,提升学科核心素养,使学生在基础课程学习中得到滋养和智慧的成长。

(一)"鼎智课堂"的实施

传统的课堂上,教师重教不重学,因循于文本和常规思维,课堂不够生动,对学生缺乏吸引力,课堂评价与教学目标脱节,"教学评"不一致,导致无数的低效课堂。在郑州市"道德课堂"以及"教学评"一致性理念引领下,我们提出"课堂因鼎智而精彩"的"讲练+"的"鼎智课堂"模式。

"鼎智课堂"是目标丰盈、内容灵秀、过程灵动、方法灵活、主体互生、文化灵妙的课堂。

"鼎智课堂"内涵来自于师生在课堂上互启智慧,教学互生的精彩演绎。因此,"鼎智课堂"的实施推进,立足"教"与"学",以学生学习为中心,以教科研为驱动,以校本教研为保障,编制学科素养双向细目表,尝试多样方式培育学生素养,实现"鼎智课堂"高效高质的最终目的。

1. 推进"鼎智课堂"系列校本研修

系列活动之一:建立师带徒学习共同体。学校每个学年组织新任教师与学科骨干教师组成师带徒学习共同体,师傅通过一对一、手把手地"传、帮、带",多角度、立体式帮助徒弟尽快领悟"鼎智课堂"文化理念,熟悉"鼎智课堂"基本形态和教学特点,把握"鼎智课堂"的精髓,上好达标课。学校通过编制《夫子册》和《门生册》,组成《薪火集》,制定完善的考评制度,对师带徒学习共同体进行考核评价。

系列活动之二：组织学科教学研究。各学科依据鼎智课堂文化理念，确立各学科教学研究的主题。如：语文学科的"经典阅读"、数学学科的"概念课教学"、英语学科的"模块教学"、物理学科的"国家课程校本化"、信息技术学科的"微课制作"、化学学科的"问题式教学"、政治学科的"课程整合"、地理学科的"地图教学"等。学科组长发挥课程规划、引领、组织、落实的作用，带领学科教师积极参与教学研究。在教学实际中，把鼎智课堂的核心理念融入不同学科、不同课型、不同主题，通过思考、实践、反思、总结，来提升课堂教学的效果，促进鼎智课堂真正落地生根。

系列活动之三：开展小课题研究。学校围绕鼎智课堂文化建设，开展课题立项与研究，并组织教师开展小课题研究。在学校总课题的引领下，规划子课题，为老师们小课题立项提供引领和参考。学校小课题研究的基本流程为"发现问题——形成课题——课题论证——课题研究——撰写成果——分享交流——实践改进"。小课题研究周期短，切入点小，与课堂教学紧密结合，实效性强。课题研究使鼎智课堂文化更丰盈，植根的土壤更肥沃。

2. 推进"师友互助"小组合作学习

各班学习小组每组 4—8 人，在教师引导、学生自愿的原则下结合成学习伙伴。担任"师傅"的同学在学习上、纪律上起到表率作用，在学习中帮助同学在一定程度上解决疑问，起到督促、辅导、带动的作用。学习伙伴的结成也有利于学习内容的互查、互学。学习伙伴中的"徒弟"主动参与学习，认真听讲、独立思考、认真练习，有疑难问题时主动向同学请教，课堂学习中主动参与交流、展示。教师在开展教学时，充分利用学习组长、同伴互助。如：分别对不同层次的同学提出明确的学习任务；课堂交流以"同桌—小组"为主体进行；课堂展示、讲题以"学友—师傅—组长"为团体进行；课堂练习同伴互批；课堂对话同伴互助；课堂背默同伴互查；以小组为单位收集学生作业和练习中的疑难点；同伴一对一辅导等。"师友互助"学习小组建设是鼎智课堂推进的重要途径。

3. 编制学科素养双向细目表

学科教研组长根据本学科"课堂教学落实学科核心素养评价标准"，对照课程标准，组织学科教师结合学科教学案例，进行深入研究和解读，使教师明晰本学科应注重培养学生哪些方面的关键能力和必备品格，教会学生哪些基本的学科学习与研究方法。

双向细目表编制方式：从每个单元应列出对应的"学习内容"（包括必备知识、核心概念）——"测试形式"（常见题型）——"方法建议"（对应的学科教学方法）——"达成程度"（了解、理解、掌握、应用）——"指向的关键能力和必备品格"。

双向细目表使用方式：根据单元教学细目表做好课时备课教学设计，使课堂教学中组织实施指向性清晰的教学活动。这样课堂教学环节的设置以学习任务为导向，以学习活动为载体，体现明晰的目标指向。同时，注重对学生学习过程的方法指导、思维品质的培养，从而使学生通过学习实现自主构建，发展核心素养。

在课后评价中，根据单元细目表中的必备知识、核心概念及对应的关键能力、必备品格进行编制。除了必要的单元测试外，还可引入"单元学习学生问卷"，帮助学生回顾学习过程，自主梳理单元知识体系，做好单元学习总结，了解学生学习动机、学习兴趣、学习态度、学习策略、学习习惯、学习投入等方面的基本情况，并进行针对性点评。学科素养双向细目表是提升"鼎智课堂"教学质量的重要抓手。

4. 编制"赢在课堂"评价卷

学科教研组长根据本学科"课堂教学落实学科核心素养评价标准"，对照课程标准，组织学科教师结合学科教学案例，进行深入研究和解读，使教师明晰本学科应注重培养学生哪些方面的关键能力和必备品格，教会学生哪些基本的学科学习与研究方法。"赢在课堂"评价卷的目的在于提升学生学习能力，数学、英语、物理、化学组老师在组长的带领下集体研讨，积极编写"赢在课堂"评价卷，将教学目标转化为学习目标，激发学生的学习兴趣和探究的欲望。课堂上，以卷导学，尊重学生的主体性，培养他们自主、合作、探究和分享的意识与能力，提高课堂教学的有效性，以学习方式的"根本"转变来提升学生的学习能力、学习效果。"赢在课堂"评价卷可以及时有效地做好课堂评价，是提升"鼎智课堂"教学质量的重要抓手。

5. 探索多样化的新教学方式

追求教学方式的多样化是鼎智课堂的基本要求。适合学生的就是最好的。随着教育信息化的发展和鼎智课堂文化建设的深入进行，学校的教学方式必然更加灵活多样。"翻转课堂""主体式课堂""体验式课堂""探究式课堂""合作式课堂""问题式课堂"等新教学方式推动鼎智课堂走向纵深。学校必然从关注"教"走向关注"学"，培育学科核心素养，全面提升课堂品质，让课堂生态更加富有生命气息、思维张力和精神滋养，更加融入国际视野、理性精神和家国情怀，更加强化信息技术参与、多样态呈现和交互式应用，打造绿意盎然、千姿百态的课堂风景，描绘鼎智教育创新、智慧和谐的课堂图谱。

（二）"鼎智课堂"的评价标准

根据"鼎智课堂"的内涵特点，学校从学习目标、教学策略、教学评价、"教学评"一致性程度等方面，制作"鼎智课堂教学评一致性评价量表"（见表3-6），引领课堂发展方向。

"鼎智课堂"的评价方式主要通过学科组集体备课、课堂观察、主题教研、学生评教、教学展评等方式进行。

表3-6　郑州市管城回族区第三中学"鼎智课堂教学评一致性"评价量表

管城三中"鼎智课堂教学评一致性"评价量表					
授课教师：　　学科：　　班级：		内容：　　日期：			
维度	特征描述	优秀 20—18分	良好 17—15分	合格 14—12分	不合格 12分以下
学习目标（20分）	1. 学习目标的设计是否依据课程标准、教材、学情、资源，是否能正确解读课程标准，是否能准确分解课程标准。				
	2. 学习目标的叙写是否规范，是否具备以下五个核心要素：				
	① 行为主体（学生）。				
	② 核心内容。				
	③ 行为条件（辅助手段成工具、提供信息或提示、时间的限制、完成行为的情景等）。如：通过……				
	④ 行为动词（可视察、可测量的具体行为）。如：会背诵……				
	⑤ 行为标准《学生对学习目标要求所达到的最低标准）。如：能写出不少于300字的短评。				

维度	特征描述	优秀	良好	合格	不合格
		40—36分	35—31分	30—26分	26分以下
教学策略（40分）	1. 教学过程的设计是否能以"教—学—评一致性"为主线，紧扣学习目标来展开。				
	2. 教学方式是否具备多样性、合理性，能否以问题驱动学习，以问导学式教学。				
	3. 教学过程设计是否能遵循以下几个原则：				
	原则一：赢在课堂反馈卷，是否能紧扣学习目标。				
	原则二：是否能选择合适的教学方式，充分调动学生的思维，让学生亲自经历和体验，成为知识的主动建构者。				
	原则三：教学活动的设计是否从学生已有的经验出发，过程设计是否是有序的、阶梯型的，有层次递进的。				
	原则四：教的时间是否按要求不超过25分钟，练的时间不低于8分钟，展、评时间合理。				
教学评价（20分）	1. 评价任务是否指向学习目标。				
	2. 评价任务的指令是否明确、情境是否合理、内容是否准确。				
	3. 是否能适时、合理地运用"一对一"任务设计法或"一对多"任务设计法。				
维度	特征描述	优秀	良好	合格	不合格
		20—18分	17—15分	14—12分	12分以下
"教-学-评"一致性程度（20分）	1. 教学活动是否围绕学习目标。				
	2. 教学评价是否指向学习目标。				
	3. 学习目标是否达成。				
质性评价		合计得分：			
评课：					
			评课教师签名：		

二、 建设"鼎能学科"，推进学科拓展课程全面落实

"鼎能学科"以学科基础课程为核心，贯彻"在这里，与高尚的灵魂对话"的课程理念，依据学科课程标准的要求，根据学生发展需求，对学科基础课程进行拓展，从而构建鼎能课程群，帮助学生完善学科知识体系，提升学科素养，提高学科学习能力，激发学习潜能与兴趣。

（一）"鼎能学科"的建设路径

"鼎能学科"的设计要坚持以下几个原则：

实用性。课程内容要充实具体，选择有利于学生终身发展必备的基本技能为切入点，使学生能学以致用，学以提高，更好地培育学生的核心素养，提升学生的学科学习能力。

趣味性。应将知识性强的材料化繁为简，化难为易，深入浅出，着眼于激发学生的学习兴趣，使学生对课程嚼之有味，学之有得，思之有获。

针对性。特色课程的设置要针对学生个性发展需求，研究学生课程学习的薄弱点、兴趣点、增长点，研发学生必要的、针对性的课程内容，让学生在全面发展的基础上，在某一方面有突出的发展。

前瞻性。课程应建立在时代特征、学生发展、现代教育理念的基础上。在课程目标、课程内容、课程实施、课程评价的确定上都应体现超前发展意识。

操作性。课程实施的对象是学生，课程的设计编排必须符合学校教育教学实际和学生发展需求。在课程资源利用、课程实施的时间、场地、保障措施方面要切实可行。

为进一步落实国家课程标准要求，满足学生学习需求，凸显学校文化特色，各学科组进行课程群构建时，关注学科基本属性，以课程标准的目标分类为领域，以学科课程资源整合为抓手，侧重厘清基础课程与拓展课程逻辑，使二者相辅相成，更好地展示学科特色魅力，并系统思考实施路径。其基本呈现是构建"1＋X"学科课程群。

1. "唯美语文"课程群

"唯美语文"课程群以"博学笃志，做美好的语文教育"为课程理念，以打造"唯美课堂"为平台，引领学生博学笃志，涵养诗意的性灵，全面提升学生的语文素养，做美好情怀的语文教育。

语文学科课程群的构建侧重给予学生生命关怀和审美滋养，围绕语言建构与运

用、思维发展与提升、审美鉴赏与创造、文化传承与理解等核心素养,以国家课程为基础,在阅读品味、口语交际、综合实践三个领域进行课程构建,包含"经典诵读""演讲与朗诵""经典阅读"三门校本课程,从而形成"唯美语文"1+X课程群。

"经典诵读",通过开展中华古诗文经典诵读活动,弘扬祖国优秀传统文化,加强优秀传统文化熏陶与修养。

"演讲与朗诵"课程,通过演讲和朗诵,发展学生的语言能力,培养学生的口才,同时发展学生的思维能力,获得对自然、对社会、对人生的有益启示,演讲和朗诵时注意表情和语气,注意感情体验,不断提高应对能力和表达能力。

"经典阅读"课程,通过阅读文学经典使学生领略到读书的价值和意义,形成对文学经典浓厚的阅读兴趣,引导学生养成良好的读书习惯,欣赏文学有自己的情感体验,初步领悟作品内涵,理解作品中感人的故事情节,欣赏品味作品的语言和人物形象,提高个人人文素养和人文精神。根据不同学段的知识储备和学生需求,将经典诵读课程分为"读名著·讲故事——精彩情节""读名著·品人物——人物评说""小说群文阅读""戏剧群文阅读"四个系列。

三门课程依据各年级学生学情,由易到难、由浅入深、由单一到综合、循序渐进,贯穿七、八、九三个学段,根据不同学段的知识储备和学生需求编制不同的内容,由各年级段的任课老师组织实施。"经典诵读"晨诵午读,"演讲与朗诵"每周一课时,"经典阅读"每周一课时。

不同的课程评价方式不一,"经典诵读"课程以名篇背诵、诗词接龙、飞花令、诗词默写,诗词赏析等形式进行评价;"演讲与朗诵"课程以朗诵比赛,即兴演讲,主题演讲比赛的形式评价;"经典阅读"课程以讲故事、手抄报展览,思维导图等形式进行评价。

2. 趣味数学课程群

"数学是思维的体操",它不仅具有高度的抽象性、严密的逻辑性,而且具有广泛的应用性。数学课程要求人人都能获得良好的数学教育,不同的人在数学上都有不同的发展。但现在很多学生感受不到数学的乐趣与美,面对学校生源差、自信心不足、学习兴趣不高的现状,提高学生学习数学的积极性迫在眉睫,故此以"激发兴趣,品味生活"为课程建设的哲学依据,提炼出"用有趣的数学感悟生活的魅力"的课程理念,打造"趣味数学"课程群。课程主要以数学游戏和数学问题为工具,发挥数学在培养人的思维能力和创造力方面的作用，锻炼数学智能，以增强学生自我成就感，培养自信自强的公民为学科育人目标。

趣味数学课程群设置"魅力数学""神奇的图形计算器""最值问题"三类课程，课程面对七、八、九年级全体学生，通过动手操作、合作交流、成果展示等方式培养学生的自我成就感，提升学生的数学核心素养。课程以国家课程为根本，结合我校实情着力培养学生的动手能力、实践能力，数学应用能力。七年级设置制作玩转七巧板、数据的统计与分析、供给站问题等内容，八年级设置玩转魔方、图案设计、利润最大化问题等内容，九年级设置利润最大化问题。

不同的课程评价方式不一，"魅力数学""神奇的图形计算器"课程以赛作品、赛时间的形式进行评价；"最值问题"课程以解决生活问题形式进行评价。

3. 英语课程群

针对农村英语比较薄弱，学生缺乏自信心的现状，我校打造英语课程群，旨在夯实英语学习的基础，鼓励学生积极主动开口表达英语，激发学生学英语的兴趣。英语课程落实学生语言能力、思维品质、学习能力、文化品格等英语核心素养。同时使孩子们理解中西方文化差异，增强孩子的自信心和团队合作意识，提高孩子们的综合语言运用能力。

英语课程的内容设置基于教材又不拘泥于教材，结合我校校情，七年级开设梦想ing英语课程。通过英语歌曲学习和英语故事阅读，学生感受英语语言的魅力。英语趣配音，借助各种有趣的视频鼓励学生开口说英语，激发学生学英语兴趣的同时纠正了发音，无形中学生练就一口流利的英语口语。通过实施对话、交流、沟通、配音、分享等丰富多彩的英语学习活动，让学生勇于积极主动开口说、开口讲、开口读。课程提倡创设真实性语境与活动，搭建应用平台，通过生活化现实场景话语、多样化活动，培养学生探究精神、创新精神，促成学以致用的思维品质。通过阅读并展演绘本、故事、小说、名著等活动，让学生在团队交流与分享中提升语言综合运用能力，传播中国传统文化，进一步加深对中西方文化差异的理解和尊重。八年级的翼之声英语课程安排有歌曲学习、趣配音、影视片段欣赏、故事阅读分享与展演、英语演讲等。阅读与分享以故事阅读为主，让学生感受文本的趣味性，促进阅读能力提升及思维品质的形成。九年级针对中招考试，专门开设了英语话题写作小能手课程，基于话题，手把手教学生如何审题、列提纲、绘制思维导图、连词成句、连句成篇，如何修改与润色作文等，给学生增加实战经验，增强学生学英语的信心。

实施过程中，学生亲身体验，手脑并用，团队合作，展示成果，交流分享心得体会。没有平时上课那么紧张，没有考试的压力，学生是活动的主人，他们乐于探索，愿意合作，勇于展示，充分发挥学生的主体作用，体验语言学习的趣味性和获得感。此课程主要在课程实施中通过配音、比赛等活动对学生给予评价。

4.　"润心道法"课程群

"润心道法"即以德润心，以法正行，润泽心灵，德法同行。"以德润心"，就是要求学生修身养德，用社会主义核心价值观滋润心灵；"以法正行"，就是要求学生全面提高自身法治观念和法律意识，使遵法、学法、守法、用法成为青少年的共同追求和自觉行动。"道德与法治"课程标准中明确提出：学习搜集、处理、运用信息的方法，提高媒介素养，能够积极适应信息化社会；学会面对复杂的社会生活和多样的价值观念，以正确的价值观为标准，做出正确的道德判断和选择；初步了解当今世界发展的状况和趋势。基于以上目标和校情、学情，我们开设了"润心道法"课程，包括法律通课程和时政课程。"润心道法"课程以"德润心灵，法护成长"为课程建设的哲学依据，以"立身为人德法兼修，家国情怀行走天下"为课程理念，以培养智德文法兼修的负责任公民为学科育人目标。

"立德树人、以法育心"时政课程根据学生的发展需要，依据不同年级学生身心发展特点、道德认知发展规律，构建道德与法治时政播报、时政点评、时政命题课程及家庭、学校、社会礼仪课程。学习的时间安排为一学年且原则上每2周为一个专题研究时间，由政治课教师兼任。每节课前，要求轮流由一名学生上台作五分钟的时事述评（题材、内容自选述评之后材料交由思想政治课老师保管），然后由全班学生从2周内的学生述评或其他感兴趣的时事热点中选出其中一个话题进行深入的调查、剖析、质疑、探究，以期全面、系统地了解该热点问题的原由和本质。

课程采用形成性评价的方式，重视学生在学习过程中的自评和互评，使评价成为学生学会探究反思、发现自我、欣赏自我与他人的过程；强调评价的激励性，鼓励学生大胆、充分发表自己的独到见解，施展自己的才华。教师评价与学生的自评、互评相结合。根据学生的课外资料收集情况、课堂的参与程度、发表观点和看法的整体质量、作业及小论文完成的水准等方面的表现，以优良、合格、不合格四个等次表示。

5. "鼎智历史"课程群

基于对课程标准和历史学科素养的细化解读，它以"纵情史海寻奥秘，徜徉古今明真谛"为课程开发的理念，我校打造"鼎智历史"课程。"青铜器的前世今生——从青铜到王者"课程依托国家基础课程，从探寻历史、聆听历史、感受历史三个方面拓展学生的知识面，激发学生的学习兴趣，提高学生的动手能力，构建活动历史课程，使学生能够对青铜器本身以及其所蕴含的文化有一个全面的认识。此外，"中原问鼎"课程主要让学生了解青铜器的典型代表，通过对鼎的认知来感受青铜器对于国家权力的象征意义。它包括鼎的起源、鼎的制作、鼎的文化等课程内容。通过该内容的学习使学生在理论与实践中体会鼎文化的厚重与深远。

"中原问鼎"课程只针对八年级学生，每学期两个课时；"青铜器的前世今生"课程贯穿于七、九两个年级，根据不同学段的知识储备和学生需求编制不同内容，由各年级段的任课教师组织实施。拓展课程每学期 3 课时，活动课程每学科 2 课时。

有关课程评价，采用多元化形成性评价的方式，重视对过程的评价和对学生特点的评价，注重发掘学生身上的闪光点和培养学生兴趣；学生在教师的指导下，对自己历史学习的情况进行评价。学生在历史学习过程中，通过自我评价，可以对自己历史学习的特长以及不足有较为清楚的了解，可以增强历史学习的积极性、主动性；强调评价的综合性和针对性，对于小组综合探究的成果及时进行激励性的肯定，并且明确突出个人优异表现，体现评价的针对性、有效性、激励性。基于以上评价方式，对"青铜器的来世今生"采用课程活动总结和视频观后感来进行互评，对"中原问鼎"课程采取小组合作制作"鼎"成果展示、历史知识竞赛等形式进行评比。通过采用不同形式的评价方式，提高课程趣味性和多样性。

6. "智汇地理"课程群

"智汇地理"课程的核心价值是树立科学的可持续发展观，地理学科以"学习地理知晓万物，运用地理助力生活"为课程建设的哲学依据，提炼出"心怀祖国，放眼世界"的课程理念，增强学生的地理学习能力和生存能力，使学生具备家国情怀和世界眼光，运用已有的地理知识解决身边的地理问题。

依托地理课程标准、学生学情及认知特点开发和设置地理课程。七年级主要内容是世界地理，注重区域认知能力的培养，开设"手绘世界"地理课程，启发学生制作简易地球仪、地形图模型，绘制区域图等，运用成果展示、动手实践、实地考察等丰富的活动形式，表达、交流地理学习的体会、想法和成果。八年级主要内容是中国地理，以提升学生区域认知和综合思维能力为导向，立足学生人地协调观和地理实践力核心素养的培养，开设"话说中国"地理课程，启发学生搜集各种材料，展示中国的风土人情和民族节日，开阔视野；利用各种自然地理模型解释自然现象和环境问题，探讨产生原因和解决方案，争做环保小卫士。

画图说图，直接提升学生绘图能力、读图方法、语言组织能力。以美图展览、方法交流会的形式进行；启发学生利用生活中的材料制作地理模型，以成果展示的形式进行，展览学生制作的地理模型、趣味地图，并对优秀作品进行表扬；培养学生地理核心素养——人地协调观和地理实践力，撰写学习心得，绘制主题手抄报，对优秀作品进行展览。

7. "魔法化学"课程群

所谓"魔法化学"，就是美丽的化学，实践的化学，活力的化学。它以"用化学的眼光认识世界、改造世界"为课程建设的哲学依据，提炼出"彰显化学之美，助力智慧人生"的课程理念，打造"魔法化学"课程，并以培养"乐学、实践、善思"的智慧公民为学科育人目标。

"魔法化学"课程群旨在通过课程增长智慧，立足于变化守恒、宏微结合、实验探究、绿色应用等核心素养，在化学与生活、化学与实践、化学与情感三个方面进行课程构建。

"趣味化学"依托课本资源，将知识融入一个个的趣味小实验中去，激发学生的兴趣，提高学生的实验能力。"是真的吗？"依据课程标准在科学探究方面的要求，将科学探究与初中化学知识及实际生活联系起来，提高学生的科学素养。"化学的昨天、今天和明天"利用化学发展史，让学生回到真实的历史情境中去感受，促进学生思维品格的形成。"生活大揭秘"依据生活中常见的化学问题，从化学的角度解释生活中常见的问题和现象，提高学生的学科素养。"发现身边的化学"旨在扩大学生知识面，拓宽学生视野，发展学习化学的兴趣，关注我们身边的生活，将化学知识应用于生产、生活实践的意识，逐步形成可持续发展的思想。

五门课程由浅入深，逐级深入，循序渐进；贯穿九年级，根据不同学期的知识储备和学生需求编制不同的内容，由九年级化学任课教师组织实施。"化学的昨天、今天和明天"上学期举行两课时；"趣味化学"上学期间周一课时；"是真的吗"下学期进行三课时；"生活大揭秘"下学期举行两次化学活动，"发现身边的化学"下学期举行三次化学活动。

8. "百草园"生物课程群

生物学科从《义务教育生物学课程标准(2011年版)》提炼出生物学科的核心价值观为"培养以理性的思维和科学的态度终身学习的能力"。然后，以"保持浓厚的学习兴趣，养成理性的思维，形成积极的科学态度，发展终身学习能力"为课程开发的哲学依据，构建"百草园"生物课程群，依托"鼎智课堂"为实施平台，点燃学生兴趣的火花，让兴趣之光遍布到无限的学习中。依据学科性质和学科理念，结合学校文化、生物学教材以及学生的实际情况，确定"百草园课程"的基本理念为"认识生物爱自然，探索乐园学科学"。

"百草园"课程群设立了拓展性课程和活动课程等课程体系。在具体实施中，"种植体验"课程根据季节和我校土地特点选择适合种植的进行，让学生亲自动手松土、播种，提高学生的动手能力和身体素质。"爱花护花"课程教授学生爱花护花的知识并培养爱护植物的意识。"自然日记"和"小小园艺工"课程内容指导学生坚持观察、如实记录植物的成长变化，学生学习有关植物的生长特点并依据特点学会管理方法。"神奇的树叶与花朵"通过观察树叶与花朵，学会用美的眼光看待世界，体会生物学中的美。"花与艺术"通过了解花朵的结构、花朵中的艺术，培养学生欣赏花朵的美、热爱生命的观念。"植物小达人"课程让学生通过观察辨认不同的植物至少30种，"神奇的种子"通过观察种子生长过程，了解种子成长相关知识，养成写观察日记的习惯，培养尊重生命的观念。

不同的课程运用不同的评价方式，"种植体验课程""爱花护花""小小园艺工"以课程中的实际动手能力进行评价；"植物小达人"以知识竞赛的形式进行评价；"自然日记"以记录的形式进行评价；"神奇的树叶与花朵""花与艺术"课程以艺术作品展示进行评价。

9. "趣味物理"课程群

"趣味物理"是努力激发学生学习物理的兴趣，打造快乐的物理课堂。它以课程标准为依据，通过对实验、问题解决的创新，培养学生学习物理的兴趣，学生初步形成科学探究、科学创新的能力，并在探索中勇于创新养成善于交流的习惯和培养团队意识。

依据课程标准我们设置了"水的前世今生""生活中的凸透镜""摩擦力探究""生活中的功""生活中的电"五个课程。课程面对八、九年级全体学生，通过动手学习、合作探究、成果展示等培养学生的自我成就感，提升学生的物理核心素养。"水的前世今生"课程依据八年级上期物理内容很多章节可以与水相联系而设置，例如水的物态变化、平面镜成像、水密度的测量等，以水贯穿大部分的章节课程与教学相辅相成；"生活中的凸透镜"课程以国家课程为根本，结合我校实情着力培养学生的动手能力、教师深挖教材让物理应用于生活；"摩擦力研究""生活中的功"课程不受课本内容的限制选择，使用具有现实性、趣味性和挑战性的素材做学习、调查研究性的内容，注重渗透一些重要的物理思想和方法。"生活中的电"从电工学的角度讲解物理中的电学，着重于动手组装能力和电路设计能力的提升。

不同的课程评价方式不一，"水的前世今生"课程以快速口答、实验的方式等活动形式进行评价；"生活中的凸透镜"课程以手工作品展示、讲解原理等形式进行评价；"摩擦力研究""生活中的功"课程以讲解生活体验等形式评价；"生活中的电"课程以活动比赛等形式进行评价。

10. "创意美术"课程群

美术学科通过分析《义务教育美术课程标准（2011年版）》发现，美术课程的核心价值是树立正确科学的审美意识、创新意识以及培养其对自然和人类社会的热爱及责任感。因此，美术学科提炼出"学习创意美术，拓展鼎新思维美化生活"为课程建设的哲学依据，打造"创意美术"课程，并以培养活跃的、有责任感的公民为学科育人目标。

"创意美术"课程群结合本校实际情况，针对在校学生实际情况量身打造了不同类型的课程。妙手生花剪纸课程——"快乐剪纸"，让学生在亲身参与剪纸的过程中喜欢剪纸艺术，感受和理解剪纸作品的情绪、格调、人文内涵，养成健康向上的审美情趣。七年级的"走进剪纸""剪彩人生"，八年级的"彩色剪纸""剪彩人生"，通过对各不相同的形象进行研究，在剪纸的学习中提高学生对艺术的鉴赏能力。"壳雕艺术"课程，通过学习壳雕，学生的艺术世界受到感染和熏陶。七年级的"魔力蛋壳""对话蛋壳壳雕艺术"，八年级的"蛋壳装饰""对话蛋壳壳雕艺术"，九年级的"指尖艺术"，学生在亲身参与壳雕的过程中喜欢雕刻艺术，对壳雕作品的情绪、格调、人文内涵感受和理解，养成健康向上的审美情趣，能掌握简单的壳雕技术。

这两个课程专业性较强，除了美术教师外，学校专门聘请民间艺术家兼周授课。"快乐剪纸"和"壳雕艺术"课程艺术形式相似，因此评价方法一致，均可以通过学生自评、师评、校评、他评的方式对学生的课堂表现、作品成果等进行评价。

11. "激情体育"课程群

体育课程核心价值是增进学生健康，培养学生终身体育意识和运动能力。因此，学校体育学科以"学习体育增进健康，热爱运动幸福生活"为课程建设哲学依据，打造"激情体育"课程群。所谓"激情体育"就是以热情的体育精神，让活力四射的学生成为有着拼搏精神和优秀技术的体育人，以"增强体质，增进健康，终身体育阳光快乐一辈子"为课程理念，以"培养阳光的热爱生活的公民"为育人目标。

"激情体育"课程群旨在通过课程，培养学生的热爱运动、自主运动，掌握特殊运动技能。以国家课程为核心，紧扣课程标准对于学生运动技能的要求设置课程，力争学生掌握1—2项终身受益的体育项目。同时，结合中招体育考试要求，综合运动技能融入课堂常态教学。"激情体育"课程依据课程标准在运动参与、运动技能、身心健康、心理健康与社会适应能力等方面的要求开设网球、篮球、足球3门拓展课程。"网球飞扬课程"主要提升学生的运动参与性，"活力篮球课程"旨在锻学生的身体健康，"快乐足球课程"重点培养学生的心理健康和社会适应能力。

三门课程由简入难，循序渐进，贯穿初中三个年级。利用课余时间，根据不同年龄段所需的运动能力编制不同的学习内容，由任课教师组织实施，每个拓展课程每天的课程都按照既定目标进行组织活动。"激情体育"课程设置。（见表3-7）

表3-7 郑州市管城回族区第三中学"激情体育"课程群

七年级	快乐足球课程	活力篮球课程	网球飞扬课程
八年级	活力篮球课程	快乐足球课程	网球飞扬课程
九年级	活力篮球课程	快乐足球课程	

课程采用自我评价、伙伴评价和教师评价的方式。自我评价，学生对自身的发展状况、学习行为与结果及个性特征进行判断与评估；伙伴互评，学习伙伴对学生的学习行为与结果及人际交往中的表现进行判断与评估；教师评价，教师依据标准对学生的

发展状况、学习行为与结果及人格塑造等方面作出综合判断与评估。成绩呈现,根据学生参加本课程学习过程中表现,结合自我评价、同伴互评和教师评价三部分进行综合评价,课程成绩可分为"优秀""良好""合格""须努力"四个等次,发放本课程学习的个人成长记录表。

12. "快乐音乐"课程群

学校音乐学科将"音乐审美为核心,兴趣爱好为动力"作为课程理念,打造"快乐音乐"课堂,以培养灵动勤勉,善于创新的高素质公民为学科育人目标。我校立足学校实际,从学生特点出发,在原有音乐教材的基础上,除了"银莺高歌"课程,自主开发"筝筝向上"课程,利用课余时间对学生进行训练。"银莺高歌"课程,旨在通过课程增长审美素养,立足于音乐实践、音乐创造等核心素养,在知识技能、情感体验和学科综合等方面进行课程构建。七年级主要是合唱基础理论知识讲解与练习,八年级针对合唱多声部进行练习。"筝筝向上"课程主要培养学生的文化理解能力,旨在让学生通过系统的学习,可以了解和掌握古筝的演奏基础理论和演奏基本技能,初步具备独奏、合奏的能力,并具备良好的艺术修养和文化素质,从而传承优秀的传统文化。

课程采用自我评价、伙伴评价和教师评价的方式。成绩呈现根据学生参加本课程学习过程中表现及完成作业等情况,结合自我评价、伙伴互评和教师评价三部分进行综合评价,课程成绩可分为"优秀""良好""合格""须努力"四个等次,发放本课程学习的个人成长记录表。

(二)"鼎能学科"的评价要求

"鼎能学科"旨在打造动态课堂,促进学生勤学善思,从而落实"在这里,与高尚的灵魂对话"的课程理念。"鼎能学科"的课程评价着眼于融通生活、增长智慧、滋养灵性、呵护生命。课程设计应根据国家课程标准体现明晰的目标、严谨的逻辑、递进的序列、科学的编排。教师评价着眼于课程规划与设计、课程实施、教学方案、组织能力、课程评价。学生评价既重视学习结果,更关注学习过程,保护、发展学生的个性特长,促进学生全面发展。"鼎能学科"的评价主体包括学校评价、学科组评价、教师自评、学生评价,评价形式根据学科特点进行纸笔测试、成果展评等。"鼎能学科"课程评价量表如下。(见表3-8)

表3-8　郑州市管城回族区第三中学鼎能学科课程评价量表

课程名称			任课教师			
评价项目		评价标准	分值			
			10—9	8—7	6—5	4—1
课程纲要(10)		内容完整,包括课程名称、适用年级、课程简介、背景分析、课程目标、学习主题/活动安排、评价活动等。因地制宜,体现学校特色和学科特点。课程内容设计以学生为主体,富有活动性、趣味性。				
教学方案(20)	目标	与课程纲要一致;清晰可评;兼顾三维;续写规范。				
	内容	针对目标,整合可得到的人力、物力、财力、时空、信息等资源。				
	评价	评价任务设计与目标匹配,且镶嵌在教学过程中;教与学的方法选择与目标一致;环节设计有利于学生的主动学习。				
课程实施(40)	学习目标	学生知道本课时的目标或任务,知道学什么,怎么学。				
	学习方式	具有多样化、适切性,学生能够经历听、说、做或演等多种学习方式。				
	学习活动	突出"在做中学""在研究中学",问题解决策略和过程清晰,学生参与度高。				
	学习评价	聚焦目标持续地实施多种评价方式,评价主体多元化。				
课程效果(30)	学有所获	根据学生的听、说、做或演等情况判断,大多数学生学有所得。				
	学在过程	重视学习得该知识与技能的过程与方法。让学生在活动中,体验中学有所得。				
	学得愉快	大多数学生表情愉悦,情绪良好,主动参与,积极性高。				
得分总评						

90以上为"优秀",80—89为"良好",60—79为"合格",60分以下为"不合格"。凡是合格以上等级的课程下学期才允许继续开设,"不合格"的课程需要重新修订。

三、 创设"鼎新社团"，发展学生兴趣爱好

社团活动是学校课堂教学的延伸性活动，是进一步深化课程改革，发展素质教育的重要体现。社团活动的正常开展，既丰富学生的课余生活，也为学生提供了自主发展的空间。社团课程是学校校园文化建设的重要载体，是学校第二课堂的引领者。"鼎新社团"以其思想性、艺术性、知识性、趣味性、多样性的活动吸引学生积极参与。

（一）具有代表性的"鼎新社团"的设立与实施

"鼎新社团"课程是在学校文化大背景下，影响和促进师生活动发展的各种文化因素总和，是一种无形的、巨大的教育力量，也是教育成功的重要基础。学校依据学生综合素养，广泛调查学生兴趣，充分挖掘学生潜能，开设学科拓展类、综合类、科学创新类和文体类社团。社团涉及面广泛，内容丰富多彩，它对启迪学生的智慧、开阔学生的视野、优化个性人格等都具有积极的影响。（见表3-9）

表3-9 郑州市管城回族区第三中学"鼎新社团"课程的设立与实施

社团类型	社团名称	实施方式
学科拓展类	文学社	学生根据个人兴趣，提出申请，自主选择社团，社团辅导老师根据综合考查通过申请，组织学生参与社团活动，完成社团课程，记录成长轨迹。
学科拓展类	趣味数屋	
学科拓展类	看鉴社	
综合类	心理驿站	
科学创新类	e视界	
科学创新类	科创社	
文体类	音乐坊	
文体类	足球社	
文体类	爱舞工作室	
文体类	思艺轩	
文体类	新干线	
文体类	兰亭社	

（二）"鼎新社团"课程的评价

"鼎新社团"，立足本校校情，结合学生学情，发挥教师特长引领。保证学生的自主性、提高学生的积极性、鼓励学生的创造性、力求活动的成效性，推进素质教育深入发展，营造优良校风，真正把社团办成学生喜爱的家园、学园和乐园。在此准则的指导下，评价更要起到导向作用。学校从社团筹备、活动过程的监测、活动效果的多元化评估以及特色创新的推广及肯定，全方位、多角度促进社团发展、学生进步，使社团活动的开设与发展成为学校打造品牌的亮丽窗口。（见表 3-10）

表 3-10　郑州市管城回族区第三中学"鼎新社团"课程实施评价

评价维度	评价内容	评价标准	评价方式
社团筹备	社团主题	主题健康积极，课程资源丰富，准备充分。	1. 阶段性评价与过程性评价相结合。 2. 过程性评价：活动过程记录、活动成果展示。 3. 评价方式多元化：自评、互评、组评、师评、家长评相结合。 4. 社团成果展评，评出优秀社团，参加星级社团评比。
社团筹备	活动方案	主题健康积极，课程资源丰富，准备充分。	
活动过程	特长发展	积极参与社团活动，发展自我特长。	
活动过程	活动过程	积极参与社团活动，发展自我特长。	
活动效果	社团学习成果	能形成自己的学习成果，积极参与社团成果展示交流。	
特色创新	活动亮点	社团成果展示有特色、有创新、有亮点。	

四、 拓展"鼎心德育"，实现活动育人

（一）创立"鼎心节日"，浓厚课程实施氛围

校园是学生自由伸展的美好空间，更是鼎心文化扎根生长的舞台。学校根据学生身心成长的阶段性需求，设立艺术节、创客节、体育节等综合性校园节庆活动。通过"鼎心节日"课程，搭建多种形式的学习平台，满足学生成长的需求。"鼎心节日"主题要鲜明，形式要灵活。节庆课程的实施应综合竞赛学习、主题学习、服务学习等多种学习形式，促进学生在参与中获得体验，在活动中提升综合素质，涵养品格。节庆课程的设立与实施、评价如下。（见表 3-11、3-12）

1. "鼎心节日"课程的内容与实施

表3-11　郑州市管城回族区第三中学"鼎心节日"课程的内容与实施

鼎心节日	课程内容	实施方式
艺术节	合唱比赛,校园歌手大奖赛,汉字书写比赛,美术作品展,软陶作品展	通过组织班级联赛、主题展览、成果展示实施
创客节	创客小讲堂、创意小发明、校园拍客评选	通过综合实践、成果展示实施
体育节	花式跳绳比赛,足球、篮球班级联赛,全校学生体质健康测试,趣味运动会,健康教育手抄报展示	通过体育课、大课间、班级联赛运动会进行实施
传统节日	清明节文明祭扫网上祭先烈	通过清明扫墓、主题报告实施
	端午节	手抄报、黑板报、实践活动
	中秋节	手抄报、黑板报、实践活动
	重阳节	黑板报、实践活动
	元旦——新一年新希望	新年诗会
纪念日	"五四"青年节——放飞青春梦想	主题演讲、黑板报、手抄报
	教师节	黑板报、实践活动、征文
	国庆节——我和祖国共成长	主题朗诵、合唱比赛

2. "鼎心节日"课程的评价要求

表3-12　郑州市管城回族区第三中学节庆课程评价量表

评价维度	评价内容	评价标准	评价方式
学习态度与习惯	学习的态度	主动积极,专注认真,良好的学习辅助行为(笔记、查阅、回应)	通过自评、互评、组评、师评的方式,对学生参与活动的进行评价。通过个人申报项目表、活动记录表、互评打分表、小组报告等形式评价。
	课堂上的学习习惯		
学习方法与过程	师生、生生之间的有效互动	能够在节庆课程学习中做到自主学习,合作探究	
	参与节庆课程的次数和参与度		
	课程中解决问题的能力和方法		
习得效果与体验	学生个人特长和综合能力展示	达成课程目标,感受课程传达的精神,培养热爱传统节日激发创新精神	
	对传统节日的了解和热爱		
	养成创新意识和合作探索精神		

（二）融入仪式教育，规范仪式课程的实施

仪式教育在鼎心育人中具有不可替代的教育效果。学生学校生活的归属感很大程度上建立在仪式课程实施上，仪式课程让学生的灵魂得以洗礼，精神得以成长。

1. 仪式课程的设立与实施

仪式是一种文化象征，要触及学生灵魂。仪式课程直接目的是通过营造隆重、庄严、神圣的环境氛围，产生强烈感染力以实现教育目的。学校仪式课程分为常规仪式、成长仪式、节日仪式。仪式课程在特定时间、环境、场景中综合展示；融和知、情、意、行为一体；多角度调动参与者情感与思维，产生共鸣，净化心灵，陶冶情操。在实施上整合多方之力，激励学生参与、互动、展示，将价值理念与情绪感知交织、融和，以期对学生产生综合影响。（见表3-13）

表3-13　郑州市管城回族区第三中学仪式课程设置与实施

仪式类型	课程名称	实施方式
常规仪式	升国旗仪式课程	每周一举行庄严的升旗仪式、国旗下演讲
	入团仪式课程	每学期举行入团仪式
成长仪式	毕业仪式课程	每学年策划毕业季系列活动
	青春仪式课程	分年级进行青春主题活动
节日仪式	感恩节仪式课程	每学期举行家校联合感恩主题教育活动
	劳动节仪式课程	每学期举行劳动主题教育活动

2. 仪式课程评价

学校里的各种仪式，是学生们校园生活的重要组成部分。仪式课程，只有引入新的评价模式、评价体系，才能真正有效地促进学生的素养发展。在评价的导向上，我们重视对学生真善美的熏染，重视学生学习习惯、意识、情感等素养的形成。意识课程的意义绝不仅仅体现在仪式进行的过程之中，而是更鲜明地指向学生的素养发展，精神润泽和生命丰盈，并内化为人格力量。每一次的仪式课程，每个生命都在书写中建构起自己的精神王国。（见表3-14）

表 3- 14　郑州市管城回族区第三中学仪式课程评价要求

评价维度	评价内容	评价标准	评价方式
学习态度	在仪式活动中的参与情况	态度积极,参与认真,仪式感强	自评、互评、组评、师评相结合
学习过程	仪式学习中熟练掌握特定仪式的行为要点	认真学习不同类型的仪式要求,感受仪式带来的成长	
学习效果	在仪式活动中获得的情感体验,领悟仪式课程的精神内涵	在仪式中感受其文化内涵和价值追求,实现心灵的润泽,感受生命的洗礼	

五、 创设"鼎行空间", 提升创客课程品质

创客教育是培养学生创客精神的重要载体。初级课程面向全体学生进行普惠教育,主要与传统学科相结合,在课堂教学过程中实施,以保证学生人人成为创客。中级课程面向部分学生开展创客拓展教育,主要在拓展课程中实施,培养学生兴趣。高级课程面向有探究意愿的学生开展创客特长教育,主要在"鼎行空间"社团活动中实施。

(一)"鼎行空间"的设计与实施

"鼎行空间"即创客教育,是源于生活、归于生活的教育方式,重视引导学生跳出书本、走近生活、积极创想、反复实践。突出训练"发现问题、分析问题、解决问题"的创客思维模式,组织学生进行头脑风暴、创意碰撞,让学生在观察、研究、协作、分享、优化等过程中形成创客能力。突出"沟通优化、行动生成"的创客实践准则,倡导以交流沟通贯彻始终,遵循新建构主义教育理念,将实践探究与合作学习结合起来。让学生更深地卷入到发现问题、解决问题的思考中,形成真正有深度的学习。课程实施过程中突出"开源协同、跨界整合"的 STEAM 教育战略,有意识地加强跨学科、跨领域的整合,将科技、艺术、人文、自然、社会和自我等方面的内容以及学科知识、学习体验有机地融合起来,逐步开发出更加具有"创客"特点的课程,帮助学生走出课堂、走向社会、全面发展。

课程实施主要通过五条途径,具体如下:

1. 创建研修平台,推进创客课程实施。学校成立创客教研组,成员由热爱创客教

育的各学科教师组成，以创客课程的开发和实施为工作重点。定期召开教研会议，交流创客教育的经验，分享研究成果，推进创客课程实施。创客教研组要善于利用"创客示范校"的平台，做好"科学实验"和"机器人"重点项目，推动创客教育取得更大发展。

2. 整合课程，课堂教学融合创客教育。在学科教学中融入创客教育理念，在解决问题的情景中发挥学生的想象力和创造力，培养学生的创新精神。部分学科开展创客教育示例。（见表3-15）

表3-15　郑州市管城回族区第三中学部分学科开展创客教育示例

学科	内容	效果
化学	心形蓝色硫酸铜晶体	锻炼学生实验能力
物理	侧倾器、带齿抹泥板	能够测量倾斜角，解决了铺地板时水泥砂浆不平的问题
生物	细胞模型、叶脉书签、染色体模型	培养学生利用生活中的材料发明制作的思维和能力
地理	学校手绘地图、地球仪	培养学生将知识与生活相结合的能力
美术	科幻画	培养学生的创新思维
信息技术	电子报刊、电脑绘画、网页、DV作品、flash动画	提高学生信息素养，参加"青少年科技创新大赛"
综合实践	制作纸桥	鼓励学生大胆尝试，发明创造

3. 课题引领，深化创客课程的研究实施。以课题为抓手，对创客教育校本课程的开发和实施进行研究。我校苏艺仙老师主持的"农村中学物理创客课程的开发研究"作为中国教育学会"十三五"教育科研规划课题"郑州市道德课堂创新发展研究"2018年子课题立项，创客课程实施要充分发挥课题引领作用，并对课题研究成果进行实践检验。

4. 利用创客空间实施创客课程。创客空间是开展创客教育的重要场所，建设创客空间并合理使用至关重要。结合创客空间建设的必要条件。学校创客空间为创客教育的开展创造了新的环境。基于创客空间实施的课程有：机器人、3D打印、开源硬件等。创客空间除了班级授课、社团活动外，周一至周五课余时间对学生开放。

5. 分享成果,推进创客课程实施。创客的精神在于分享。创客的共同特质是创新、实践与分享。没有分享,就没有人类社会的整体进步,作为人类社会的一分子,分享和传播知识是每个人应尽的义务,将分享作为乐趣则是一种良好的品格和习惯。创客鼓励创新各种分享模式,分享的方式有多种,比如:组内分享、班内分享、校内分享、社区分享等;可以通过微信、QQ等多种社交平台发布创客成果;也可以举办各级各类创客文化节分享展示创客成果。通过分享创客成果,推进创客实施。

（二）"鼎行空间"的评价要求

"鼎行空间"的评价采用多元化评价体系,坚持过程性评价和终结性评价相结合、自我评价与他人评价相结合、注重成果分享展示评价。过程性评价指标应包括学习态度、创新意识、动手能力以及练习情况。终结性评价指标应包括对学生的知识掌握、操作技能、综合能力等。

以《创意编程》课程评价为例,学生最终评价＝过程性评价×60％＋终结性评价×40％。过程性评价包括以下几个维度:笔记本是否合格、笔记记录情况、创意表完成情况、发明创造实物情况、课堂上参加创客讲堂情况、上课发言情况、纪律情况、小组合作情况。过程性评价主要由各组长和课代表完成。终结性评价主要取决于学生参加创客大赛的成绩。评价即育人,在创客教育校本课程实施过程中,凭借多元化的评价机制,促进学生核心素养的发展,在奔向未来的道路上,让孩子们全面发展、个性化发展、创新发展。

六、 探索"鼎信之旅",推进研学旅行课程实施

研学课程包罗万象,是综合历史、地理、科技、人文和爱国主义教育等内容的融合课程。学校倡导以社会调查、参观访问、亲身体验、资料搜集、集体活动、同伴互助、成果总结等为一体的社会综合性学习形式,使学生能达到在游中有学,行中有思,探索"鼎信之旅"。

（一）"鼎信之旅"课程的设计与实施

鼎文化研学。郑州有商都之称,而我校所处的管城回族区则是商代早期都城遗址,在遗址中出土大量青铜器,最为著名的商乳丁纹青铜方鼎（又名"杜岭方鼎",现藏于中国国家博物馆）,在目前已发现的商代前期青铜器中体积最大。通过研学,引导学

生关注身边的历史，感悟鼎文化的博大精深。

乡土研学。郑州市有丰富的乡情市情研学旅游课程资源，包括古荥汉代冶铁遗址、历史文化名胜（文庙、城隍庙）、古人类文化研究（大河村遗址）、科技教育（郑州市科技馆）、自然和野外活动体验（北龙湖公园，黄河湿地公园）、参观传统街道（德化商业步行街）、著名大学（郑州大学）、高新企业和现代化企业（金星啤酒集团有限公司）等。

国情研学。我们国家幅员辽阔、山河壮美、历史悠久、文化博大精深，有许多研学的课程资源。如首都北京之旅、抗战遗址考察（山东台儿庄、云南滕冲）、中国古都之旅（西安、南京、杭州）、追寻丝绸之路，体验敦煌文化、孔子的故乡（曲阜）等。

"鼎信之旅"研学课程实施以年级为单位，整合各学科课程资源、课内外资源、教师资源、家长资源，利用校本课程活动时间、节假日开展校内外活动。教师根据学科课程标准、学生实际情况设计研学手册、学习任务单，让学生在实地研学时，完成研学手册、学习任务单，形成研学报告。具体实施如下：

行走前：教师做好研学规划，确定课程纲要，设计活动方案和评价方式，在此基础上编制研学教材，发给学生。学生根据教师提供的研学纲要，查阅相关资料，做好研学功课，分组展示交流。

行走中：根据研学课程，教师做好活动计划，精心组织学生活动，指导学生边走边学。学生在行走中善于观察和思考，勤于记录和整理，积极探索知识与社会、知识与生活的链接，在行走体验中感悟和内化。

行走后：教师指导学生根据研学评价标准，进行成果收集、整理、展示，在此基础上进行自我评价、小组评价、教师评价。教师撰写研学心得，学生撰写研学报告。教师负责结集成册，形成研学课程成果。

（二）"鼎信之旅"研学课程的评价

"鼎信之旅"研学课程的评价重点在于师生参与研学时过程性评价、研学后目标性评价、发展性评价。过程性评价可从研学自我评价（如自我管理、实践活动、协作精神等）、教师活动组织指导评价（如研学方案实施、教师指导研学方式等）、家长参与度等方面评价。目标性评价侧重研学学习达成、研学成果的评价。发展性评价侧重学生研学之后，自我内在素养提升、研学活动认知提升、情感体验提升。

在实施评价中,注意多维度、多形式评价学生。如评价学生知识理解情况,可以采取测验法、调查法等,在形式上可以是抢答、PK、竞赛、反馈等。了解学生的态度、意识,可以采用访谈法、表现性评价等,形式上采取座谈、演讲、作品展示等活动。同时,关注教师和家长在评价中的作用。(见表 3-16)

表 3-16　郑州市管城回族区第三中学"鼎信之旅"研学课程评价要求

评价维度	评价内容	评价标准	评价方式
过程性评价	学生参与研学过程的积极性	积极参与研学活动,认真记录整理研学过程的知识	1. 根据学生在研学中的阶段表现,结合积极性、参与度等,划分等级进行记录。 2. 按照活动小组的分工要求,对照实施标准,对活动组织的各个环节进行检测,根据活动完成情况,对研学的效度进行过程评估。 3. 举办研学成果评比展示,记入学生成长记录袋中,其结果纳入综合素质评价体系。 4. 通过问卷调查和座谈等方式,向参与单位、学生家长、志愿者、服务合作部门等针对研学活动的效果进行评估。
过程性评价	学生在研学过程资料收集、记录和整理	积极参与研学活动,认真记录整理研学过程的知识	
目标性评价	活动完成的情况	教师的工作以及学生的活动完成能符合研学活动师生共同制定的目标	
目标性评价	教师工作的有效性评价	教师的工作以及学生的活动完成能符合研学活动师生共同制定的目标	
发展性评价	学生参与研学之后的收获	在研学活动同时提升自我效能感以及成就感,实现研学课程认知的深度体验	
发展性评价	研学活动认知体验及情感体验	在研学活动同时提升自我效能感以及成就感,实现研学课程认知的深度体验	

七、 做活"鼎心主题",落实"中原问鼎"课程

"中原问鼎"HAMSTER 课程以"PBL(项目式学习)"为学科课程理念,旨在培养会分工、会合作、会表达、会交流的青少年,培养会搜集信息处理信息、会从模仿到创新创造的时代青少年,培养学生热爱家乡之情及独特的个人品质,能够多学科融合、多学科(数、理、化、历、美、信息等)学习,有鉴赏美、发现美、创新(造)属于自己的美。具体内容主要包括:(一)学生实地考察管城博物馆、郑州博物馆和洛阳市烟云涧青铜器非物质文化遗产研学基地,了解青铜器发展的历史,青铜器制作工艺的发展历史,青铜器的历史地位、文化内涵,青铜器在生活中应用。(二)观摩学习青铜器制作流程。把取土、雕塑模型、石膏做壳、蜡型模具、精修纹饰、硅胶制模、硅胶衬托、刷取蜡件、组装蜡模、石膏包型、取蜡成模、浇铸原料、取件修饰等整个流程,用图片配合实物、视频和技

师讲解示范。(三)按照步骤进行尝试制作，在专家指导下，复制出自己的第一个模型。掌握技巧之后，可以加入自己的理解和创新，如工艺创新、材质创新、青铜器上图腾创新，制作体现个人品质的青铜件。(四)整理学习日志和笔记，制作微视频，展示交流表达学习过程和展品。

"中原问鼎"课程目标：了解青铜器的历史发展历程，进而了解商代及管城的发展历史。初步了解青铜器的冶炼、制作、雕刻、作用、合金及配比、改进的历史。会合作会分工；会用各类方式提取有用信息；初步会从模仿到创新。能主动与他人交流讨论，能概括并分享与表达自己的观点，初步形成良好的学习习惯和方法。培养学生的动手操作能力；培养学生的欣赏美创造美的品质。培养学生个人坚韧的意志品质等。增强对家乡的认同感，树立为祖国为家乡的复兴而努力学习的志向。

为了与课程目标和课程内容一致，评价设定如下：通过了解青铜器和管城的历史，能整理出相关管城历史的内容，以图(画)文(章)形式呈现；通过了解青铜器历史、成分、冶炼、制作等，能通过相关纸笔测试，包含合金冶炼等化学相关内容，青铜器的分类、意义、制作程序等；通过分工、合作、独立完成等形式能完成历史资料的分类整理、制作成自己的"鼎"，并相互评价；通过绘画、作品展示等能够整理表达自己设计的意图思路等。通过识鼎、悟鼎、铸鼎过程，领会"鼎心教育"的内涵，铸造自己的生命之鼎，学做鼎立少年、鼎立老师。

第六部分　学校课程管理

一、思想引导

"鼎心教育"作为学校的教育哲学，应融汇在学校课程建设的各个层面，引领课程建设，引领教师发展，引领学校文化。坚持以学生的发展为本，深入实施素质教育，充分利用学校和社会的课程资源，优化课程结构，全面体现办学理念的特色教育体系。

学校召开主题会议，从中层到学科组分层引领教师学习解读并领会"鼎心教育"的精神内涵和"鼎立树"的课程理念，各教研组为单位，结合学科特点，进行文化辐射，开发"鼎立树课程"体系，建构"鼎智课堂"模型。

二、 组织建设

学校成立校长为组长的校本课程领导小组,核心成员是教务处成员和各学科教研组行。主要负责学校课程的顶层设计,制订课程规划,统筹规划学校的校本课程,制定保证校本课程实施的相关制度,校本课程实施的过程管理,审议、评价校本教材。

具体分工如下:

教务处主要负责对教师进行必要的培训,组织教师申报课程;提供课程菜单、课程介绍、课程表及教学常规与过程管理等工作;建立校本课程学生档案,负责学生学习评价的组织与统计。

教研组长主要负责组织落实本组教师的校本课程开发、申报与实施工作;召集组员定期研讨课程的开发与实施,确定课程的具体实施方案;总结校本课程的实施情况。

授课教师主要负责撰写《课程纲要》,编写校本教材;认真备好每一节课,按步实施、教务处随机听课、测评;有计划、有进度、有教案;按学校整体教学计划的要求,达到规定的课时与教学目标;保存学生的作品、资料及在活动、竞赛中取得的成绩资料;认真写好教学反思,及时总结经验。

三、 专家引领

学校通过聘请专家,进行专题培训,引领教师提高课程领导力。建立扁平化的课程建设组织机构,调动所有教师参与课程建设的积极性、主动性、创造性。利用多种方式支持学校课程建设的常态化实施。建立学校微信公众号、课程中心微信群、学科组长微信群、教师课程工作坊等,营造良好的课程文化氛围,促进教师之间的对话交流。通过专家引领、专题讲座、分析交流、成果展示的形式,对教师进行系统的课程培训,使学校教师人人参与到学校的课程规划、实施、评价中来,提升每位教师的课程领导力。

四、 课程研修

学校组织教师参加学校课程规划培训,使教师认同学校的教育哲学、课程哲学、育人目标、课程目标、课程结构、课程设置、课程实施、课程管理与评价等,宏观指导教师积极参与课程建设及课程开发实施。通过"国家课程校本化""课程整合""课程开发与实施"等专题培训,提升教师的课程意识,提高课程执行力以及课程整合、开发和实施、评价的能力。通过课程建设核心团队培训，以点带面，引领教师提升课程能力。

课程规划是学校课程建设的顶层设计。课程建设要真正落到实处，关键是课程执行力。包括各学科课程规划、课程管理、课程实施、课程监控、课程评价。每位教师都是课程执行者，都要在课程执行中融入鼎心教育理念，根据课程理念和育人目标不断进行思考和调整。

五、 评价引导

校本课程的评价着眼于学生的个性与能力的发展和提高，要从指导思想、师生参与程度、创造性发挥学校办学育人的特色等方面，对校本课程和学生发展进行评价。为了保证校本课程的开发质量，促进教师的专业发展，张扬学生的个性，彰显学校全面育人的办学特色，主要从三个方面对校本课程进行评价：课程纲要（教材）、课程实施、学生学业成绩。

课程纲要评价的要素主要有：课程目标是否符合学校的办学理念和培养目标，目标是否明确清楚；课程内容的选择是否合适，所需的课程资源是否能够有效收取，内容的设计是否具体有弹性；课程组织是否恰当，是否符合学生的身心发展的特点等。

课程实施评价：主要是对教师教学过程的评定，主要包括：教学的准备、教学方式、教学态度等方面的评价。教务处通过听课、查阅资料、问卷、座谈等形式，对教师进行考核，并归入业务档案。主要是四看：一看学生选择该科的人数；二看学生实际接受的效果；三看领导与教师听课后的反映；四看学生问卷、座谈的结果，从而有利于促进教师专业发展。

学生学业成绩评价：主要是对学生在学习过程中，知识、技能、情感、态度、价值观、学习方法等方面取得成绩作出评价，评价要有利于促进学生个性的发展。对学生评价主要是三看：一看学生学习该课程的学时总量，作好考勤记录；二看学生在学习过程中的表现，如态度、积极性、参与状况等用"优秀、良好、一般、差"等形式记录在案；三看学生的学习成果，学生成果可通过实践操作、作品鉴定、竞赛、评比、汇报活动等形式展示，成绩记入成长档案中。

六、　制度建构

为保证课程建设工作顺利开展,学校进一步加强课程制度建设,从规划制度、审议制度、实施制度、评价制度、监控制度、激励制度几个方面建立一套较为完整的课程管理制度。

1. **课程规划制度。**　学校制订科学合理的课程规划,作为学校课程建设的顶层设计,统领学校的课程建设工作。每个学科组在学年之初根据学校课程规划,结合本学科课程建设实际,构建学科课程群,从学科课程哲学、课程目标、课程群构建、课程设置、课程实施、课程评价、课程管理等方面撰写学科课程规划。学科组长根据各年级学科设置情况,进行合理分工,组织学科课程骨干教师在寒暑假假期中完成每门学科《课程纲要》的撰写,对开设的每门学科从课程简介、背景分析、课程目标、学习主题(列出教学进度,包括日期、周次、内容、实施要求)、课程评价等方面做出详细的规划。每学期开学后,各学科组把学科课程规划、每门学科的《课程纲要》交到学校课程中心进行审议。完善课程规划制度旨在力求课程规划的价值统一、逻辑一致、设置科学,确保学校课程的丰富性、适切性和各类课程的质量。

2. **课程审议制度。**　课程审议的组织机构是学校课程中心。每学期开学之初对学校的课程规划、各学科的课程规划、各类课程的《课程纲要》进行审核,提出完善和修改意见。审核的重点是各类课程的《课程纲要》,主要审核课程开设的价值、课程目标和内容的科学性、课程实施的可行性、课程评价的合理性。审核完成后,形成书面意见,下达学科组,学科组根据审核意见,对本学科课程设置进行调整,组织课程实施。

3. **课程实施制度。**　从不同类型的课程实施角度(学科基础课程、学科拓展课程、活动课程),建立相应的课程研发、整合、实施、评价机制。从学生选课角度,学校课程分必修和选修两大模块。必修模块主要包括学科基础课程和拓展课程,选修模块主要包括活动课程。学科基础课程按照国家课程设置标准,开足开齐,拓展课程利用学科课程时间进行规划实施。选修课程采用"四定一动"的模式进行。"四定"即定时间、定地点、定教师、定学生,"一动"为学生选课走班。

4. **课程评价制度。**　任课的教师要认真做好课程评价工作,对学生参与课程的学习情况做出适当的并能体现课程特点的评价。结合学生自评、互评、师评进行评价,并定期将评价情况反馈给学生和家长。课程中心每学期要对各学科的研发、实施、评价、成果等进行综合评价，从学生、家长、社会、效益和学校规划及培养目标等多角度出发，对课程的进一步实施和开展提出改进方案。

5. **课程激励制度。** 学校从绩效工资中列出专项，对课程建设先进个人、优秀学科组进行表彰奖励。课程建设与教师年度考核相结合，发挥激励机制，充分调动教师参与课程建设的积极性和主动性。

此外，学校创造条件，保证课程研发和实施过程中必需的经费、器材、场地、配置等物质条件。拓展课程、活动课程与基础课程一样，计入教师工作量，工作业绩计入绩效，载入教师业务档案。

（本案例系作者与管城三中课程团队共同研制）

提示条

学校课程目标是基于国家和地方的课程目标框架，经过学校课程哲学的筛选后，对学校整体课程的学习结果和要求作出的界定。研制学校整体课程规划，要注意在厘定学校育人目标的基础上，对育人目标进行合理的年级分解，形成有机对接的课程目标体系。

关键4：怎样设计学校课程框架？

问题单

学校课程框架包含哪些要素？面对碎片化、大杂烩的"课程筐"，我该怎么办呢？如何基于学校育人目标要求设计学校课程框架？

　　郭晓明教授曾经提出"三层次——两类型"课程结构观。"三层次"是指宏观、中观、微观，"两类型"是指实质结构和形式结构。① 实质结构是对课程的质的规定性，反映着课程的内在价值取向，是对课程的深层理解，决定着课程的形式结构，包括实质性构成要素及其关系。如有学者提出的现代学校课程的实质结构，包括自我发展课程、人格课程、情感课程、知识课程和实践课程，形成一个立体结构，以自我发展课程为灵魂，以人格课程、情感课程、知识课程和实践课程为载体，反映"重视学生发展的全面性、重视经验在课程中的作用"的价值取向。② 课程的实质结构凸显的是对独特的课程哲学和特定课程功能的具体规定性，是课程哲学和功能在课程结构层面的具体反映。形式结构主要包括课程类别和不同类别之间的关系，即"类的结构"和"关系结构"。③ 我们的研究和实践表明，研制学校整体课程规划，既要关注学校课程的宏观、中观和微观三个层次，又要关注学校的实质结构和形式结构，基于特定的逻辑对学校课程进行合理分类，做到不交叉、不重复。在此基础上，还要进一步按照年级和学期进行课程布局性设计（即课程设置），以形成整体性的学校课程框架。总之，研制学校整体课程规划，要基于对学校课程实质结构的深刻理解，把握学校课程的横向分类与纵向布局。

① 郭晓明.课程结构论：一种原理性探寻[M].长沙：湖南师范大学出版社,2002,82.
② 冯国文.构建现代学校课程结构模式[J].课程·教材·教法,1999(5)：6.
③ 褚洪启,邢卫国.促进课程一体化的10种模式[J].教育学报,1992(3)：37.

智慧源

幸福之花课程：让孩子们在这里幸福绽放

让孩子们在这里幸福绽放
——广州市黄埔区东荟花园小学"幸福之花课程"规划

广州市黄埔区东荟花园小学创办于 2013 年,是广州市黄埔区第一所由开发商向政府移交产权的小区配套的公办小学,学校占地面积 20 000 平方米,建筑面积 11 375 平方米,校园环境优美,布局合理,教育教学设备先进,且拥有一支师德高尚、勇于进取、业务精湛、学识学养深厚的师资队伍。学校现有 31 个教学班,学生 1400 余人,专任教师 79 人,其中 32 人具有高中教师任职资格,1 人具有高校讲师任职资格,10 人具有研究生学历,教师本科以上学历比率达 100％。目前,学校有广东省特级教师 1 人,中学高级教师 5 人,广州市"名校长"1 人,广州市百千万名师培养对象 3 人,广州市骨干教师 3 人,广州市十佳青年教师 2 人,区首届品牌教师 3 人,区十佳教学能手 8 人。学校以"一切为了师生幸福成长"为办学宗旨,提出"幸福就像花儿一样"的办学理念。三年多来,在万科东荟城这片充满生机与活力的热土上,全体师生承载着社会与家长的殷切期望,努力用智慧、激情和汗水谱写着理想的篇章。现依据教育部《关于全面深化课程改革落实立德树人根本任务的意见》等文件精神,研制本校"幸福之花课程"规划。

第一部分　学校课程发展基础

一、学校课程发展的优势与经验

（一）朝气蓬勃且满怀教育理想的师资队伍,为课程发展提供丰富的人力资源

从学历结构来看,专任教师本科学历 100％,其中 10 人具有研究生学历;从年龄结

构来看,教师平均年龄 29.8 岁,年轻有为,活力四射;从教师的专业能力来看,学校有广东省特级教师 1 人,中学高级教师 5 人,广州市"名校长"1 人,区级以上名师、骨干教师 18 人;从师德师风来看,这是一支师德高尚、乐于奉献、勇于进取、有教育理想与教育情怀的师资队伍。教师队伍年轻化、专业化程度高,且满怀教育理想,这是学校可持续发展的保障,也是课程开发的宝贵资源。

(二)办学理念和目标清晰,为课程的发展明确方向

办学不到 7 年时间,东荟花园小学以"一切为了师生幸福成长"为办学宗旨,以"感受幸福成长,追求幸福人生,创建幸福校园"为目标,提出"幸福就像花儿一样"的办学理念,让每一位师生都能感受到倾听自己成长拔节之声的幸福;让每一位师生拥有理解、感受、创造、奉献幸福的人格;培养出能感受幸福、珍惜幸福、传递幸福、创造幸福的师生。这如一盏明灯,为学校的课程发展指明方向。

(三)学校办学条件优越,为课程的发展奠定坚实的物质基础

校园环境优美整洁、布局合理;教育教学设施设备高规格配置;功能场室齐全,布局合理、美观、科学;学校实现无线网络全覆盖,全面实现教育信息化。在此基础上,学校将进一步完善,打造文化氛围浓郁、环境优美的名副其实的花园小学,构建"精美雅致、百花盛开、温馨和谐、书声朗朗、翰墨飘香"的幸福校园。

(四)课程建设渐显特色,为课程发展提供强劲动力

东荟花园小学作为一所刚办不到 7 年的学校,学校有一定的优良传统与文化积淀。近 7 年学校坚定不移地走"质量立校、科研兴校、文化强校"之路,不断优化教育资源,切实加强教学管理和质量监控,科学设计人才培养方案,提出"缤纷童年幸福绽放"的课程理念,学校依托各类课程,积极开展课程教学研究与改革,培养师生创新意识、创新能力和感受幸福、珍惜幸福、传递幸福、创造幸福的能力。学校大力推进"经典诵读""写字育人""童声合唱""花样跳绳"等课程,成立"科普讲堂""生态农场""编织粤秀""迷你网球""魅力地壶"等社团,社团成员先后在全国、省、市、区各类比赛中获得殊荣,其中经典诵读美文大赛连续三年在区获得一等奖;童声合唱获区比赛中多次获得一等奖并代表区参加市比赛荣获二等奖;2016 年 4 月全国跳绳联赛(哈尔滨分站赛)获得 25 金 17 银 7 铜;2016 年 7 月全国跳绳联赛总决赛获得 6 金 19 银 9 铜;网球比赛曾获得广州市单、双打冠军,全国双打冠军;2016 年 12 月获得大梅沙杯香港地壶球公

开赛混合组第一名。学校特色初显，为课程发展注入强劲动力。

（五）地域资源丰富，为课程发展提供有利条件

学校邻近的科学城，是广州市东部发展战略的中心区域，也是广州市发展高新技术产业的示范基地，附近汇集了大量高新企业。学校的家长绝大部分是这些企业的中高层管理人员，胸襟、思维、视野较为前沿开放，对孩子成长较关注，对学校工作较支持，这也为课程发展提供了很多有利条件。

二、　学校课程发展的问题与思考

（一）教师的课程意识需进一步提高

学校教师队伍年轻，教龄短，教学经验相对不足，部分教师对基础课程的校本化、课程资源的开发利用、课程开发过程的优化、特色课程的精致化、课程目标的有效实现、学生整体素质的评价等方面缺乏研究，没有形成系统的、开放的、科学的课程意识。

（二）课程建设上缺乏系统的顶层设计

在办学 7 年多的时间里，我们取得了丰硕的办学成果。但是，在作为学校发展核心的课程建设上缺乏系统的顶层设计，特色课程很多，但无明确目标，少合理分类，缺逻辑关联，弱评价管理，学校的课程体系需要重新构建，学校课程与幸福教育理念的融合有待进一步落实等一系列问题摆在前面，这是学校内涵发展的瓶颈。

第二部分　学校课程哲学

一、　教育哲学：　幸福教育

幸福是人类的永恒追求。我们相信，教育，本身应是享受幸福的过程，同时也为人们追求幸福打下基础。为此，我校提出"幸福教育"的理念。我们把幸福教育作为培养学生的目标，即把教育当做一件幸福的事业来做，"幸福地教，幸福地学"，致力于为每一个学生打下这样的基础：有感受、理解幸福的思维，有传递、创造幸福的能力，有珍惜幸福的人格，有奉献幸福的境界，成为和谐社会里的"幸福人"。让教师享受教育的

幸福,让学生体验幸福的教育,让每一个孩子在快乐中获得幸福和成长。

我们坚信,每一个孩子都是绚丽的花朵。作为教育者,我们面对的是一个个洋溢着灿烂微笑,唱出动听歌声的孩子;是具有生命意识,具有发展潜能,具有独立个性以及社会意义的活生生的人。孩子是祖国的未来,是民族的希望,他们如灿烂娇柔的花朵,只有精心呵护,细心培养,让每一朵小花都幸福地绽放,祖国的大花园才能香气四溢、鲜花烂漫。

我们坚信,学校是一个充满人文关怀的地方。教育是生命过程的重要组成部分,是教师的生活方式,是实现教师个人价值的载体,是学生生命旅程的成长方式,也是其塑造个性,奠基人生的黄金时期。只有充满人文关怀的校园,才能还原教育的自然本色。人文关怀是以人为本的必然要求,是教育的价值诉求。在人文校园的熏染和浸润中,师生的活力被激发,潜能得到发展,学校教育不断产生新质,文化底蕴不断得以积淀。充满人文关怀的校园是师生共同成长的精神家园。为师生营造出更和谐、更温暖、更有品质、充满人文关怀的校园环境是彰显学校文化底蕴的关键,更是提升办学品位的重要标志。

我们坚信,幸福是教育的目的,也是教育的过程。我们的教育是让孩子们拥有幸福绽放的金色童年,通过教育,让孩子们拥有一种物质的、精神的、心灵的幸福生活,为孩子们终身幸福奠定基础。同时,在教育的过程中,也要适应孩子们的根本需要,使教育的过程应充满人文关怀,充满幸福感!我们将坚持以人为本,坚持德育为先,坚持能力为重,坚持全面和谐发展,坚持将培养孩子感受幸福、珍惜幸福、传递幸福、创造幸福能力贯穿于整个教育过程。

我们坚信,受教育的程度决定了一个人获得幸福的能力。我们的教育应为孩子们的物质生活幸福奠定必要基础,为孩子们的社会生活幸福打下一定基础,为孩子们的精神生活幸福打开广阔的空间。我们需要拒绝功利化教学和浮躁心态,对孩子们生命成长的尊重、呵护和关爱,我们需要培养崇尚"人文之雅,健康之乐,科学之真,思维之活,艺术之美"的幸福学子,为他们终身幸福的起航蓄能。

二、 办学理念: 幸福就像花儿一样

"清风徐来,百花盛开;芳香四溢,浸润一方;英华满园,幸福绽放"。我们陶醉于东

荟花园小学精美雅致,百花盛开,多姿多彩的校园环境之中,我们享受于温馨和谐,书声朗朗,翰墨飘香的校园文化之中……"幸福教育"是一种将幸福视为最核心和最终极价值理念的教育,它要让师生在教育的过程中创造、生成丰富的幸福资源而获得幸福,更要培养师生幸福观以及创造各种有效获得幸福的办法,培养师生理解幸福、体验幸福、创造幸福、享受幸福的能力,终生幸福。学校教育的中心应当是活生生的人,而不应当是僵硬刻板的知识,人不仅需要获得全面而丰富的知识,更需要具有完整而丰富的人性,只有这样,才会有无限的想象力、创造力和生命力,才能实现作为最终极的价值追求——获得幸福。于是,我们提出办学理念是:"幸福就像花儿一样"。我们将用爱培育学生、培养教师、培训家长、引领社区,共建幸福教育的生态圈,让学生拥有幸福的童年,让教师拥有幸福的事业,让家长拥有幸福的家庭,让社区拥有幸福的环境,让幸福就像花儿一样绽放夺目的光彩!

三、 课程理念： 缤纷童年，幸福绽放

每一个孩子都是百花园中幸福的花朵,每一个孩子都是美好的天使,是祖国的花朵、民族的希望、世界的未来。"春风绽放花千朵,时雨浸润心万颗",希望我们的教育如春风化雨,浸润、滋养每一朵花儿,让孩子们的美好童年五彩缤纷、幸福绽放。因此,我们提出如下课程理念:缤纷童年,幸福绽放。这意味着:

——**课程即个性张扬。**"幸福之花"课程主张蓬勃向上,个性张扬,特色发展的教育。19世纪著名的课程论学者斯宾塞曾说:"教育的目的是培养人的个性。"我们的教育不应该仅仅是提高孩子们的学业成绩,不应该扼杀孩子的天性和优势潜能,不应该让孩子在分数的桎梏下成为失败者,教育最成功的标志应该让孩子真正成为他自己。法国作家罗曼·罗兰曾说:"没有个性的文化是一种使人感到注定毁灭的悲剧性文化。"同样,没有个性特色的课程也是毫无生命力的课程,无法培养孩子们积极向上的鲜活个性,无法锻造"天生我才必有用"的精神脊梁;无法培育勇往直前,舍我其谁的勇气……我们开发各种能张扬学生个性、弘扬传统特色、民族特色、地方特色、学校特色并具有实践功能、蕴含德行发展的开放课程。

——**课程即审美体验。**美是能够使人们感到愉悦的一切事物,它包括客观存在和主观存在。美,有自然美、社会美和艺术美。审美,是主体以感性观照的方式对审美对

象进行直接的感性的把握。审美,既是主体发现、发掘审美对象的美的素质的过程,也是主体内心品赏、评价美的对象或对象的美,体验美在自身反映的过程。美的范围极其广泛,包括建筑、音乐、舞蹈、服饰、陶艺、饮食、装饰、绘画,等等。不断提高孩子的审美能力、创设审美情境、培养纯美品质、追求尚美精神等,真正促进与实现孩子的和谐发展,幸福绽放,从而真正开创和拥有幸福的生活和人生。

——课程即心灵绽放。课程不仅是传递知识的载体,同时也是内塑修行,滋养心境,让心灵之花得以绽放的旅程。印度灵性大师克里希那穆提在他的著作《教育就是解放心灵》中提到,教育不应该使儿童的心灵"沿着狭窄的轨道运行",进行"一种机械的生活方式或是一种心智的模式化","绽放即意味着自由,就好比植物的生长需要自由一般"。而我们的课程设置,也尽量遵循儿童心灵发展的需求,通过自由多样、生趣十足的课程内容,去充盈、拓展他们的内心,使学生的心灵得以强健丰满、积极向上、包容豁达,如春之花朵般绽放异彩。

——课程即多元发展。我们坚信,孩子都有成才的权利,都有成才的可能,因此学校课程是在为每一个孩子编织成才的梦想,为每一个孩子积蓄成才的力量,为每一个孩子开辟成才的道路。为孩子们提供适合个性发展的多元课程,将国家课程充分优化,丰富地方课程,使得校本课程常态化和精品化,作为送给孩子童年的最好礼物,促进其多元发展。让孩子们在课程的滋养下挖掘自身优势,体验快乐,多元化发展。

第三部分　学校课程目标

一、　育人目标

在"幸福就像花儿一样"的办学理念的引领下,学校把"雅乐真活美"作为育人目标。我们努力培养具有"人文之雅、健康之乐、科学之真、思维之活、艺术之美"的现代少年,具体内涵如下:

人文之雅:情趣高雅、关爱他人、爱国感恩;

健康之乐:体魄强健、自信阳光、自强不息;

科学之真:热爱科学、勤于探究、勇于实践;

思维之活:乐学向上、思维灵活、敢于创新;

艺术之美：热爱艺术、审美创美、热爱生活。

二、课程目标

育人目标往往是通过课程来达成的。为了实现我校的育人目标，我们将"幸福之花课程"目标分年级细化如下：

表 4-1　"幸福之花课程"目标细化

育人目标 ＼ 年段	低年级	中年级	高年级
人文之雅	1. 养成良好的学习习惯。 2. 求知乐学，对学习充满兴趣。 3. 明理懂礼，具备基本的礼仪和公民素养。 4. 学会沟通，学会认识自我及尊重他人。 5. 乐于开口表达，培养浓厚的英语学习兴趣，快乐说英语，大胆说英文。	1. 善于学习，勤于思考，勇于表达。初步具备独立学习、思考和分析的能力。 2. 养成读书、读报的良好习惯，并有意识地进行记忆和知识储备。 3. 举止文明，心存感恩，有互助意识，能将"仁义礼智信"传统准则内化吸收，并在日常生活中践行。 4. 形成较强的自主学习英文能力，养成良好的英文思维习惯，自信说英文，大方说英文。	1. 能进行较为深入的思考，有个人观点，并能够有条理地陈述、表达。 2. 具备较为丰富的知识储备和一定的审美情趣。 3. 初步形成个人价值观，有家国意识，尊重个性独立和个人见解，养成积极的生活态度。 4. 具有良好的英语欣赏、朗读、运用能力，培养创新精神，批判能力，流利说英文，喜欢说英文。
健康之乐	1. 提高身体素质，培养学生的体育技能。 2. 培养体育与健康的正确概念，养成良好的生活习惯和健康意识。 3. 具有关注身体和健康的意识，懂得营养、环境和不良行为对身体健康的影响。	1. 培养学生性格开朗，兴趣爱好广泛，责任心强，关心集体，热爱集体的精神。 2. 树立正确的人生观和社会观，正确理解体育活动与自尊、自信的关系。 3. 学会通过体育活动等方法强调控制情绪，形成克服困难的坚强意志品质。	1. 了解体育活动对心理健康的作用，认识身心发展的关系。 2. 学生在和谐、平等、友爱的运动环境中感受到集体的温暖和情感的愉悦。 3. 在经历挫折和克服困难的过程中，提高抗挫折能力和情绪调节能力，培养坚强的意志品质。 4. 在不断体验进步或成功的过程中，增强自尊心和自信心，培养创新精神和创新能力，形成积极向上、乐观开朗的生活态度。

续表

育人目标＼年段	低年级	中年级	高年级
科学之真	1. 观察、描述常见物体的基本特征。 2. 认识周边常见的动物和植物。 3. 知道与太阳、月球相关的一些自然现象。 4. 知道简单工具的功能和使用方法。	1. 初步了解植物体和动物体的主要组成部分，知道动植物的生命周期。 2. 初步认识人体的主要生命活动。 3. 知道设计包括一系列步骤，完成一项工程设计需要分工与合作，需要考虑很多因素。	1. 初步了解常见的物质的变化。 2. 初步认识人体的主要生命活动和人体健康。 3. 知道太阳系及宇宙中一些星座的基本概况。 4. 了解技术是人们改造周围环境的方法，工程是依据科学原理设计和制造物品，解决技术应用的难题，创造丰富多彩的人工世界的一系列活动。
思维之活	1. 对身边与数学有关的事物有好奇心，能参与数学活动。 2. 在观察、操作等活动中，能提出一些简单的数学猜想，表达自己的想法。 3. 经历简单的从实际生活抽象出数学知识的活动，掌握简单的数学技能。	1. 主要通过数学名家的故事、数学简史、经典数学问题等课程内容，"品味数学文化，初建数学思想"。 2. 经历简单的数学活动，会独立思考问题，能从简单的情境中发现与数学有关的问题。 3. 在他人的鼓励和引导下，体验克服困难、解决问题的过程，相信自己能学好数学。	1. 突出数学的工具性和实用性，引导学生学会把简单的生活问题抽象成数学问题。"活用数学思维，开启智慧人生"。 2. 在观察、实验、猜想、验证等活动中，发展合情推理能力，能进行有条理的思考。 3. 经历与他人合作交流解决问题的过程，尝试解释自己的思考过程。 4. 初步养成乐于思考、勇于质疑、言必有据等良好品质。
艺术之美	1. 培养动手制作的兴趣、锻炼想象能力及创作能力。 2. 丰富情感体验、培养对艺术的热爱、对生活的积极乐观态度。	1. 作品内容丰富、富有生活情趣、有初步创新意识。 2. 培养创新性思维、提高艺术审美能力，陶冶高尚情操，对艺术有所追求。	1. 提高想象力和创造力、提高审美意识和审美能力。 2. 增强对大自然和人类社会的热爱及责任感。 3. 尊重艺术、理解多元文化。 4. 培养艺术兴趣，树立终身学习的愿望。

第四部分　学校课程体系

一、课程逻辑

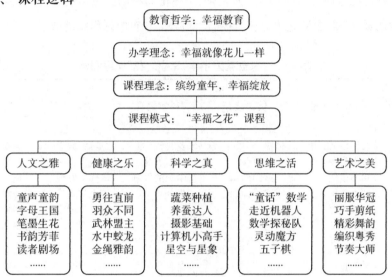

图 4‑1　课程逻辑图

二、课程结构图

图 4‑2　课程结构图

三、 课程图谱与设置

（一）课程图谱

"幸福之花课程"具有多元化、儿童化、个性化的特质。为实现"人文之雅、健康之乐、科学之真、思维之活、艺术之美"课程建设目标，我校的课程图谱如下：

表4-2　东荟花园小学"幸福之花"课程图谱

幸福课程 年级	人文之雅	健康之乐	科学之真	思维之活	艺术之美
一年级	"铅"言"铅"语 童声童韵 知书达理 妙语连珠 礼仪教育 趣味字母 字母王国	体能 勇往直前 别开绳面 三防小知识	农业科普 科学幻想画 科学家的故事 垃圾分类	"童话"数学 纸造世界 等你来发现 创意拼搭 解谜小能手	灵动节奏 经纬印染 趣味唱游 美诗吟唱 实物拓印 木刻年画
二年级	横平竖直 粤语课堂 公民教育 花心丝语 童声童韵 动感童谣	体能 动感啦啦 捷足先登 人身安全小知识	蔬菜种植 小小气象家 奇妙的实验 探索自然	趣妙数学 举一反三 数学汇展 五子棋 趣味九宫格	节奏大师 泥板纹饰 童趣绘声 粤味童谣 创意捏塑 泥条盘筑
三年级	笔墨生花 诗意达人 节庆传统教育 撷英采华 趣味拼读 拼读世界	体能 羽众不同 魅力地壶 心理健康	园林之美 创意设计 膳食营养 循迹小车 养蚕达人	数学大观园 数学探秘队 玩转数字 神奇的数学魔术 生活中的数学	越舞越爱 奇异民居 魅力古典 趣味创编 编织粤秀 广彩天地
四年级	书韵芳菲 荟诗·诗汇 感恩教育 舌辩群儒 读者剧场 剧场达人	体能 活力篮球 武林盟主 应急能力	科普讲堂 生活中的地理 观鸟 小科学家（生物类） 摄影基础	数学万花筒 趣味数学 快乐数独 玩转二十四点 灵动魔方	精彩舞韵 鸟语花香 京韵十足 多彩乡音 实验水墨 笔走龙蛇
五年级	翰墨飘香 童心童诗 品质教育	体能 水中蛟龙 青出于蓝	神奇百草 身边的发酵食品 计算机小高手	荟用数学 思维对对碰 数学大求真	多彩和声 巧手剪纸 流行流唱

续表

年级 \ 幸福课程	人文之雅	健康之乐	科学之真	思维之活	艺术之美
五年级	遇言不止 绘声绘话 七彩绘本	认识自我	小科学家（物理类） Arduino 创意机器人	走近机器人 数学达人	粤韵风华 纸浆艺术 璀璨灯饰
六年级	落笔生风 课本剧社 口吐莲花 励志教育 韵文诵读 美文美读	体能 你来我网 金绳雅韵 了解自我	工程与制作 蓝天飞梦 无线电测向 小科学家（化学类） 星空与星象	玩转数学 理财小能手 阶梯数学	绘声荟唱 变废为宝 戏剧魅影 舞动青春 丽服华冠 Fashion show

（二）各年级课程设置

根据各课程的学科特点，在尊重学生认知规律、课程内容遵循从易到难，由浅入深，循序渐进原则的基础上，"幸福之花"课程力争系统、科学的设置各年级课程。具体设置如下：

表 4-3　一年级课程设置表

课程维度	课程安排	课程内容
人文之雅	上学期 "铅"言"铅"语（必修）	培养学生正确书写的姿势，学会运用"一拳一尺一寸"调整坐姿。掌握汉字基本笔画的书写方法，初步了解汉字基本的字形结构。
	童声童韵（选修）	了解古诗或诗人背后的故事，更好地理解和诵读古诗。并通过诵读经典，增加一年级学生的识字量。
	礼仪教育（必修）	利用班队会时间对中华传统礼仪进行讲解，使学生知礼懂理，具备基本的礼仪修养。
	趣味字母（选修）	通过音、视频资源的导入，植入各类游戏和操作，利用比赛、游戏、表演、操作和绘画等形式学习 26 个字母的音和形。
	下学期 "铅"言"铅"语（必修）	进一步巩固正确书写的姿势，熟练掌握握笔技巧。初步习得汉字基本笔画的书写方法，了解汉字基本的字形结构。
	妙语连珠（选修）	以分享为目的，激励学生表达欲望，同时用文字书写真情实感，鼓励学生表达自我。

续表

课程维度	课程安排		课程内容
人文之雅	下学期	礼仪教育（必修）	利用班队会时间对日常生活中常见的礼仪进行讲解，使学生能够掌握其使用的环境及方式。
		字母王国（选修）	趣味字母故事动画或经典绘本的引入，带领学生理解故事的内容，强化每一个字母的音、形。
健康之乐	上学期	体能	队形队列跳绳基本动作。
		勇往直前	趣味田径基本玩法。
	下学期	别开绳面	花式跳绳的基本脚步。
		三防小常识	防火防水防电。
科学之真	上学期	农业科普（上）（必修）	1. 常见农作物介绍。 2. 农业工具和机械介绍。 3. 农业先进科技介绍。 4. 农业种植与时令介绍。
		科学幻想画（选修）	1. 科幻画欣赏。 2. 科幻画创作。 3. 优秀科幻画展示。
		科学家的故事（选修）	认识 15 位世界著名科学家。
	下学期	农业科普（下）（必修）	1. 常见农作物介绍。 2. 农业工具和机械介绍。 3. 农业先进科技介绍。 4. 农业种植与时令介绍。
		垃圾分类（选修）	常见垃圾分类方法。
思维之活	上学期	"童话"数学（上）（必修）	通过读绘本，借助绘本中的情景，更好地帮助学生理解一些与生活相关的数学问题。（10 课时）
		纸造世界（选修）	教会孩子折纸的基本折法与记号，学习简单形象的动物折纸，认识基本的几何图形。（15 课时）
		等你来发现（选修）	探寻数学里面有趣的规律，如数字的规律、图形的规律、计算方法的规律。（15 课时）
	下学期	"童话"数学（下）（必修）	站在儿童的角度读数学，通过童话故事的形式让儿童爱上数学、亲近数学。（10 课时）

续表

课程维度	课程安排		课程内容
思维之活	下学期	创意拼搭（选修）	使用七巧板和立体图形进行创意拼搭,培养学生的空间想象能力和创造力。(15 课时)
		解谜小能手（选修）	根据一年级学生已学过的数学知识,结合生活经验,以小组合作的方式,解答有趣的数学谜题,提高学生对数学学习的兴趣。(15 课时)
艺术之美	上学期	灵动节奏	乐理常识、基本节拍、认识课堂打击乐种类、正确使用打击乐器。
		经纬印染	体验不同的折叠、印染的技能,感受图形形态的千变万化。
		趣味唱游	把音乐符号化为富有情绪的生动形象的游戏,在玩中学、在学中游。
	下学期	美诗吟唱	通过吟唱古诗文,培养和激发学生用音乐语言传承和热爱祖国经典文化的情感。
		实物拓印	利用物体切面纹理进行涂色印染绘画,感知物体纹理的奇妙。
		木刻年画	掌握制版技术,学会拓印方法。

表 4-4　二年级课程设置表

课程维度	课程安排		课程内容
人文之雅	上学期	横平竖直（必修）	培养学生养成规范的写字姿势,教授基本笔画,感知汉字结构的美。
		粤语课堂（选修）	学习日常粤语对话：问候用语、就餐用语、购物用语,了解粤语歌谣、粤语故事、粤剧等,了解本土文化。
		公民教育（必修）	利用班队会时间讲解基本的安全常识、法治常识、环保常识。
		童声童韵（选修）	英文儿歌集锦,学唱充满童趣的英文儿歌,体会英文儿歌的韵律节奏。
	下学期	横平竖直（必修）	巩固写字姿势,教学汉字基本笔画,感知汉字的形态之美。
		花心丝语（选修）	介绍常见的花卉及其传说故事,对古代诗句中常见花的诗句、含义进行讲解。学会描述花的形状、颜色、生长习性,进行简单练笔。
		公民教育（必修）	利用班队会时间进一步深化基本的安全教育、法治教育、环保教育。
		动感童谣（选修）	学习经典英文童谣,听、读、诵、唱经典的英文童谣,带有童真地去表演、吟唱英文童谣。

课程维度	课程安排		课程内容
健康之乐	上学期	体能	身体协调性练习　速度跳绳。
		动感啦啦	啦啦操的基本动作。
	下学期	捷足先登	足球的基本规则和传接球。
		安全常识	个人卫生和食品安全。
科学之真	上学期	蔬菜种植（上）（必修）	1. 蔬菜栽培史的介绍。 2. 劳动工具的介绍。 3. 蔬菜品种的特点。 4. 常见蔬菜的种植（生菜、油菜花、萝卜、黄瓜、番茄等）。 5. 蔬菜收获、分享交流会。
		小小气象家（选修）	1. 气象对人类生活的影响与作用。 2. 常见的天气现象。 3. 观测气象的方法与技巧。 4. 认识常见的气象灾害。
		走进自然（选修）	1. 身边的植物和动物。 2. 自然界的水。 3. 我们与空气。 4. 低碳校园。
	下学期	蔬菜种植（下）（必修）	1. 蔬菜栽培史的介绍。 2. 劳动工具的介绍。 3. 蔬菜品种的特点。 4. 常见蔬菜的种植（生菜、油菜花、萝卜、黄瓜、番茄等）。 5. 蔬菜收获、分享交流会。
		奇妙的实验（选修）	生活中 15 个有趣且简单的科学实验（如：自制汽水、水往高处走、小小喷泉、坚固的"桥"、"吃醋"的种子、鸡蛋玻璃杯等）。
		探索自然（选修）	1. 找找校园小动物的"家"。 2. 养盆栽。 3. 水和空气的一些实验。
思维之话	上学期	趣妙数学（上）（必修）	以教材的"你知道吗？"和活动课为主，比如在学完《认识时间》介绍古代的计时工具，学完《认识长度》的开展"小测量家"等。（10 课时）
		举一反三（选修）	根据教材学习进度，对每一个重要知识点进行一例三练，让孩子学会举一反三。（15 课时）
		数学汇展（选修）	通过介绍数学幽默、数学趣题以及数学故事等，学生以此为素材选定主题进行手抄报创作。（15 课时）

续表

课程维度	课程安排		课程内容
思维之话	下学期	趣妙数学（下）（必修）	以教材好玩的知识点为主，比如在学习《万以内数的认识》时介绍神奇的算盘相关知识，学完《图形的运动》开展"小小设计师"等。（10课时）
		五子棋（选修）	介绍五子棋的由来以及发展历史，讲解五子棋的规则和技巧。（15课时）
		趣味九宫格（选修）	介绍九宫格的起源、规则以及基本技巧，提高学生的逻辑推理能力。（15课时）
艺术之美	上学期	节奏大师	能用打击乐为歌曲伴奏、小合奏、大合奏。
		泥板纹饰	认识浮雕，能用泥条、泥块表现有前后层次、凹凸起伏的雕刻技法。
		童趣绘声	运用画图的方式，把学到的歌曲用画笔把它描绘出来。
	下学期	粤味童谣	学习广东地区童谣，了解广州地域方言性及历史文化。
		创意捏塑	学习用捏、压、雕、塑、刻等方法制作立体小动物。
		泥条盘筑	学习泥条盘筑方法，创作立体器皿作品。

表 4-5　三年级课程设置表

课程维度	课程安排		课程内容
人文之雅	上学期	笔墨生花（必修）	了解汉字形体及造字文化，解读汉字间架结构，并针对规范楷书进行临摹、仿写。
		诗意达人（选修）	懂得什么是吟诵，体会吟诵之美。能够吟诵6首古诗，学会自行吟诵1首古诗。
		节庆传统教育（必修）	利用班队会对我国传统的节庆进行介绍，讲解节庆日的来历及习俗，让学生从另一个角度了解我国传统历史文化。
		趣味拼读（选修）	了解自然拼读概念，通过观看拼读视频、系列书籍等渠道系统学习自然反间计，包括字母发音、长短元音、字母组合、辅音连缀。
	下学期	笔墨生花（必修）	进一步巩固对汉字形体的认识，选取自己喜爱的字体进行临摹，初步写成个人书写风格。
		撷英采华（选修）	诵读美文，品读经典，培养学生体会文字韵味，琢磨内涵深意的能力。
		节庆传统教育（必修）	利用班队会对国际重大节庆进行介绍，讲解该节庆日的来历及习俗，让学生进一步了解世界多元文化。

续表

课程维度	课程安排		课程内容
人文之雅	下学期	拼读世界（选修）	了解自然拼读的音节、重音及拼读,总结归纳有规律的相关规则。
健康之乐	上学期	体能	身体柔韧性练习　跳绳一级花式。
		羽众不同	羽毛球基本规则和打法。
	下学期	魅力地壶	地壶球的常识和玩法。
		心理健康	认识自我。
科学之真	上学期	园林之美（上）（必修）	1. 30种常见园林植物的认识。 2. 园林植物辨认。
		创意设计（选修）	1. 欣赏创意设计。 2. 画创意设计图。 3. 制作创意成品。
		膳食营养（选修）	1. 食物的消化与吸收。 2. 营养学基础知识。 3. 各类食物的营养。 4. 膳食结构和膳食指南。 5. 各类人群的膳食营养与营养配餐的原理及作用。 6. 食谱编制。 7. 膳食营养与疾病的关系。 8. 食品的污染与预防。
	下学期	园林之美（下）（必修）	1. 介绍30种常见园林植物。 2. 园林植物辨认。
		循迹小车（选修）	1. 认识循迹小车的部件和作用。 2. 组装循迹小车。
		养蚕达人（选修）	1. 认识蚕的生活周期。 2. 经历养蚕过程。
思维之活	上学期	数学大观园（上）（必修）	数学简史、名家故事、数学手抄报制作(10课时)。
		数学探秘队（选修）	行程问题、摸球游戏、数字编码(15课时)。
		玩转数字（选修）	数独、火柴游戏(15课时)。

续表

课程维度	课程安排		课程内容
思维之活	下学期	数学大观园（下）（必修）	巧数图形、逻辑推理、植树问题（10课时）。
		神奇的数学魔术（选修）	与数学相关的魔术（15课时）。
		生活中的数学（选修）	最佳策略、烙饼问题、统筹时间、抽屉原理（15课时）。
艺术之美	上学期	越舞越爱	舞蹈常识；基本训练组合练习；舞种的学习与了解；成品舞实践学习。
		奇异民居	了解岭南主要名居类型，观察其造型特点，欣赏、描绘岭南民居。
		魅力古典	了解古典音乐，欣赏古典音乐中的经典作品，并了解相关作曲家的生平。
	下学期	趣味创编	通过对简单节奏及节拍的认知，培养学生运用所学知识进行简单创编活动的能力。
		编织粤秀	绘画物体轮廓，美工刀刻宽度适中的直线，运用粤秀中的编织法进行经线与纬线的穿插。
		广彩天地	运用广彩的构图紧密、浓艳色彩在纸盘上进行描绘。

表4-6　四年级课程设置表

课程维度	课程安排		课程内容
人文之雅	上学期	书韵芳菲（写字）（必修）	1. 利用《跟胡一帆学书法》多媒体软件进行四年级上册生字学习和硬笔书写学习。 2. 写字坐姿学习。 3. 笔画笔顺学习。 4. 课文同步生字硬笔学习。
		荟诗诗汇（品诗会意、背诵、写体会）（必修）	1. 书籍：《小学生必备古诗词75首》。 2. 诵读技巧学习。 3. 重点诗歌赏析。 4. 诵读汇报。
		感恩教育（必修）	利用班队会时间让学生知道在自己成长的过程中有多少人付出了努力和关爱，学会感恩，进而用实际行动表达自己的感恩之情。

课程维度	课程安排		课程内容
人文之雅	下学期	读者剧场（选修）	通过听读模式的训练,积累语言文字、声音符号,使学生获取文本丰富有趣的信息,培养学生学习英语的积极情感。
		书韵芳菲（写字）（必修）	1.《跟胡一帆学书法》多媒体软件进行四年级下学期生字学习和硬笔书写学习。 2. 写字坐姿学习。 3. 笔画笔顺学习。 4. 课文同步生字硬笔学习。
		舌辩群儒（论辩演说）（选修）	1. 论辩技巧。 2. 10个辩题：专题一：小学生上网吧是利多还是弊多？专题二：严父出孝子对吗？专题三：小学生是否应当有广泛的课余爱好？专题四：小学生可不可以读漫画？专题五：课余爱好有助于学习成绩的提高还是有碍于学习成绩的提高？专题六：小学生是否适合带手机？专题七：小学生要不要春游？专题八：有了电脑,小学生还需不需要练字？ 3. 检测方式：平时的课堂评价和期末的汇报成果展示。
		感恩教育（必修）	利用班队会时间让学生知道在自己成长的过程中有多少人付出了努力和关爱,学会感恩,进而用实际行动表达自己的感恩之情。
		剧场达人（选修）	基于四年级上册读者剧场的提高及升华,注重学生的创新和表演。
健康之乐	上学期	体能	身体灵敏练习　跳绳双飞跳。
		活力篮球	篮球的基本知识和技能。
	下学期	武林盟主	学习五步拳。
		应急能力	紧急疏散。
科学之真	上学期	科普讲堂（上）（必修）	1. 科技创新类的讲座。 2. 3D打印技术。 3. 科普故事的创作。 4. 科技小论文的撰写等。
		生活中的地理（选修）	1. 地理与气象。 2. 地理与衣食住行。 3. 地理与防灾。 4. 地理与实践。 5. 地理与天文历法等。
		观鸟（选修）	1. 认识观鸟的历史和意义。 2. 认识鸟类的名字。

续表

课程维度	课程安排		课程内容
科学之真	下学期		3. 用望远镜观察鸟类。 4. 分享交流汇报。
		科普讲堂（下）（必修）	1. 科技创新类的讲座。 2. 3D打印技术。 3. 科普故事的创作。 4. 科技小论文的撰写等。
		小科学家（生物类）（必修）	1. 使用显微镜。 2. 使用显微镜观察标本。 3. 制作动植物临时装片。 4. 萌发种子。 5. 探究种子的成分。 6. 养殖小虾。
		摄影基础（选修）	1. 相机的历史、组成、原理等基础知识。 2. 景别和角度，摄影构图的要领。 3. 室外实践。 4. 学生作品构图评析。
思维之活	上学期	数学万花筒（上）（必修）	数学家故事，小统计家，小神算手，数学日记等内容。（10课时）
		趣味数学（选修）	有趣的规律，数字谜，神奇的数学符号，神奇的速算法等。（15课时）
		快乐数独（选修）	课程设置为：认识数独，唯一解法技巧，基础屏蔽法技巧，区块屏蔽法技巧，唯余解法技巧。（15课时）
	下学期	数学万花筒（下）（必修）	平面几何的变换、三维空间的变换、调查统计、鸡兔同笼问题、设计营养午餐，等等。（10课时）
		玩转二十四点（选修）	二十四点游戏的来历及规则介绍、基础篇（用1~10这40张牌）、提高篇（除去大小王剩下的52张牌）、解题技巧汇总、练习篇。（15课时）
		灵动魔方（选修）	魔方概况、魔方的类型和形式、魔方公式符号说明、魔方基本术语与玩法介绍、三阶魔方复原步骤、三阶魔方复原练习、魔方高级玩法介绍，等等。（15课时）
艺术之美	上学期	精彩舞韵	各民族舞蹈的学习、创编。
		鸟语花香	掌握写意花鸟的用笔方法和笔墨变化能力、状物能力、抒情表现能力及造境能力，提高水墨语言的表现力。

续表

课程维度	课程安排		课程内容
艺术之美	上学期	京韵十足	学习国粹,了解我们"国粹艺术"的人文价值,学唱经典曲目,学习京韵动作。
	下学期	多彩乡音	学习民族歌曲,感受不同民族民歌的韵味。
		实验水墨	在水墨中加盐、洗衣粉感受水墨的纹理变化。以做实验的心态玩水墨。
		笔走龙蛇	学会临帖,能把帖中范字的用笔、结构特点临写到位,并能感受、表现其中趣意。

表4-7 五年级课程设置表

课程维度	课程安排		课程内容
人文之雅	上学期	翰墨飘香（必修）	硬笔书法笔法结构。
		童心童诗（必修）	儿童诗欣赏与创作。
		品质教育（必修）	利用班队会时间使学生理解什么是诚实守信,什么是坚忍不拔,懂得诚实守信、坚忍不拔等品质是中华民族的传统美德,也是我们每个少年儿童立身做人的基本道德准则,做一个诚实守信、有毅力之人。
		绘声绘话（选修）	阅读和赏析经典有趣英文绘本,让学生在感受语言、分享阅读、小组角色演绎等活动中逐步提高阅读兴趣和自主阅读能力。
	下学期	翰墨飘香（必修）	硬笔书法笔法结构。
		遇言不止（必修）	小学生演讲与口才。
		品质教育（必修）	利用班队会时间使学生理解什么是诚实守信,什么是坚忍不拔,懂得诚实守信、坚忍不拔等品质是中华民族的传统美德,也是我们每个少年儿童立身做人的基本道德准则,做一个诚实守信、有毅力之人。
		七彩绘本（选修）	学习、赏析优秀绘本,创作主题绘本,让学生在赏析、改编、创作绘本的过程中提高语言运用能力,提升创新、想象力与合作能力。

续表

课程维度	课程安排		课程内容
健康之乐	上学期	体能	身体上肢力量练习 跳绳双人合作跳。
		水中蛟龙	蛙泳的基本动作。
	下学期	青出于篮	篮球的规则和传接球。
		认识自我	学会合作和信任。
科学之真	上学期	神奇百草（上）（必修）	1. 草药的发展历史。 2. 认识中草药的名称。 3. 认识中草药的特征及用途。 4. 种植常见的中草药。 5. 中草药的采集和加工。
		身边的发酵食品（选修）	1. 发酵食品的历史。 2. 发酵的原理。 3. 制作常见的发酵食品（面包、米酒、果醋、泡菜、酸奶等）。 4. 分享交流会。
		计算机小高手（选修）	1. 基本软件的认识与学习。 2. 文字输入。 3. 电脑绘画。 4. 网页设计。 5. 利用 office 软件制作作品。
	下学期	神奇百草（下）（必修）	1. 中草药的发展历史。 2. 认识中草药的名称。 3. 认识中草药的特征及用途。 4. 种植常见的中草药。 5. 中草药的采集和加工。
		小科学家（物理类）（选修）	1. 神奇的磁铁。 2. 螺旋桨转起来了。 3. 小灯泡亮了。 4. 组装红绿灯。 5. 小车动起来了。
		Arduino 创意机器人（选修）	1. 智能 LED 系列-关于 Arduino 的基础知识。 2. 智能风扇系列-关于 Arduino 基础知识的强化与深入。 3. 智能小车系列-关于 Arduino 机器人的综合运用。
思维之活	上学期	荟用数学（上）（必修）	小数点计算营、设计公平游戏、用方程解决问题等与生活的数学问题。（10 课时）
		思维对对碰（选修）	基于课本内容的思维拓展训练。（15 课时）

续表

课程维度	课程安排		课程内容
思维之活	上学期	数学大求真（选修）	基于数学故事或生活疑问的数学求真,求证。(15 课时)
	下学期	荟用数学（下）（必修）	设计新包装;生活大调查、数学小应用,小模型的建构。(10 课时)
		走近机器人（选修）	以机器人结构设计、模块编程为平台的思维、逻辑、创新训练。(15 课时)
		数学达人（选修）	挑战数学难度,拓展思维训练。(15 课时)
艺术之美	上学期	多彩和声	多声部五线谱的认谱学习;视唱练耳练习、单音、音程、和弦的听唱;声部练习、和弦构唱、模唱;旋律模唱;合唱中的起声、循环呼吸、二部和声的配合。
		巧手剪纸	学习分色剪纸、套色剪纸、染色剪纸、阴剪阳剪的基本方法。
		流行流唱	了解通俗歌曲、当代歌曲的唱法、曲种;学习当代音乐的流行走向。
	下学期	粤韵风华	学习当地(广州)音乐文化,了解粤剧。
		纸浆艺术	利用废旧纸做成纸浆,染上缤纷色彩进行粘贴造型。
		璀璨灯饰	选择合适的纸材,运用适当的装饰手法美化灯饰。

表 4-8　六年级课程设置表

课程维度	课程安排		课程内容
人文之雅	上学期	落笔生风（必修）	楷书和行书笔画结构布置的学习。
		课本剧场（选修）	编排小学的课本剧。
		励志教育（必修）	利用班队会时间使学生明白学习要靠勤奋,要有正确的学习态度,奋力拼搏,努力学习,争取取得好成绩。
		韵文诵读（选修）	了解英文韵律节奏,通过 Jazz chant 及经典英文动画英语片段的学习和朗读,培养学生英文朗读的韵律感。
	下学期	口吐莲花（必修）	口才与演讲的训练。

续表

课程维度	课程安排		课程内容
人文之雅	下学期	美文美读（选修）	经典著作的阅读与赏析。
		励志教育（必修）	利用班队会时间使学生明白学习要靠勤奋,要有正确的学习态度,奋力拼搏,努力学习,争取取得好成绩。
		美文美读（选修）	了解升降调,意群、气群、停顿规律,带有丰富感情色彩美美地读经典诗歌、短文。
健康之乐	上学期	体能	身体下肢力量练习　跳绳三人合作跳。
		你来我网	网球的基本规则和传接球。
	下学期	金绳雅韵	跳绳交互绳和8字跳法。
		了解自我	心理抗压能力学习。
科学之真	上学期	工程与制作（上）（必修）	1. 介绍世界著名桥梁工程。 2. 制作桥梁模型。
		蓝天飞梦（选修）	1. 介绍航模的部件以及作用。 2. 滑翔机制作。 3. 四轴飞行器航拍。
		无线电测向（选修）	1. 无线电测向基础知识。 2. 无线电测向实践。
	下学期	工程与制作（下）（必修）	1. 介绍世界著名建筑工程。 2. 制作建筑模型。
		小科学家（化学类）（选修）	1. 化学实验基本操作规范。 2. 认识常用化学仪器,化学药品。 3. 15 个化学实验。
		星空与星象（选修）	1. 介绍宇宙有关知识。 2. 介绍星象。 3. 观察星象。
思维之活	上学期	玩转数学（上）（必修）	1. 合理运用运算定律,准确简捷的计算分数、小数四则混合运算。培养学生的数感,掌握计算中的一些数的技巧。(2 课时) 2. 分率与百分率比:灵活运用知识解决有关分率和百分率的实际问题。(3 课时) 3. 工程问题、行程问题、分段问题、复合问题。(3 课时) 4. 圆以及组合图形的面积。(2 节课)

续表

课程维度	课程安排		课程内容
思维之活	上学期	理财小能手（选修）	捕捉生活中的数学现象，挖掘数学知识的生活内涵，解读小学数学与生活中的理财知识的内在联系，让学生从小树立生活理财的观念，培养学生理财的能力。
		玩转数学（下）（必修）	课本基础上的拓展训练： 1. 生活中的百分数。（2课时） 2. 圆柱与圆锥。（3课时） 3. 比例。（3课时） 4. 鸽巢问题。（2课时）
	下学期	阶梯数学（选修）	小升初衔接数学知识： 1. 数系扩张有理数。（4课时） 2. 代数式。（2课时） 3. 发现规律。（2课时） 4. 一元一次方程。（2课时） 5. 概率初步。（2课时） 6. 几何初步。（2课时） 7. 生活中的数学。（1课时）
艺术之美	上学期	绘声荟唱	合唱声部的发声练习，多部发声练习；三人及二人的多声部练习；小组卡农演唱练习。
		变废为宝	欣赏以环保为主题的海报、学习设计方法，应用废旧材料制作一件环保小工艺品。
		戏剧魅影	欣赏音乐剧形式电影，了解音乐剧的剧种，编写小剧本。
	下学期	舞动青春	参与音乐剧排练，了解音乐风格的编配。
		丽服华冠	利用各种不同的彩纸通过折、剪、贴制作立体帽子。
		Fashion show	以绘画的形式，创作不同款式的服装。

第五部分　学校课程实施

　　学校课程实施的主要阵地在课堂。我校"幸福之花"课程实施的主要途径是在"幸福课堂"。"幸福课堂"是追求高雅的课堂。课堂遵循教育规律和学生成长规律，大力弘扬中华优秀传统文化，推动社会主义核心价值观进教材、进课堂、进头脑，在课堂中培养学生高尚的道德情操，扎实的中华文化底蕴，开阔的国际视野。"幸福课堂"是崇尚健康的课堂，健康第一，快乐至上。拥有强健的体魄和健康的身心，才能体验到快乐，感受到幸福。"幸福课堂"让学生在运动中锻炼身体，愉悦身心，体验成功，获得自信；在课堂上学会与人相处，学会与同伴合作，努力营造健康、轻松的学习氛围。"幸福课堂"是探寻真理的课堂。课堂以学生为主体，通过自主、合作、探究的学习方式与启发、讨论、参与的教学方式，培养学生扎实的科学文化素养，激发学生热爱学习，勤于思考，勇于实践，大胆创新，不断追寻科学真理。"幸福课堂"是享受美丽的课堂。美，无处不在，建筑、音乐、舞蹈、服饰、陶艺、饮食、装饰、绘画……处处蕴含着美。幸福课堂是引导学生关注美，提高审美情趣，不断追求美、享受美的课堂。真正促进与实现孩子们的和谐发展，绽放幸福。

此外，学校以活动作展示，"必""选"并举，促进"幸福之花"课程全面落实，为孩子的全面发展提供一些展示的舞台，也给孩子的个性张扬提供一些机会。

一、"人文之雅"课程实施

培养学生"听、说、读、写"四种基本技能是语文教学的永恒目标。在《语文课程标准》中对"听、说、读、写"四方面有着明确而具体的训练目标。结合课程建设目标，"人文之雅"课程实施的总体指导思想是：将写字教学、经典诵读教学、"六育"并举课程教学融会贯穿在六年的小学学习中。其中，写字教学将在低年段开设"翰墨书韵"课程，注重培养学生能按笔顺规则用硬笔写字，书写规范汉字；在中年段设置"笔墨生花""书韵芳菲"两门课程，让学生初步了解汉字形体的发展演变过程；在高年段开设"翰墨飘香""笔落生风"两门课程，主要围绕书写的形体和速度展开教学。而经典诵读教学则在低年段主要侧重于通过故事、童谣培养学生们的学习兴趣；在中年段设置"诗意达人""撷英采华""荟诗·诗汇"三门课程，以经典诗词文汇学习为主；在高年段开设"美文美读""童心童诗""遇言不止""课本剧社""口吐莲花"几门课程，让学生进一步感受文字之美。"六育"并举课程则在低年段侧重使学生了解在校的文明礼仪；在中年段，主要表现为节庆传统教育和感恩教育；在高年段，主要体现为品质教育和励志教育。

（一）写字教学课程实施办法

低年段的"翰墨书韵"课程，以教师示范和学生练习为主，辅助以胡一帆老师的在线教学软件,使学生在掌握汉字的基本笔画和常用的偏旁部首书写要诀的基础上,能按笔顺规则用硬笔写字,并注意其间架结构,初步感受汉字的形体美,书写规范汉字。

中年段所设置的"笔墨生花""书韵芳菲"两门课程,从讲解"六书"造字法入手,让学生知晓所学汉字的来历,初步了解汉字形体的发展演变过程,欣赏甲骨文、金文、篆书、草书等字体,培养对汉字学习浓厚的兴趣,养成主动识字的习惯,初步养成通过字形分析字义的能力。在强调正确写字姿势和良好书写习惯的基础上,以《庹氏回米格字帖》为主要教材,辅助以胡一帆老师的在线教学软件,强调对字形的间架结构的观察与模仿。

高年段开设"翰墨飘香""笔落生风"两个课程,主要围绕书写的形体和速度展开教学。以《庹氏回米格字帖》为主要教材,辅以胡一帆老师的在线写字软件,通过对字形构架的深入讲解与归类,培养学生较强的独立观察及书写能力,使其掌握基本的左右、上下、半包围等字形结构的书写方式。硬笔书写楷书时,能够做到行款整齐,美观得体,有个性风格,并有一定速度。初学软笔书写,掌握基本笔画的书写要诀。

(二)经典之旅课程实施办法

低年段的经典诵读教学主要侧重于培养学生们的学习兴趣,通过一个个生动丰满的故事,一句句朗朗上口的童谣,将孩子们引入经典的殿堂。所开设的"童声童韵""粤语学堂"课程,分别从经典儿童韵文《弟子规》《千字文》《读百诗 识千字》和富有地方特色的粤语读本中,让孩子们感受经典的魅力。借助于多种形式的背诵和表演,让经典之韵深入孩子们的内心。此外,"妙语连珠"与"'花'心私语"两课,在阅读经典作品的基础上,进行说、写练习,旨在提升低年段儿童的表达、写作能力,并为其后续的学习发展奠定基础。

中年段的国学经典课程以经典诗词文汇为主,设置"诗意达人""撷英采华""荟诗·诗汇"三门课程,诵读内容涉及《读百诗 识千字》《增广贤文》《日有所诵》《读百家诵千言》等。每年四月份的读书节主题活动月,也成为了经典诵读课程成果展示的舞台。以往的读书节展演中,各班或读或演,曲艺结合,用形式多样的演出呈现孩子们在经典诵读学习中的收获。

高年段开设"美文美读""童心童诗""遇言不止""课本剧社""口吐莲花"几门课程,让学生在进一步接触经典句段,感受文字之美的同时,也可以有所表达,展露才思。

"美文美读"，主要通过阅读经典的散文诗歌，加深学生对语言文字的理解；"童心童诗"则侧重于儿童诗，引导学生读诗作诗，争当小诗人；"遇言不止""口吐莲花"均是以读为基础，开展互动交流，促使智慧生发；"课本剧社"是将经典搬上舞台，用更加多元的艺术形式展示经典魅力。

（三）"六育"并举课程实施办法

我校从一至六年级设置了"六育"并举课程，具体包括：礼仪教育、公民教育、节庆传统教育、感恩教育、品质教育和励志教育六大方面。

在低年段，我校将充分利用班队会、校园节日等活动形式，使学生充分了解在校的文明礼仪，具体包括称谓礼仪、问候礼仪、就餐礼仪、着装礼仪、尊师礼仪、交往礼仪、升旗礼仪、活动礼仪等。与此同时，我校将结合《小学生日常行为规范》，通过开展地震逃生演练、火灾逃生演练等多种活动形式对学生进行公民教育，具体而言，包括安全教育、法治教育、环保教育和习惯养成等内容，使学生学习基本的安全常识、法治常识、环保常识，培养学生养成良好的行为习惯和学习习惯。

在中年段，我校的"六育"并举课程主要表现为节庆传统教育和感恩教育。我校利用班队会、校园活动等形式向学生介绍我国传统的节庆，讲解节庆日的来历及习俗，让学生从另一个角度了解我国传统历史文化，并向学生介绍国际重大节庆，讲解该节庆日的来历及习俗，让学生进一步了解世界多元文化。与此同时，我校充分利用"三八"妇女节、教师节等节庆日，通过开展校园活动让学生知道在自己成长的过程中有多少人付出了努力和关爱，学会感恩，并学会用自己的实际行动表达感恩之情。

在高年段，我校的"六育"并举课程主要体现为品质教育和励志教育。我校利用班队会、晨会、校园读书节等活动形式使学生理解诚实守信的含义，体会坚持不懈、坚忍不拔的内涵，懂得"言必信，行必果""宝剑锋从磨砺出"，了解诚实守信、坚忍不拔的优良品质既是中华民族的传统美德，也是我们每个少年立身做人的基本道德准则，要做一个诚实守信、有坚忍不拔之志的人。与此同时，还对学生进行奋力拼搏、志存高远的励志教育，使学生懂得学习要靠勤奋，树立正确的学习态度，鼓励每一名学生志存高远、敢于立志、勇于拼搏。

（四）字母韵律课程实施办法

该课程以多媒体资源和字母故事动画游戏为媒介，对一、二年级的英语口语教材进行校本开发,根据学生的实际情况适当增减内容,以课外经典英文童谣的音频材料为媒介,由学生对童谣进行演唱和表演输出学习内容。该课程会利用学校读书节英语科的学科竞赛为契机,例如优选最佳童谣演唱达人或最佳童谣演唱小组参加学校组织的英文儿歌演唱比赛,在学校读书节展演活动中进行展示。

在低年段设立的"字母的音形"和"吟唱韵律童谣"的课程,有利于激发孩子学习英语的兴趣,初步奠定学生听、说、读的基础,增加启蒙英语的学习乐趣,提升自然习得英语的能力。该年段课程以多媒体资源、字母卡片游戏为媒介,以声频和音频的视听冲击为导入,师生的互动游戏为过渡,引导学生动手操作,上台表演。在常规的实施中,教师根据每一节课字母的学习需求呈现相关的音频或视频,通过字母操表演,字母接龙,字母涂鸦等操作形式,使得学生在教师的带领下轻松愉快地习得字母的音、形。对于英文儿歌童谣采用边听边练,开火车轮唱、个别展示、小组演唱等相结合的形式,分成个体、小组合作和同伴互助合作来完成各项活动,学唱英文儿歌,做英语游戏,体会英语韵律之美,表演英文儿歌。

（五）拼读剧场课程实施办法

该课程以拼读动画视频和书籍为媒介,以动画视频及自然拼读教材的学习为输入,教师的字母拼读教学示范为引导,学生利用拼读规律进行拼读单词为输出。读者剧场则以将演贯穿于课堂的始终,把阅读材料完整通过 Drama 的形式进行演绎、重现。该课程利用学校读书节英语科的学科竞赛为契机,例如班级组织自然拼读大赛,在竞赛中抢答拼读单词,看谁能拼读单词最多最准确,在学校读书节展演活动中进行全班比拼。也可以通过制作海报总结自然拼读,在英语展板上展示。读者剧场课后可以创编再展示,学生以小组为单位,在原阅读材料的基础上,创编新的故事剧本,组内分角色演绎出来,大家一起分享。

中年段的孩子应在字母、韵律意识已经建立的基础上利用自然拼读规律扩展词汇量,提高表达能力,通过读者剧场等方式进行训练,做到见词能读、听音能写,培养和发展听读能力、养成良好的听读习惯,自信流利表达,提高学习能力,为积累丰富的阅读量夯实基础。三、四年级中年段开设"自然拼读"课程和"读者剧场"课程。该年段课程通过音频、视频、小语篇和系列自然拼读书籍等资源的引入学习和练习,了解单词的音节、重音及拼读,培养拼读感准确拼读多音节单词。在读者剧场课程以音频和课外读本为载体，分层次灌输，利用听读技能消化阅读材料，让学生观察、思考、模仿直至表达。

（六）绘本美读课程实施办法

绘本课程以绘本阅读为载体，结合音、视频和图片演示课件等媒介进行。让学生学会阅读并欣赏英语故事，通过教师导读，学生自读，音频朗读，视频欣赏，小组齐读，小组角色扮演及展示等形式进行，启发学生思考，激发美读兴趣。学生在教师的指导下进行故事绘本创作，在班级或校园内展示。美文美读课程以课外朗读材料为媒介，利用英文的升降调、意群、气群及停顿规律进行朗读输出。学生可以录制视频或音频，保留展示记录。该课程还会利用学校读书节英语科的学科竞赛为契机，例如优选最佳美读达人或最佳美读小组参加学校组织的英文美读比赛，在学校读书节展演活动中进行展示。

高年段的孩子在中低年段音素、词汇、表达积累的基础之上，更注重阅读赏析、表达分享、演绎美读能力的提升，因此五、六年级所开设的课程目的在于激发学生对英语的感知能力和阅读兴趣，提高朗读能力，展现口语技能，接触多元课外口语素材，丰富英文表达，提升人文素养，提高学生的英语实际运用能力。五、六年级高年段开设"绘本阅读"课程和"美文诵读"课程。该年段课程首先以绘本阅读为载体，让学生学会阅读、欣赏并最终创作英语故事，通过教师导读，学生自读，音频朗读，视频欣赏，小组齐读，小组角色扮演及展示等形式进行。接下来通过优质小学英语报纸、杂志资源的引入，带领学生利用升降调，意群、气群、停顿规律朗读优美的词句语段，用带有丰富感悟色彩的语音语调美美地读经典诗歌、短文。不但提升学生的语音语调水平，也增强学生的朗读语感，从而在美文美读的氛围中自信说，流利说，喜欢说。

二、"健康之乐"课程实施

"健康之乐"系列课程由金绳计划支撑，从小学一年级开始练习跳绳，发展核心力量、腿部力量、身体的协调性，从而促进各项体育运动发展，借助校内外培训机构开展丰富的校内体育：校园足球、活力篮球、魅力地壶球、水中英雄、网罗精彩、武林盟主、羽众不同、动感啦啦操、趣味田径等项目，发展学生的兴趣爱好，增强学生体质健康，使学生学有所长、学有所乐，幸福成长。

（一）跃：突出跳绳校本特色，打造"金绳计划"，引领学校体育发展，增强学生兴趣爱好

以跳绳校本为特色，打造"金绳计划"，学校每人一根跳绳，课间跳、课上跳、课后跳、回家带动家人一起跳，全面发展学生的身体素质，增强耐力、灵活性、协调性和上下肢的力量，使学生拥有良好的身体素质基础。学校的特色体育社团使师生在活动中，一起探究体育运动、一起增强身体素质、一起健康成长。同时，学生可根据自己的兴趣爱好参加学校内的兴趣小组和校外的一些体育俱乐部，如：轮滑、武术、跆拳道、足球、篮球等活动，培养体育能力，全面发展。

（二）学：年级大课教学，分组分层，因材施教，6 年统一规划，课程生活化

体育课为"2＋1"大课形式，分年级组授课，每周三节体育课。两节为体能课和校本跳绳课，体能课是培养体育能力，发展身体素质，跳绳课为校本课程。另外一节为兴趣选修课，即六名体育教师，每人一个开展专项，由学生自行选课，根据自己的兴趣爱好选修相应的体育技能，以学生为本，因材施教，培养体育兴趣和体育能力。体育教师编写《体育知识手册》《体育安全防护手册》等校教材作为校本，增强体育知识，了解体育技能，贴近生活，增强社会适应能力。体育活动不仅有助于身体健康，也能增进心理健康。本课程十分重视通过体育活动来推动学生自我意识的发展，培养良好的意志品质和社会适应能力，提高自信心和调节情绪的能力。在教学中，要防止只重视运动技能的传授，而忽视心理健康目标达成的现象；要努力使学生在体育活动过程中既掌握基本的运动技能，又发展心理品质；要注意结合心理团体辅导活动，让学生在活动中运动和体验，促进学生心理健康水平的提高。

（三）健：校外培训和校内训练相结合，打造金牌训练队，培养特长，强身健体

由"金绳计划"支持，借助校内外的培训，开展丰富的校园体育活动，如：足球、篮球、网球、游泳、羽毛球等项目，通过形式多样的教学手段、丰富多彩的活动内容，培养学生参与体育活动的兴趣和爱好，形成坚持锻炼的习惯和终身体育的意识。在促使学生积极参与体育活动的基础上，还应使他们懂得科学锻炼身体的方法。校内校外的训练相结合，打造金牌训练队，培养特长，强身健体。此外，为了我校教职工的身心健康，

学校教师每人发一根跳绳,每天早晨的大课间,教师带动学生一起运动,形成良好的运动氛围,同时,教师每月也进行"云荟杯"跳绳比赛,学校工会奖励每次平均成绩最高的年级组。每周二的下午放学后为我校教职工工会活动时间,利用这个时间,学校教师进行选修篮球、跳绳、瑜伽等体育活动,增强教师身体素质,提高免疫力,给幸福的工作和学习添姿添彩。

（四）智：利用互联网教学,把技术动作上传网站,线上线下随时学习。

互联网发达时代,体育不一定都在课堂,还可以渗透到平时的生活中去,教师可以在网上开通自媒体,在网络上上传运动技能的视频、微课、小短片,学生在家可以自主预习、学习,父母也可以进行指导,使得体育活动变成亲子活动,丰富课余生活。网络上的视频不只在家可以学习,在学校的课上也可以直观地讲解分析和模仿,学生在下课后还可以在多媒体平台上对知识进行复习和消化。课余时间,学生和教师也能进行探讨、深化技能。

（五）互：丰富校园生活校内比赛多样化,在校互学互赛互助互提高

"互"体现在相互学习、相互对比。根据学校的"金绳计划"指引,学校的每个月都会进行以班级为单位的跳绳比赛,云荟奖杯在冠军班级流动,激发学生集体荣誉感和团结协作的精神,同时也奖励 30 秒速度单摇的最高纪录者。学校每年 11 月进行盛大的体育节活动,比赛内容丰富多样,如：田径比赛、趣味体育比赛、跳绳比赛、队形队列比赛等,增强学生的体育兴趣,丰富了校内的活动。同时,比赛也可以在互联网上进行,如跳绳比赛,可以在家录制视频,上传比赛视频,教师在校评奖。

三、"科学之真"课程实施

科学素养的形成是长期的,只有通过连贯、进阶的学习实践才能达成,科学素养培养的重要手段就是"实践"。因此利用好多种实践途径对课程的实施尤为重要。

（一）开设课外兴趣小组活动

学生积极参与、亲身经历各种各样的科学活动,让他们的眼、耳、鼻、舌、身多种感官协同活动,真正地动手动脑学科学。正因为如此,我们用丰富多彩的亲历活动充实教学过程,让学生"看一看、做一做、玩一玩、想一想",让学生知道科学是非常有趣的,

以此营造学生爱科学、学科学的氛围。

因此,我们要通过探究满足学生求知欲,通过探究让学生获得关于身边世界的理解,通过探究培养科学思维能力、锻炼问题解决能力、合作与交流能力,培养科学精神与态度,初步习得科学方法。

根据学生年龄特点以及兴趣爱好,校内开展课外兴趣活动。一、二年级以班级为单位,参加农业科普、科学幻想画、科学家的故事、垃圾分类、蔬菜种植等入门课程。组织学生参与简单的科技制作。三年级以上的学生,根据学校开展的科目,自己根据爱好选择兴趣小组,如园林之美、创意设计、循迹小车、养蚕达人、科普讲堂、身边的发酵食品、计算机小高手、Arduino创意机器人、蓝天飞梦、无线电测向等进阶课程。

（二）重视科学课程资源的挖掘

除了学校的固有资源外,更多的更丰富的资源在校外。家庭、社区、工厂、公园、基地等。把校外的资源引入校内,争取更多机会与这些校外的机构合作,以助课程的开发和顺利开展。

只有重视家庭课程资源和社区课程资源的开发与利用,课程实施的范围和水平才会更广更高,课程目标的落实与达成才会更有效。

（三）开展科普宣传活动

科学知识需要积累和应用,才能了解和实践科学探究的过程和方法。我们以学生为主体,与学生班队会、班队活动、科技节等紧密结合,集中开展了一系列科普宣传活动。如读一本科技类书籍、大篷车进校园、观看科技视频等。培养学生对科学积极向上的情感态度和价值观,在丰富多彩的科普宣传中增强科技创新的力量,提升科技创造的能力。

（四）以学校科技节为平台

每年11月是我校科技月,举办多种科技竞赛(比如"鸡蛋撞地球"、纸飞机飞行、模型制作、小车拼装等)以带动学生"学科学,玩科学"的热情。科技节是一个检视学生科学素养的平台,更是一个展现学生亮点的舞台。

（五）组织社会实践活动

由校科技辅导教师与家长共同组织,充分利用社会、家庭资源,指导孩子进行阅读、收集、处理现代科技信息，辅导孩子开展科技小制作、小实验、小发明活动；组织孩子参观科技教育基地、听听科普知识讲座、参加课外科技实践活动等。一来扩大学生视野，二来增加学生对科学技术和工程建设之间的紧密联系。

四、"思维之活"课程实施

数学认知、数学思想、个人发展是构建小学数学核心素养的三个维度。结合课程建设目标，"思维之活"课程实施的总体指导思想是：一、二年级的实施主要让学生体验学习乐趣，培养学生数学学习的兴趣，引领学生走进数学王国，激发学生探索数学奥妙的欲望；三、四年级主要通过数学名家的故事、数学简史、经典数学问题等课程内容，让学生在品味数学文化的同时，初步渗透、建立数学思想，掌握简单的数学方法；五、六年级则突出"学以致用"的思想。数学起源于生活，服务于生活。把生活中的问题抽象成数学问题，同时把数学知识应用到解决生活问题中去，在这一来一往的过程中让学生体验数学的实用性，逐步学会"用数学的眼光观察世界，用数学的思维分析世界，用数学的语言表达世界"。

（一）有趣的数学

展示数学的趣味性，激发学生的学习兴趣。在完成国家课程和地方课程的基础上，一年级设置"童话数学"课程，利用童话故事的引导，将数学知识融入童话故事中，同时将枯燥的数学数字以图片、故事情节等学生易于接受的形式展现出来，激发课堂的活力。二年级设置"趣妙数学"课程，课程扎根于课本，以课本好玩的知识为主，在日常的数学学习中渗透数学的趣味性，让学生体验数学学习的乐趣，培养学生数学学习的热情。

作为第二课堂，一年级设置"纸造世界""等你来'发现'""创意拼搭""解谜小能手"，增加丰富多彩的数学综合实践课程来实施，手脑并用，提高学生学习的参与度，激发数学学习的浓厚兴趣。二年级设置"举一反三""数学汇展""五子棋"和"趣味九宫格"，主要通过课外拓展学习，引领学生走进数学王国，感受数学的奇妙，激发学生探索数学奥妙的欲望。

（二）有味的数学

数学是一门历史悠久、文化底蕴深厚的学科。三年级的"数学大观园"和四年级的

"数学万花筒"作为对国家课程的补充,利用课堂时间分别渗透数学简史、数学家的故事、经典数学故事、经典数学问题等内容的学习,引领学生走进数学王国,品味数学文化,促进数学思维的初步形成,并利用手抄报、数学日记、数学故事比赛、黑板报等活动形式进行促进与展示。

三年级的"数学探秘队""玩转数字""数学魔术""生活中的数学"4门选修课程以及四年级的"趣味数学""快乐数独""玩转二十四点""灵动魔方"等4个选修课程,在数学游戏中开发学生的数学观察能力、推理能力、想象能力等,配合多样化的教学方法,有效地激发学生更深层次的思考,培养数学思维,培养学生的思维能力和创新精神,为今后的数学学习拓宽思路。

（三）有用的数学

数学起源于生活,服务于生活,数学学习的终极目标是应用。五年级设置的必修课程"荟用数学",以数学思维为核心,将应用类的数学知识进行模块分类,在课堂上渗透学习。例如成立小数点计算营,设置公平游戏,或者让学生利用方程来解决生活中的一些问题。"思维对对碰""数学大求真"和下册的"走进机器人""数学达人"四个选修课程,则通过结合信息科技以形式多样的兴趣课来实施,主要内容有思维拓展训练、基于数学故事或生活疑问的数学求真、设计机器人等,让学生在学习过程中发现和感受数学的魅力,提高其思维能力和创造能力,增强运用数学解决问题的意识。

六年级开设的必修课程"玩转数学",更加侧重学生应用数学知识,解决生活问题能力的形成,培养学生小学数学核心素养。两大选修课程——"理财小能手"和"阶梯数学",主要对小学和初中内容进行衔接,捕捉生活中的数学现象,挖掘数学知识的生活内涵,认识、理解数学在生活中的重要性,培养学生抽象的思维、逻辑推理能力,应用的意识,引导学生学会用数学的眼光看问题,用数学的思维方式想问题,用数学的方法解决问题。

五、"艺术之美"课程实施

艺术是一曲华章,突破苍穹的束缚;艺术是一幅水墨,点染无尽的山水;艺术是一支舞曲,恢弘青春之彩;艺术是一尊塑像,雕刻新兴之美。艺术抒发情感,陶冶情操;艺术培养审美,陶冶情操。绘画、雕塑、音乐、舞蹈,鼓瑟笙箫,妙笔丹青,让学生沾染艺术气息，沉浸在艺术的海洋。

（一）乐动节奏——音乐伴奏，表演合奏。

从听觉上培养学生通过器乐节奏来学习音乐，能正确使用打击乐并为演唱、表演等形式伴奏。逐步加深和更专业学习打击乐器的基础练习，学习合奏合作，组成自己的小乐队，为下一个阶段的学习作了很好的铺垫。

（二）舞艺魅影——律动节奏，创编舞蹈。

通过音乐及舞蹈使学生的视觉、听觉、肤觉运动得到充分协调均衡的发展，有利于培养学生对舞蹈的兴趣，进一步增强了群体协作的意识，促进学生对音乐的感受力，开发学生的想象力、表现力和创造能力，全面地提高学生舞蹈艺术素质。学生乐于通过舞蹈表达自己的情感，能进行简单的动作创编，掌握基本技巧的"法"，掌握严格的规格和正确的方法。

（三）声歌韵律——感知音律，协同合唱。

主要培养学生聆听声音，感知音乐，并掌握音乐在发展中的音色调配、曲式结构、和声浓淡等来达到审美的体验，引导学生到美好的音乐天地中去，并懂得合唱和独唱的差异，能唱准和弦的构唱、模唱以及旋律的模唱。了解、掌握合唱的基本方法，成功的音乐教育使学生的群体意识、合作精神和实践能力等得到锻炼与发展。

（四）印象乐园——欣赏印染艺术，学习刻印技法，在实践中探究染织和版画。

多种版痕、印迹的体验让孩子们学会观察事物。通过欣赏，了解印染艺术与生活应用的关系；在玩中感受凹凸，培养合作精神，提高动手能力。

（五）岭南之美——了解岭南民间艺术，设计具有时代性的民艺作品。

身处广东的我们，更应该懂得岭南之美，以绘画形式表现岭南民居的美，尝试粤秀编织法，绘岭南水墨，体验中国画材料和技法带来的特殊效果，传承中国国粹。

（六）纸艺公馆——感受纸媒材质感，通过改变性状实现材质平面向立体的转变。

了解纸质材料的装饰方法和简单的剪纸方法，学习纸浆画材料的制作和粘贴的技巧。尝试借鉴某种形式适当的装饰美化灯饰，利用废弃纸设计服饰、帽子等生活用品。领略纸独特的艺术魅力，学会用纸装饰与美化自己的生活环境。

第六部分　学校课程评价

　　课程评价过程实质上是一个确定课程与教学计划实际达到教育目标的程度的过程。根据评价对象的不同,可将广义的课程评价分为学生评价、教师评价、狭义的课程评价等。我们采用量性评价和质性评价相结合的形式,从课程开发、学生成长和教师提升三个维度进行评价,突出评价的发展性功能和激励性功能,充分调动学生主动参与评价的积极性,改变评价主体的单一性,实现评价主体的多元化;建立由学生、家长、社会、学校和教师等共同参与的评价机制,不断完善评价方式,促进校本课程实施效果的不断提升,促进学校和学生、教师的共同成长。

一、 评价的原则

　　课程评价是一个价值判断的过程。价值判断要求在事实描述的基础上,体现评价者的价值观念和主观愿望。不同的评价主体因其自身的需要和观念的不同对同一事物或活动会产生不同的判断。为了体现课程评价的真实价值,促进我校"幸福之花课程"的"雅乐真活美"的育人目标的实现,课程评价时,应当遵循以下评价原则:

　　(一)激励性原则

　　课程评价具有诊断、指导、激励和导向功能,正如布鲁纳在《教学论探讨》中所指出的那样:"评价,最好被看作一种教育智慧,它是指导课程建设和教学的。"激励性评价能从不同角度给不同层次的学生以充分的肯定、鼓励和赞扬,使学生在心理上获得自新、自信和成功的体验,激发学生学习动机,诱发其学习兴趣,进而使学生积极主动学习。激励性评价也是促进学生情感与态度的形成和发展,激励学生学习热情,帮助学生认识自我、建立自我的有效评价方式。

　　(二)科学性原则

　　科学性原则是指教育评价过程的各个环节都符合科学要求。贯彻这个原则应做到:遵循课程评价活动的客观规律,构建一个科学合理的评价指标体系,端正评价态度,在评价过程的每一个细节,都要严肃认真地对待,必须有严谨的科学态度和不怕麻烦、一丝不苟工作的精神。将定性分析与定量分析结合起来,将静态评价和动态评价结合起来,将他评与自评结合起来,将终结评价和过程评价结合起来,坚持评价的整体性。

（三）多元性原则

学习者的能力是多方面的,每个学习者都有各自优势。学生在意义建构过程活动中,表现出来的能力不是单一维度的数值反映,而是对多维度、综合能力的体现,因此对学生学习评价应该是多方面的。课程的多元评价原则包含课程评价对象和评价主体的多元化,评价内容的多元化,评价方法的多样化。

二、 评价的维度

《基础教育课程改革纲要(试行)》提出：为了促进课程建设的开发和发展,我们应该"建立促进学生全面发展的评价体系;建立促进教师不断提高的评价体系;建立促进课程不断发展的评价体系"。它明确了学生、教师和课程自身是课程评价的价值主体。在我校"幸福之花课程"建设中,努力谋求学生个性发展,教师专业发展,学校特色形成,并本着激励性原则和多元化原则,课程将从对校本课程的评价、对教师的评价和对学生的评价三个维度,逐步建立和完善形成科学的评价体系。

（一）校本课程的评价

课程是学校教育的核心,课程结构、内容的合理性和科学性程度关系到学校教学目标的实现。课程内容的设计必须符合学生的年龄特征,必须为学生的进一步发展打下良好的基础。"幸福之花课程"通过"幸福课程"的评价,关注学校课程的内容设计,目标设定以及课程实施情况。对课程实施中的问题进行分析评估,调整课程内容,改进教学管理,形成校本课程不断革新、不断适应学校学生学习需求的机制。具体评价表如下(表4-9)：

表4-9　东荟花园小学"幸福课程"评价表

课程名称：　　　　　实施对象：

幸福维度	幸福之源	幸福指数	自评	校评
课程研发	1. 与国家课程、地方课程紧密联系,是对二者的补充和创新,并能彰显学校特色。 2. 能促进学生的个性发展,提高学生的核心素养,实用性强。	10		

续表

幸福维度	幸福之源	幸福指数	自评	校评
课程目标	1. 课程目标明确、清晰。 2. 知识、能力和情感目标齐全。	10		
课程内容	1. 教材框架清晰,有序列性。 2. 教材内容科学、启发性强、突出实践能力的培养。 3. 课程内容操作性强,受欢迎程度高。	15		
课程实施	1. 学期初能制订教学计划、安排好教学进度。 2. 能深入钻研教材,根据学生的实际,设计内容开放、容量适量、层次分明、有针对性的教案。 3. 能灵活运用多种教学方法进行教学,重点和难点的处理有新意,且效果好。 4. 面向全体学生,学生参与度高,整体性成效好。	50		
实施成果	1. 能激发并维持学生对该课程的兴趣,学生评价良好。 2. 能及时收集、整理学生学习的过程性资料。 3. 指导的学生能举行一定范围的展示活动。	15		
说明	等级分数 优秀:90 分以上; 良好:80—89 分; 合格:60—79 分; 不合格 60 分以下。	100		

(二) 对学生的评价

对学生的评价应该是多元的,评价目标应只针对学生成绩,对学生原有知识水平,对学生兴趣、爱好和学习动机的评价都应成为评价的重点。"幸福之花课程"通过"幸福少年"的评选,关注学生的全面发展,尊重和体现学生个体发展,以促进学校课程育人目标的达成。具体评选标准依据下表(表 4-10):

表4-10 东荟花园小学"幸福少年"评价表

幸福维度	幸福之源	幸福指数	自评	师评
人文之雅	思想积极,品行高尚,尊师重教,友爱同学,言行举止规范文明,在班级、学校各项活动中起模范带头作用。	20		
	乐学善思,求真务实,诚信待人,治学踏实,成绩优异,课外知识丰富,学习能力突出。			
	具有广博的知识面,国际化视野,中西方文化兼修。提升个人综合素质,拥有正确的国际观念。			
	谈吐文雅,举止有礼,与人交往即谦谦有礼且自信大方。热爱生活,有崇尚美的心灵,富有生命活力和进取精神。			
健康之乐	能够提高对身体和健康的认识,掌握有关身体健康的知识和科学健身方法,提高自我保健意识。	20		
	坚持锻炼,增强体能,促进身体健康,养成健康的生活方式。			
	培养良好的体育道德和集体主义、社会主义、爱国主义精神,学会获取现代社会中体育与健康知识的方法。			
	选择个人喜爱的方法参与体育活动,挖掘运动潜能,提高运动欣赏能力,形成积极的余暇生活方式。			
科学之真	热爱科学,认真学习科学文化知识,主动参加学校开展的科普讲堂、小科学家等课程,善于观察和探索。	20		
	勤于探究,参与学校各项科学活动,善于沟通与交流,合作能力和解决问题能力强。			
	勇于实践,在学校开展的蔬菜种植、模型制作等课程中自己动手参与,在实践中成长。			
思维之活	多问自己为什么？怎么办？积极思考,学会自己思考解决问题。	20		
	擅于思考和提问,用发散性思维思考问题解决问题,思维开阔灵活。			
	积极主动参与学校内外组织的各项活动,开拓视野,敢于实践,勇于创新。			
艺术之美	热爱生活,热爱艺术,不断学习和提升个人的艺术技能和知识。	20		
	喜欢美的东西,欣赏美的作品和艺术品,学习和创造美的作品。有正确的欣赏价值观、良好的合作意识。			

续表

幸福维度	幸福之源	幸福指数	自评	师评
艺术之美	在学习和欣赏艺术的过程中不断升华,陶冶自己的情操,有健康向上的审美情操。			
说明	等级分数 优秀:90 分以上; 良好:80—89 分; 合格:60—79 分; 不合格 60 分以下。	100		

（三）对教师的评价

教师不仅是课程的组织者、执行者,也是课程的开发者和创造者。"幸福之花课程"通过"幸福教师"的评选,建立促进教师不断提高的评价体系,建立以教师自评为主,校长、教师、学生、家长共同参与的评价机制,使教师多渠道获得信息,不断提高教学水平和自身素养,促进教师的成长和发展。具体评选依据下表（表4－11）:

表4－11　东荟花园小学"幸福教师"评选表

幸福维度	幸福之源	幸福指数			
		自评	学生评	家长评	学校评
身心健康	身体健康,无严重疾病,无不良嗜好,有良好的生活习惯和健康的业余爱好。	15			
	正直诚实,人格健全,具备较高的文明礼仪水平。				
	有一定的人际交往能力,能与学生、家长、同事建立良好的关系,在同事中有好朋友。				
职业素养	热爱教育工作,对学生有爱心,对工作有热情。	25			
	热爱学习,有良好的阅读习惯和获取新知识的意愿,善于将学科知识与生活实际相结合。				
	能制订并有效实施个人发展计划,并具有随环境变化调整的能力。				
	认可学校文化,积极参与学校发展规划,并能提出可行性意见。				

续表

幸福维度	幸福之源	幸福指数			
		自评	学生评	家长评	学校评
专业成长	课改成果（案例、课例、教案、论文、经验总结、课件等）在各类会议、竞赛、刊物上交流或公开发表。	20			
	具有扎实的专业知识和教研能力，能经常对教育教学进行反思和总结，并能有效改进教育教学实践。				
	积极参加各级课改培训，主动参与讨论和交流，有较高的认识和见解，在同事互助中发挥较大作用；积极参加课程的开发与建设，创造性地开展教学活动；主动承担校级以上研讨课、公开课，受到学生、家长、同行的好评。				
教学业绩	能科学、有效地运用新课程所倡导的教学方式，熟练运用教学手段。勤奋好学、踏实肯干、善于研究、勇于创新的精神，善于同专家或同事合作改进教学，提高教学质量和水平。	40			
	按时上交教学计划、教案、教学反思报告、学生成绩表和成绩分析表等。				
	教案完成、规范并及时配合教务科教案检查。学生作业批改及时，有等级和日期。				
评选意见		总分			

三、 评价的方法

我校"幸福之花课程"在上述评价原则的指导下，制订了一些具体的评价方法，供课程实施中参考选择。具体如下：

（一）积分制评价

积分制评价是一种用积分（奖分和扣分）对学生的能力和综合表现进行全方位量化考核，并根据积分情况对学生进行评价的方法。对课程实施进行评价的目标在于促进发展，因此应将过程评价与结果评价相结合。积分制评价方法正是学生学习过程的积累，有助于学生学习主动性的形成和老师对学生学习过程的评估。

如"五子棋""快乐数独"以及"玩转二十四点"等课程,学生可以在学习过程中通过课程学习过程中的测度、竞赛等活动,获得积分,根据积分的多少来评价其在课程学习中的水平高低或者决定期在课程上的进阶。

（二）展示性评价

学生就如多棱的宝石,从不同角度不同侧面都能发出璀璨的光芒。教师要善于发现并挖掘其优势,给学生创设自我展示的舞台,使其获得自信与成功的体验,激励其不断进步。我校"幸福之花课程"内容丰富多彩,因而可以与学校传统节日庆典相结合,进行展示性评价。

如我校的"舞动青春""戏剧魅影""动感啦啦"以及"金绳雅韵"等课程,除了日常的教学与训练之外,经常通过校内外的各种平台进行展示。特别是结合我校艺术节、体育节以及开学典礼等校园活动进行汇报展示,为优秀者举办个人作品会展,在相互欣赏和评析中为每名学生提供参与活动的机会和进行展示的舞台,使活动充满生命力。

（三）测试性评价

测试性评价类似于传统教学中考试,但又有别于原来意义的考试。考试只是评价的一种方法,促进发展的评价体系更为关注学生、教师和学校发展的过程,需要借助其他评价的方法和手段收集反映学生、教师和学校发展的过程与状况的证据。测试性评价立足于过程的发展性评价,无论从考试内容、考试方式和对考试结果的处理方面都体现着评价的理念和工作思路。

如"灵动魔方""无线电测向""小科学家"等课程,在课程学习过程中,老师可以根据所学内容对学生进行当堂测试或者阶段性测试,以了解或者诊断学生的学习过程,并对下一步的学习提供指导。

（四）众筹式评价

俗话说:金杯银杯,不如老百姓的口碑。我校"幸福之花课程"开发与建设过程中,教学内容注重与本地特色相结合,教学质量接受社会各界的监督。在课程评价多元化原则的指导下,除了教师评,学生自评、互评,家长评价外,还有课程评价主体还包括社区人员和相关专家等具有地方特色的众筹式评价。社区员工、学生家长、教育同行……都是我们尊敬的"评价员"。他们一起帮助学校确定评价方案、一起参与评价、一起分享评价结果。无论是学生、教师,都可以从更专业的角度来获得经验、指导,并积极进行反思、调整。

在评价形式上，我们还根据不同年龄学生的特点采取不同的评价方式。如，低年级采用"形象类评价"———"红花""大拇指""笑脸"等，中年级多采取"语言性评价"，高年级主要采用"等级评价"。对于难以测量的学习结果，我们通过作品展示、现场表演、实物制作、项目设计、对话交流等多种方式来评价。

（五）档案袋评价

档案袋评价主要是指收集、记录学生自己、教师或同伴做出评价的相关材料，学生的作品、反思，还有其他相关的证据与材料等，以此来评价学生学习的进步与发展。档案袋可以说是记录了学生在某一时期一系列的成长"故事"，是评价学生进步过程、努力程度、反省能力及其最终发展水平的理想方式。

如在"笔墨生花""童心童诗""童趣绘声"等课程中，老师可以从课程开始到课程结束将学生全部的纸质作品进行收集整理，并根据作品质量的变化反馈学生成长的过程。而在一些操作类或者手工类课程中，老师也可以图片或者声音、视频等形式记录学生的成长过程。

（六）团队式评价

由于课程的地域性质，学生几乎每次学习都要进行实地走访、调查、拍照、取样、制作等活动。这就需要发挥小组团队共同协作的作用，结合班级"小组争星"星级评价制度，评价的重心由鼓励个人竞争转向团队合作达标。

如在"活力篮球""读者剧场""蔬菜种植"等探究学习中，通过小组间成果分享，对比小组分享开展前后的一些数据的对比，以整个课程学习团队进行评价。

第七部分 学校课程管理

一、价值领导

苏霍姆林斯基曾说过："在教学大纲和教科书中，规定了给予学生各种知识，但是却没有给予学生最重要的东西，这就是：幸福。理想的教育是：培养真正的人，让每一个从自己手里培养出来的人都能幸福地过一生。这就是教育应该追求的恒久性、终极性价值。"围绕"幸福就像花儿一样"的办学理念，我们努力培育"雅乐真活美"的现代少年。在课程建设与实施过程中注重价值引领,不断深化课程改革,认真落实教育部《关于全面深化课程改革落实立德树人根本任务的意见》等文件精神,真正促进与实现孩子们的全面发展,从而真正开创和拥有幸福的生活和人生。

二、 组织建设

学校把校本课程的开发列入学校工作议事日程,成立课程开发小组及评价小组。教导处、教研组要积极帮助教师制订好教学计划,负责协调安排和组织指导教学的执行。学校聘请专家到校开设课程理论与实践问题培训,邀请区教研室领导到校指导工作,派相关校领导、骨干教师参加新课程的相关培训。

成立课程开发领导小组。为了保障校本课程的开发稳妥地进行,东荟花园小学健全组织,成立课程开发领导小组。

三、 程序管理

1. 学校负责构思并制订校本课程开发工作的实施方案,教导处做好指导、研究、实施、评估等工作;学校制定校本课程管理的有关规章制度并组织实施和考核;学校组织教师进行校本课程的理论学习,规范教学行为,提高教育教学能力;教导处注意积累课改资料,及时提供教改信息;学校领导经常深入校本课程课堂听课和评课,指导教学工作并与实施教师一起研究教学,保证课程顺利实施;教导处做好校本课程实施的经验推广和应用。

2. 施教教师每学期根据教学内容制订教学计划、教学进度和撰写教案。做到认真备课、认真上课、认真考核,充分发挥校本课程的育人功能。重视教师配备。选择有特长、有事业心、有创造新精神的教师,担任校本课程的教学工作;重视教师培养。采取集中培训和个别学习相结合,走出去与请进来相结合的多种方式,对实施本课程的教师进行上岗培训,定期组织理论学习,集体教研,以提高校本课程施教能力;校本课程的评价将以激励评价为主,重视教师和学生的过程评价;重视校本课程的指导,在校本课程实施过程中,邀请有关专家和上级领导及时指导、帮助,以使课程开发更具时效性。

四、 制度保障

为了确保校本课程开发的合理性，促进教师专业发展，张扬学生个性，形成东荟花园小学"幸福之花课程"的课程特色，学校制定了校本课程评价制度。校本课程的评程的评价包括过程性评价和终结性评价两部分。学校从考核机制入手，按一定比例给予划分，在一个阶段结束后，对教师工作量和工作实绩进行考核评价，与必须课程一样，计入业务档案。

五、 经费保障

为保障"幸福之花课程"的实施，学校在教育教学设备上加大投入力度，建设良好的课程实施环境，丰富课程资源，保证课程开展必需的经费、器材等物质条件，落实各项奖励措施。

（本案例系作者与东荟花园小学课程团队共同研制）

提示条

研制学校整体课程规划，既要关注学校课程的宏观、中观和微观三个层次，又要关注学校的实质结构和形式结构，要基于特定逻辑把握学校课程的横向分类与纵向布局。

关键 5：如何布局学校课程实施？

问题单

学校课程实施就是课堂教学吗？课程实施有哪些途径？学习方式变革与课程实施有什么关系？如何布局学校课程实施？

　　随着学校课程变革的推进,学校开始着眼于自身的优质资源开发具有本校特色的课程,学校课程呈现出多样化的特点,但并不是所有的学校都能发展成为优质学校;原因就在于很多学校止于单一的校本课程开发,忽略课程实施的整体运营,学校很可能只是为了改革而开发了课程,实际上这些课程只是学校整体课程的添加或附属,学校整体课程结构没有变化,课程观念也没有变化,课程实施形态依然没有变化。形式上的变化并不能引起学校的深层变革,这其实是弱化了学校课程本身的内在价值。学校课程实施的设计最重要的是要按照立德树人的要求,从丰富学生学习经历的角度,充分考察学校课程实施的多维途径,如课堂教学、社团活动、研学旅行、校园节日、创客空间、艺术表演、故事沙龙、项目学习、仪式教育、隐性环境等。[①] 多维课程实施途径的本质就是在落实全面育人、全策育人,就是在落实学习方式变革。当然,学校课程功能是整合的、课程结构是一体的,在课程实施上也需要考虑课程统整,以使各种类型课程的功能发挥最大化。

---

① 有兴趣的老师可以进一步阅读：杨四耕. 课程实施的 18 种方式[N]. 中国教师报,2017 - 12 - 27.

智慧源

百花园课程：百花洲上百花开

百花洲上百花开
——南昌市百花洲小学"百花园课程"规划

南昌市百花洲小学（以下简称"百小"），位于东湖书院百花洲畔，是一所以科研闻名的百年老校。它始建于光绪三十三年（1907），原名"东区两等小学堂"。一百多年来，学校为国家培育出一大批德才兼备的人才，有世界华人艺术家联合总会副会长、全国侨联中国华侨画院副院长、著名书法家魏来五道，广东省人大常委会财经咨询专家、深圳市政府参事、深圳大学博士生导师魏达志，有江西省人大常委、省人大教科文卫委员会副主任尹世洪，有香港国语电影明星、香港电影金紫荆奖终身成就奖获得者鲍方……他们在各条战线上为国家进步、社会发展做出了重要贡献。在深化教育改革，开创教育新纪元的今天，百花洲小学继承传统、着眼未来，立足当下、创新发展，谱写素质教育昂扬激越的新篇章。为此，我校根据教育部《关于全面深化课程改革落实立德树人根本任务的意见》等文件精神，研制本校的课程规划。

第一部分　学校课程发展基础

一、学校课程发展的优势和经验

（一）先进的科研理念是课程发展的沃土

百花洲小学是一所科研名校，先后被评为"江西省首届教学科研先进学校""南昌市科研品牌学校""南昌市名校""南昌市中小学实施素质教育示范学校"；2018 年，"百小"的课改实验成果"促进随迁子女融入的'四共'合作教育机制的建构与实施"获得国家级基础教育教学成果二等奖。

这些荣誉的背后,是历代"百小"人在课程改革探索不止的脚步。早在 2002 年,学校就跟随着国家第 8 次课程改革步伐,初步形成"科研提师能、课改促生长"办学策略。历任"百小"领导人传承着这一理念,老师们在课堂上努力践行着,使课程之花如花绽放,清香四溢。学校多次接待省内外的教育考察团,并长期和省内多所学校保持手拉手、连心校关系。基于学校在科研兴校、课程改革方面的成绩,《人民教育》《中小学管理》《江西日报》《江西教育》《南昌日报》等报纸杂志以及中央电视台、江西电视台、南昌电视台等媒体都作了深度报道。

(二)独特的互助课堂是课程发展的动力

五年前,学校根据办学中存在的生源差异问题,积极落实国家公平教育政策,提出"办平等教育、生命教育"的办学目标,围绕着促进城乡学生的融合发展,在校本课程的体系化建设上作了一些探索。同时,对国家课程的实施进行适当改造,进行了教学方式的改革,推出"同伴互助"课堂,突出了学生学习的主体地位,注重培养学生"自主、合作、探究"的学习能力,积累了一些经验、提出相应的培养策略,为我们下一步进行学校课程整体建设奠定了基础。

今天,时代的发展为学校课程建设提出新的挑战。如何进行"百小"课程的整体构建? 我们将学校的办学思想、办学目标与国家"立德树人"育人目标无缝对接,对国家课程、地方课程、校本课程进行整体设计、系统整合,发展并形成本校独特的课程体系。

(三)优秀的教师队伍是课程发展的保障

"百小"有一支高素质的教师队伍,先后培养出全国优秀教育工作者 1 人,省特级教师 5 人,省市劳动模范 5 人,陈香梅奖获得者 2 人,省市学科带头人、骨干教师 16 人;这里还走出了 4 位教育局长,4 位教育督学,5 位教研员,31 位校长,被誉为"东湖区培养教育干部的黄埔军校"。

在历任校长的带领下,先后有数位老师的现场课荣获国家级、省、市级优质课一等奖,多位教师成长为省、市名师。学校注意教师人才梯队的培养,以"名师工作室"为依托,成立教改实验组、课题研究组、校本课程研发组、校园文化研创团队,均由教师领衔。领衔人大多由专业水平较高的教师担任,不仅促进了教师的发展,还让每一位教师拥有自主发展的空间。

（四）美丽的百花洲上是课程发展的园地

"百小"坐落在百花洲畔，拥有得天独厚的地理位置和厚重的文化基础。自唐代以来，百花洲即为豫章名胜，现有九曲桥、百花桥及海成堤（亦称"苏翁堤"）跨湖通洲。洲上有"水木清华"馆、中山亭，百花洲亭，苏圃和文物广场等名迹，历史上的东湖书院、东湖书画会、南昌行营都设在这里。从古至今，名人学士吟诵东湖百花洲的作品甚多，如李绅、杜牧、黄庭坚、辛弃疾、欧阳修、文天祥、苏云卿、汤显祖等，都曾登洲游湖，留下过赞颂百花洲的诗文。这些都是教育学生认识家乡、接受传统文化熏陶的绝好素材，是宝贵的课程资源，是百花洲千年文化底蕴生长出来的绚丽课程之花。

二、 学校课程发展的空间及生长点

（一）如何建立学校课程的逻辑框架，形成科学的课程模式？

"百小"有多年的课程研发经验，现比较成熟的、且得到专业部门认可的有"同伴互助合作课程""百花人文""百花礼仪"等，形成学校"互助互学"特色课程。在此基础上，我们如何对现有的教育哲学、办学理念、课程理念、课程构架进行再思考、再整合、再调整，建立更严密的逻辑，进而形成鸟巢状课程体系呢？

（二）如何开发和利用各种课程资源，保障课程选择的可能？

学校现在运行的"四共"合作教育机制，通过家校合作、学校与社区合作，将课程的触角延伸到家庭、社区，使之共通、共融，为教师利用各种家长、社区课程资源，开发相应的课程提供了平台。如："爱心天使慈善行"课程，需要通过学生走进社区，亲自体验人与社会"美美与共"的快乐；"百花人文探究"，需要对百花洲的历史沿革、文化名人进行研究。如此，学生除了在校学习外，还能在家庭与社区的大课堂上去表现自我，有选择性地进行课程学习。

（三）如何增强教师的课程意识，提升开发课程的能力？

三级课程管理制度，为教师参与课程开发与实施提供了广阔的空间，同时也对教师提出更高的要求：能创造性地利用教材，因地制宜地开发课程资源，实现从教者向课程开发者的转变。要做到这一点,教师必须具有先进的教学理念、开阔的知识视野以及不断提升的专业水准。

"百小"重视培养教师的课程意识,致力于教师课程开发能力的实践;鼓励他们充分挖掘本校、本区的课程资源,形成本校课程"婷婷姐姐 100 问""情绪健康""花样跳绳"等一系列课程的开发。"互助合作课堂"以及多种"体验课程"就是基于以上理念而来的。

第二部分　学校课程哲学

百花洲蕴含千年文化灵秀,百花洲小学历经百年芳华。当教育与文化、与厚重的历史与先进的课程在这片土地上相遇,"百花开"就不再只是想象中的美好画面,而是现实中的宏伟蓝图。

一、学校教育哲学：百花教育

在"百小"教育人看来,生命是平等的,没有好坏,没有等级;生命是灵动的,各有各的特点,各有各的优势,且在不断发展变化。"百小"教育人把每一名学生当作一朵含苞待放的花骨朵,立志把"百小"办成"百花生态园"。因而,"百花教育"是灵动教育、合作教育、唯美教育、绽放教育。

——"百花教育"是灵动教育,让每一个孩子展示独特,彰显个性;

——"百花教育"之合作教育,让每一个孩子优势互补,学会合作;

——"百花教育"是唯美教育,让每一个孩子与美相伴,向美而行;

——"百花教育"是绽放教育,让每一个孩子向上成长,美丽绽放!

做"百花教育",就是把尊重生命做前提,掌握教育规律为基础,搭建成长平台当手段,让每一名学生像鲜花一样本色发展,快乐健康成长,绽放出其自有的独特的光芒。因此,我校的办学理念:让每一朵花如其所是地绽放!

我们坚信,

每一个孩子都是一朵花;

我们坚信,

教育是静待花开的美丽守望；

我们坚信，

学校是成就孩子梦想的一片沃土；

我们坚信，

让每一朵花如其所是地绽放是教育最美的图景；

我们坚信，

执著耕耘，百花生态园必将迎来百花齐放春满园的那一天。

二、 课程理念： 百花洲上百花开

基于以上学校教育哲学和办学理念，"百花洲上百花开"的课程理念应运而生——它有着丰富的滋养，充满内在的生长力，是个性的张扬，绽放出生命光彩。

——课程即丰富的滋养。"百小"在完成国家课程计划的前提下有机整合地方课程、校本课程后形成"本校课程"。它体现了学科间的融合、个性与共性的兼顾，课内与课外的互通，满足社会发展对人才培养的需求。

相关学科的融合使得课程的内涵更丰富、外延更广阔。以语文学科为例，百花园课程中的语文是在对国家课程（语文教材）、地方课程（"百花人文探究"）、拓展课程（经典诵读＋提前读写）进行统整后的大语文，它有着单一的课程无法比拟的丰富滋养。

个性与共性的兼顾，来自于国家课程的普适性、地方课程的特色性、校本课程的个性化。三级课程理念之下的"百花园课程"正好照顾学生的个别差异，满足学生多样化的需求。

——课程即内在的生长。孩子的生命成长，自有他的轨迹。教育，就是顺应这个轨迹来促进内在的生长。"百花园课程"为每个学生的内在生长而设计，它考虑到学生的个性特点，遵从生命成长的规律，呵护孩子的天性，给他们的发展提供更多的可能性。在课程设置上，充分考虑到各学科的特点以及内在的关联，并落实到学生成长与发展上，通过课程实施来帮助学生认识世界、认识自我、促进内在的生长。

——课程即个性的张扬。学生是个性的，课程是多元的。在国家课程之外，"百花园课程"根据学生的不同兴趣爱好以及特长,设置不同层次、不同类型、不同周期的可供选择的拓展性课程,既保障基础性学习的要求,又满足内在的需求,张扬了学生的个性、展示着生命个体的特点。在"百花园课程"中,每一门课都因学生发展需要而设置的,最大程度地满足学生个性的需求。

——**课程即生命的绽放**。让每一名学生健康快乐成长,像鲜花一样美丽绽放是"百小"人的教育愿景。基于此,"百花园课程"以三级课程为平台、以激活潜能为目标,带着学生学进去,再从课程中走出来,使之在全面发展的基础上拥有自己的兴趣爱好点,与更美好的自己相遇。

第三部分   学校课程目标

学校课程是为育人目标的实现服务的。因此,我们从育人目标的厘定出发思考学校课程建设。

一、 育人目标

百花洲小学要培养的是"和合、雅美、践行"的学子。具体特质如下:(1)和合:和谐、合作、灵动;(2)雅美:审美、健美、创美;(3)践行:练习、实习、创习。

在"百小"教育人看来,我们的教育是和谐的、相互合作的、灵动的;我们培养的学子要懂得审美,知道美在哪里,学会美、创造美;能够在练习、实践中学习知识,学会创造性地学习。

二、 课程目标

作为学校课程建设的重要基点,学校将"和合、雅美、践行"的育人目标细化为以下课程目标(见表5-1),从低、中、高三个年段使"百花园课程"的培养目标更精准、可行。

表 5-1 百花洲小学"百花园课程"目标表

年段 育人目标	低年级	中年级	高年级
和合	在与同伴的交往中初步学会自我管理、自我服务；能够亲近老师、关心同学；与人交流时，养成学会倾听的习惯；有礼貌、守纪律，爱护班集体，初步具有团队意识。	乐于与同学结对子，在与同伴的交往合作中能够自尊自信、自我管理、自我服务。学会关心他人，乐于与他人交流想法；能够调节情绪，培养健康的心态，遵守社会公德，树立社会责任感。	能积极主动地交友，智慧地与人相处，自我管理与自我服务意识强；善于倾听他人的意见或建议，保持乐观向上的心境，拥有健康的心态；遵守道德准则和行为规则，拥有强烈的集体意识和社会责任感，有理想信念、敢于担当。
雅美	兴趣爱好较为广泛，喜欢一切美好的事物；学习欣赏和赞美他人。积极参加体育活动，开始养成锻炼身体的好习惯。	形成较为固定的兴趣爱好，培养对美的感知能力，学会欣赏美，懂得将美好展示。积极参加体育锻炼活动，拥有健康的体魄和心胸，感受运动带来的快乐。	具有健康的审美价值取向，有发现、感知、欣赏、评价美的意识和基本能力，能够对生活中的人与事作出评价与选择，形成一定的价值判断；积极主动参加健身健美活动，感受运动之美，积极创造美。
践行	喜欢学习，愿意思考，初步体验学习与思考的快乐；学习值日，养成劳动的习惯；对身边的事物充满好奇，初步养成探究精神和创新意识。	具有初步的学习能力，尝试独立自主地学；爱劳动，乐于参加社会实践活动，尝试解决问题；具有好奇心和想象力，学会质疑，有一定的辨析能力。	能积极主动地学习，勤于反思；乐于在生活实践中学习，做到学以致用；动手能力强，以劳动为乐，珍惜劳动成果，理解劳动内涵；有创新精神与批判精神。

第四部分 学校课程体系

为了培养"和合、雅美、践行"的学子，基于"百花教育"之哲学以及学校课程目标，我们建构"百花园课程"体系。

一、 课程逻辑

基于"百花洲上百花开"的课程理念，"百花园课程"逻辑如下。（见图 5-1）

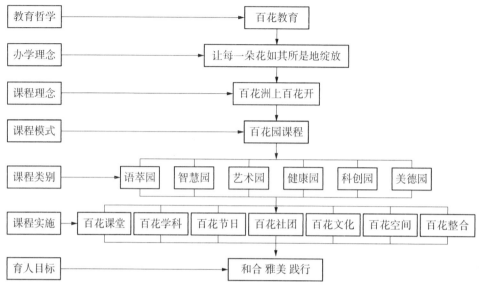

图 5-1 百花洲小学"百花园课程"逻辑图

二、 课程结构

根据多元智能理论,我们的"百花园课程"包括"语萃园""智慧园""艺术园""健康园""科创园""美德园"六大课程。如图 5-2 所示,"百花园课程"是中心,围绕着它的是六大园地,意味着百花园课程是诞生在百花洲畔、独属于百花洲小学的一朵"奇葩"。

我校将现有的 13 门国家课程,整合为六大园地,形成了多彩的"百花园课程"。语萃园课程,关注的是语言与交流,整合的是国家课程中的语文与英语等。智慧园课程,关注的是逻辑与思维,现阶段指国家课程中的数学课程等。艺术园课程,关注的是艺术与审美,整合的是国家课程中的音乐与美术等。健康园课程,关注的是运动与健康,整合的是国家课程中的健康教育与体育等。科创园课程,关注的是科学与探索,整合的是国家课程中的信息技术与科学等。美德园课程,关注的是自我与社会,整合的是国家课程中的品德、班队会、综合实践课程以及少先队活动等。每一类课程都体现着三级课程的科学整合:国家课程占 60%,地方课程 30%,校本课程 10%。这种课程整

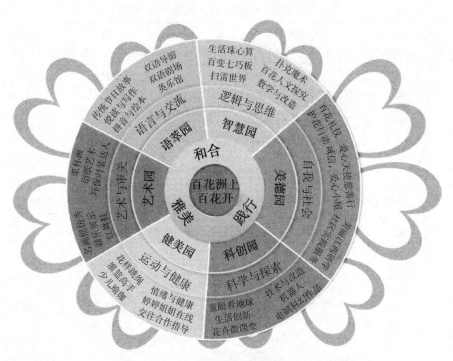

图 5-2 百花洲小学"百花园课程"结构示意图

合并不是随意的、盲目的，而是根据学科自身的特点以及培养目标来定。比如，语文与英语这两门学科指向的都是语言文字的运用与表达，培养语言与交流能力，将两者划归于"语萃园"是比较科学的做法。这样的课程架构既兼顾义务教育阶段对学科教学的要求，又通过拓展性课程、探究性课程去激活每一个学生的潜能，培养综合素质的人才，实现百花教育。

结合本校的办学特色，对三级课程进行细分，六个课程园的触角伸展到了基础性、拓展性、探究性课程。学生在六大园地中快乐地读书、写作、合唱、画画，去参加社团活动、学习百花礼仪，等等，于是"百花园"才有了"百花齐放春满园"般的绚丽。

三、 课程设置

除了国家规定的基础课程之外，"百小"的校本课程按年级设置如下。（见表 5-2）

表5-2 百花洲小学"百花园课程"设置表

课程\年级		语萃园 (语言与交流)	智慧园 (逻辑与思维)	艺术园 (艺术与审美)	健康园 (运动与健康)	科创园 (科学与探索)	美德园 (自我与社会)
一年级	上学期	语文 拼音王国探险 英文字母歌 ……	数学 玩转数棒 珠心算 ……	音乐 唱儿歌 美术 画画乐 校园赏美 ……	体育 跳皮筋 心理 心理游戏 ……	科学 花卉百科 认识电脑 ……	品德 我是班级小主人 百花礼仪 交往合作 ……
	下学期	语文 汉字碰碰碰 英文儿歌合唱 ……	数学 百变七巧板 数学画 珠心算 ……	音乐 唱儿歌 美术 百变彩纸 街道风情 ……	体育 踢毽子 心理 心理游戏 ……	科学 认识科学家 认识键盘 ……	百花礼仪 班队会 爱心接力
二年级	上学期	语文 韵文诵读 英文动画片 ……	数学 四阶数独 数学绘本 口算达人 ……	音乐 红舞鞋 美术 捏泥 社区温暖色 ……	体育 体育游戏 心理 沙盘游戏 ……	科学 动物王国 与电脑交朋友 ……	品德 我是家庭小助手 文明的仪表 真诚开启友谊门 ……
	下学期	语文 童诗诵读 英文动画 ……	数学 乘法口诀大比拼 六阶数独 口算达人 ……	音乐 童谣达人 美术 糖果拼盘 社区温暖色 ……	体育 体育游戏 心理 沙盘游戏 ……	科学 科幻画 与电脑交朋友 ……	品德 课堂与课间 班队会 爱心义卖 ……
三年级	上学期	语文 语言表演 英语 英文歌谣 ……	数学 九阶数独 数学日记 五子棋 ……	音乐 童谣达人 美术 纸杯画 家乡三色图 ……	体育 接力赛手 心理 情绪与健康 ……	科学 我的"宝宝" 科学小实验 信息 电脑打字 ……	品德 我是百花好少年 百花礼仪 用餐与出游 取长补短开怀笑 ……

续表

课程\年级		语萃园\(语言与交流)	智慧园\(逻辑与思维)	艺术园\(艺术与审美)	健康园\(运动与健康)	科创园\(科学与探索)	美德园\(自我与社会)
三年级	下学期	语文\日记之旅\英语\口语天天练\……	数学\九阶数独\数学实验\五子棋	音乐\合唱艺术\美术\立体花\家乡三色图\……	体育\乒乓争霸\心理\健康与饮食\……	科学\生活与科学\建筑模型\信息\电脑绘画	品德\礼仪之花开满园\班队会\爱心天使\神奇宝盒缓压力\……
四年级	上学期	语文\百花剧社\英语\口语天天练\……	数学\扑克牌24点\魔方3阶\中国象棋\……	音乐\小合唱\美术\少儿国画\家乡三色图\……	体育\花样跳绳\心理\情绪与健康\……	科学\科学小制作\信息\网络安全\……	班队会\我是小小升旗手\百花人文探究\交往合作\……
	下学期	语文\创意读写\英语\口语天天练\……	数学\魔方4阶\扑克牌24点\中国象棋\……	音乐\竖笛艺术\美术\创意画\家乡三色图\……	体育\田径\心理\心理游戏\……	科学\科技创新\头奥社\信息\电子简报\……	品德\班队会\爱心在线\百花人文探究\交往合作\……
五年级	上学期	语文\百花剧社\小小辩论家\英语\英文日记\……	数学\头脑风暴（一）\魔方变形\围棋\……	音乐\舞蹈艺术\美术\时装秀\家乡三色图\……	体育\花样跳绳\心理\心理团辅\……	科学\车模\信息\电子板报\……	班队会\我是管理小能手\百花人文探究\……
	下学期	语文\小小辩论家\创意读写\英语\英文趣配音\……	数学\头脑风暴（二）\数学步道（一）\围棋\……	音乐\音乐剧欣赏\美术\名画欣赏秀\纸盘画\家乡三色图\……	体育\往返接力\田径\心理\青春期教育\……	科学\科学小实验\信息\模块化编程\……	百花人文探究\社区实践\交往合作\……

续表

课程\年级		语萃园 (语言与交流)	智慧园 (逻辑与思维)	艺术园 (艺术与审美)	健康园 (运动与健康)	科创园 (科学与探索)	美德园 (自我与社会)
六年级	上学期	语文 百花剧社 能言善辩 英语 课本剧 ……	数学 数学步道 (二) 数学魔术 (一) 国际象棋 ……	音乐 舞蹈 美术 衍纸手工 家乡三色图 ……	健康饮食 花样跳绳	科学 科幻天地 信息 机器人 ……	品德 爱的教育 百花人文探究 交往合作 ……
	下学期	语文 能言善辩 美文欣赏 英语 角色扮演 ……	数学 数学小论文 数学魔术 (二) 国际象棋 ……	音乐 中外名剧欣赏 美术 手绘创意 家乡三色图 ……	心理团辅 灌篮高手	科学 魔法实验室 信息 动画制作 ……	品德 我是社区好公民 百花人文探究 研学活动 交往合作 ……

第五部分　学校课程实施与评价

通过实施课程,"百花教育"才能落地开花,学生们才能像花儿一样如其所是地绽放,老师们才能享受静待花开的快乐,学校才能彰显百花齐放的办学特色。为此,百花洲小学通过"百花课堂""百花学科""百花节日""百花社团""百花文化""百花空间""百花整合"等丰富多样的课程践行"百花洲上百花开"的理念,实现"百花园课程",见证"让每一朵花如其所是地绽放"。

与课程实施同行的是课程评价,这是引领"百花园课程"开发的指南,是把握六大类课程设计的风向标,是展示课程实施效果的试剂。学校课程实施与评价保障了"百花园课程"的"百花绽放"。

一、建构"百花课堂",落实学科基础课程

在原有的课堂文化基础上,学校进行了课堂教学文化的重新调整,聚焦核心素养,

体现出教学理念的解放，教学目标的饱满，教学内容的丰富，教学方法的互动，教学评价的激励。

（一）"百花课堂"的内涵与实施

"一枝独放不是春，百花齐放春满园"。这里，重视的是教与学的多样性，是师生间思维的大碰撞；注重培养学生的多向思维，鼓励学生发出自己的声音，让学习过程、思考过程看得见；鼓励从"错误"中开出"智慧的火花"。它包含着以下五个关键词。

1. 解放。"百花课堂"是理念解放的课堂。解放儿童的头脑，释放儿童天性；解放儿童的双手，培养其动手能力；解放儿童的时空，将更多学习的主动权交给学生，以形成百花齐放、各美其美的教学境界。

2. 饱满。"百花课堂"是教学目标饱满的课堂。"百花"，各有所长、各门学科各负其责，共同培养多样化的人才。在具体的教学中，作为国家课程的基础学科，承担着让学生掌握最基础的知识，为继续学习打下坚实的基础，同时培养学生的学习能力以及审美鉴赏能力。

3. 丰富。"百花课堂"是教学内容丰富的课堂。"百花"的兼容并蓄、大气开放使它拥有包容多学科的潜质。这里，鼓励教师多角度解读教材、二度开发教材，对不同的学科进行整合，组成丰富的教学内容，为培养未来高素质的人才提供支持。

4. 互动。"百花课堂"是教学方法互动的课堂。学习过程中的生生互动、师生互动，使教学过程成为师生共同开发、探讨、丰富课程的过程。在互动中，学生真正成为学习的主体，同时发挥自己的个性和创造能力，并最大限度地提升相应的核心素养。

5. 激励。"百花课堂"是注重激励式教学评价的课堂。"春风化雨百花开"，激励，就是促百花开的春风、春雨。教师善用激励性评价激发学生的学习热情，增强学生学习的动力，鼓励他们以饱满的激情投入到课堂学习中去，让学生得到自主发展。

（二）"百花课堂"的评价标准

根据"百花课堂"的内涵，我校注重科学的教学评价，并就"百花课堂"制定以下评价标准。（见表 5-3）

表5-3 百花洲小学"百花课堂"教学评价

评价主体	评价标准	评分
解放的 教学理念 （5分）	1. 符合新课标的理念，注重培养学生的核心素养。（2分）	
	2. 有开放的教师观和学生观，一切以学生的发展为本，将更多学习的主动权交给学生。（2分）	
	3. 面向全体，张扬个性，使每个学生都能得到相应的发展。（1分）	
饱满的 教学目标 （10分）	1. 教学目标的制定符合年段特点以及学生的认知基础，将教学与学生的经验世界相勾连，激活思维。（3分）	
	2. 目标涵盖三个维度，帮助学生在原有基础上得到发展。（2分）	
	3. 各门学科各有所长、各负其责，共同培养多样化的人才。（3分）	
	4. 能根据教学目标的需要，对"百花课堂"进行重组、整合。（2分）	
丰富的 教学内容 （30分）	1. 正确把握教材，并能创造性地使用教材，根据教学需要来开发课程资源，丰富教学内容。（10分）	
	2. 教学内容有层次、有梯度，在把握基础性知识的基础上注意适度拓展，使不同程度的学生各有发展。（10分）	
	3. 根据学生的学习基础、符合学生的发展水平，唤起学生的发展经验，使学生主动参与学习。（10分）	
互动的 教学过程 （40分）	1. 根据教学内容来创设恰当的教学情境，教学活动设计科学、组织形式灵活多样，能引导学生主动进行积极的思考。（5分）	
	2. 设计统整性的问题，练习有价值、有弹性，鼓励学生质疑、创新。（10分）	
	3. 突出学科思维方法，注重探究，恰当、合理地组织有效的合作学习和互动交流，促进学生的自主学习。（10分）	
	4. 教师能根据课堂教学情况与课堂生成，恰当地进行调整教学预设，以便适应变化、互动的课堂。（10分）	
	5. 在和谐、平等的师生对话的基础上，根据学生的个性发展，促成对话丰富、多维。（5分）	
激励的 教学评价 （5分）	1. 能用激励性的语言评价学生的课堂表现，及时、准确，富于个性化，能够包容、激励学生。（3分）	
	2. 评价方式多样，从尽可能多的角度来满足学生在认知、情感、个性方面的差异。（2分）	
教学的效果 （10分）	1. 学生积极参与学习活动，课堂民主，思维活跃，不断有智慧火花的绽放。（2分）	
	2. 学生的主体性地位得到体现，乐于动脑、动口、动手，感受到学习的快乐。（3分）	
	3. 学生学会学习、得到发展，并能促进教学相长。（5分）	

二、 建设"百花学科"，落实学科拓展课程

近些年来，随着课程改革的进一步深化，特别是信息化时代的到来，对"多样化、个性化、创新型"复合型应用人才的需求更迫切，光靠单一的国家课程、地方课程或者校本课程"线状"建设与实施已经无法满足社会发展对教育的需求，必须实现三级课程的科学整合。因此，"百小"以"百花学科"来推进学科拓展课程的建设和实施。"百花学科"拓展性课程，指教师根据国家基础课程，来自主开发的适合学生个性发展的课程。

（一）"百花学科"的实施途径

"1＋X"学科课程群建设。"1"指的是一门基础性课程，"X"是指教师根据国家课程开展的拓展性课程，是基于儿童发展需求的、指向核心素养培养，是基础性课程的延伸。"百小"建设"1＋X"学科课程群的途径是：根据学校各学科师资力量，倡导教师在国家课程校本化实施的基础上总结经验，以某门学科为原点，设计基于某门学科特色。

1. 建设"醉美语文"学科课程群

课堂，有着与美最近的距离。结合小学生语文核心素养的培养目标，借助"醉美语文"特色课程让学生领略到语言之美、思维之美。

表 5-4　"醉美语文"课程群

一年级	畅游拼音乐园	拼音王国探险	四年级	我爱课本剧社	故事汇
		字母乐园			课本剧社
		汉字碰碰碰			我编剧本
		字词迷宫			小小演说家
二年级	拥抱绘本娃娃	我读绘本	五年级	诗中季节	春诗组曲
		讲绘本故事			古诗里的夏
		绘本新编			中秋诗会
		我的第一本绘本			冬日情思
三年级	走进诗词国度	童诗诵读	六年级	创意写作	循环日记
		笠翁对韵			词语编故事
		小古文			写科幻片
		《诗经》吟诵			创意写作

2. 建设"智趣数学"学科课程群

"智趣数学"是"智"与"趣"为特色的拓展性学科课程群,志在培养学生的数学素养。

表5-5　"智趣数学"课程群

一年级	数学游戏乐园	珠心算	四年级	我的数字,我作主	扑克牌24点
		玩转数棒			魔方3阶
		百变七巧板			我形我数
二年级	挑战计算能手	四阶数独	五年级	思考力训练营	魔方变形
		神机妙算			数学步道
		计算大本营			扑克魔术
三年级	玩转数学游戏	九阶数独	六年级	数学与运用	数学魔术
		趣味闯关			数学步道
		扫雷游戏			数独

3. 建设"乐享英语"课程群

基于"乐享英语"的学科理念,考虑到学生的兴趣及需求,我们在国家课程的基础上开发拓展性课程,组成"乐享英语"特色课程群。

表5-6　"乐享英语"课程群

三年级	我爱ABC	英文儿歌	五年级	英文口语秀	口语秀
		字母手指操			英文故事
		彩绘ABC			英文趣配音
四年级	英文乐园	英文歌谣	六年级	外国文化节日	愚人节
		角色扮演			万圣节
		单词大PK			圣诞节

4. 建设"雅美音乐"课程群

音乐,陶冶人的情操,培育人的审美情趣,使之懂得审美,知道美在哪,学会美、创造美，基于这一目标，组成"雅美音乐"特色课程群。

表5-7　"雅美音乐"课程群

一年级	花之声： 我爱儿歌	儿歌	四年级	花之乐： 器乐演奏	竖笛艺术
		学唱校歌			快乐音响
		小小演唱会			器乐合奏
二年级	花之形： 舞美雅韵	T台秀	五年级	花之歌： 大地欢歌	歌曲联唱
		红舞鞋			歌伴舞
		童谣达人			音乐剧欣赏
三年级	花之灵： 古韵悠悠	唱响古诗	六年级	花之灿： 毕业之季	唱送别组曲
		合唱艺术			写毕业赠言
		《读唐诗》			巧手绘校园

5. 建设"创美美术"课程群

与音乐一样，美术承担着培养学生对美的感受，用线条、色彩将"美"表现出来。"雅美音乐"特色课程群的使命就是欣赏美、表现美、创造美。

表5-8　"创美美术"课程群

一年级	我爱美术	树叶画	四年级	趣味线描	线描画
		涂画乐			构图联想
		百变彩纸			趣味留言夹
二年级	灵感乐园	捏泥	五年级	创意线描	线描
		儿童科幻画			刊头设计
		糖果拼盘			儿童水墨画
三年级	百变画纸	纸杯画	六年级	创新美术	创意报刊展示
		剪纸			手绘创意
		花瓣拼图			衍纸手工

6. 建设"花样体育"课程群

"百小"的体育拥有自己的特色。对国家课程拓展之后的"花样跳绳"与"体验游戏"这两门校本课程成熟,多样的活动内容解决了活动场地小的困难,在此基础上对课程进行扩充,形成"花样体育"课程群。

表5-9 "花样体育"课程群

一年级	宝贝加油	跑步达人	四年级	活力赛跑	冲向50米
		投掷能手			挑战迎面接力
		无敌风火轮			往返接力
二年级	花样跳绳	车轮跳	五年级	田径为王	竞走我最快
		双摇			投掷我最准
		三角跳			挑战跳高
三年级	快乐体验	传统密口令	六年级	球类家族	乒乓争霸
		合力吹气球			运球能手
		两人三足			灌篮高手

7. 建设"智慧科学"课程群

提高公民的科学素养,是教育者的责任与使命。"百小"以培养学生的核心素养为目标,建立"智慧科学"课程群。

表5-10 "智慧科学"课程群

一年级	我爱叶子	认识叶子	四年级	趣说天气	气候小常识
		八一公园采叶子			研究暖冬
		树叶是活的吗			空气知多少
二年级	科学启蒙	动物王国	五年级	炫彩科幻作品	想象画
		磁铁游戏			PPT画作
		测量校园			制作电子简报
三年级	生活与科学	我的"宝宝"	六年级	技术与创新	机器人
		画天气			头奥社
		食物里的学问			航模

(二)"百花学科"的评价标准

课程群建设通过建立评估体系来保障其有效实施,应具有以下几项标准。

1. 课程哲学内涵丰盈。学科课程哲学指向清晰，与学校教育哲学保持一致，体现学校的办学理念，并具有其学科特色，内涵丰盈。

2. 课程目标指向清晰。学科课程群目标指向应依据学科课程标准及学校育人目标，基于学校实际，应将目标定位高于学科课程标准。

3. 课程内容丰富多维。学科课程群除规定的国家课程之外，拓展类课程应丰富多彩，以学生需求为主，为学生的全面发展搭建平台。

4. 课程实施科学高效。课程实施方法得当、措施有力，充分体现学生的主体地位，有利于学生兴趣的激发。教师教学效率高，教学效果好。

5. 课程评价规范全面。课程评价做到多元、全面。结合过程性评价和终结性评价，发挥评价的诊断和激励功能，对学生学习情况进行整体评价。（见表5-11）

表5-11　百花洲小学"1+X"课程评价细则

A级指标	B级指标	评估标准	评估方式	权重	得分
课程哲学	课程哲学	课程哲学与学校教育哲学相一致。	查看课程方案	10分	
	课程理念	课程理念彰显学科课程特色，特色鲜明。		10分	
课程目标	课程总目标	总目标指向清晰，高于学科课程标准，与核心素养向对应。	查看课程方案	10分	
	分年级目标	年级目标与学生年龄特点相符合，设定科学、可行，具有层次性。	查看课程方案、学科课程纲要	10分	
课程内容	整体设置	课程内容丰富，整体设置具有逻辑性，有梯度，有难度。与课程目标相一致，暗含课程目标，内容与学生生活实际相结合。	查看学科课程纲要	10分	
	教材资源	教材准备充分，适合学生学习，资源丰盈，形式多样。	查看学科教材	5分	
课程实施	课时安排	课时安排合理，有一定的科学性。	查看学科课程纲要	5分	
	课堂教学	课程实施方法得当，措施有力，充分体现学生的主体地位，有利于学生兴趣的激发。组织有序，指导学生运用探究、合作等方法。	入班观课"百花学科"评价表评价	20分	

A级指标	B级指标	评估标准	评估方式	权重	得分
课程实施	教学效果	学生在课程中知识技能明显提高,学生喜爱程度高。		10分	
课程评价	评价激励	评价内容具体,措施方法得当,权重明确	入班观课 查看学科课程纲要及学生学业评价档案	10分	

三、 创设"百花节日",落实节庆文化课程

把"节日文化"作为课程资源,这是很多学校通行的做法。"百小"也有着本校独特的节庆文化课程,通过它们来为学生提供表现与展示自我的平台。

(一)"百花节日"的创设方法

我校的节日庆典方式多样,有的是结合传统节日而开展的,比如清明节的"网上祭英烈"活动;有的是根据现代节日而形成的课程,如国庆节"向国旗敬礼";还有的是校园节日,如"团队花色美——花样跳绳"体育节,等等,这些特别的"节"都是学生们的所爱。

1. 传统节日课程

开展以传统节日为主题的活动,目的是让学生大力弘扬中华民族优秀传统文化,增强学生对民族传统节日的喜爱,激发他们对传统文化的热爱与认同。(见表5-12)

表5-12　百花洲小学"百花节日"——中国传统节日课程实施方案

时间	百花节日	主题	活动
清明节	杜鹃花节	鲜花祭英烈	主题队会、献花留言、小报制作评比
端午节	栀子花节	栀子香飘端午	包粽子,制作端午小报,毕业季活动
中秋节	桂花节	桂花里的圆月	写中秋小诗、桂花赏诗会
重阳节	菊花节	重阳敬老活动	吟诵古诗,我为重阳留个言、登高 到社区参加时间银行慰老服务
春节	茶花节	年味大观园	写对联、贴年画、春节元宵小报

2. 现代节日课程

我校通过现代节日课程,开展爱国主义教育以及进行多样文化的熏陶,激发学生热爱生活、热爱学习、热爱校园的情感,为他们搭建展示自我的平台。(见表5-13)

表5-13 百花洲小学"百花节日"——现代节日课程实施方案

时间	节日	主题	活动
六月	儿童节	咱要上六一	1. 入队仪式 2. 节目展示
十月	国庆节	"向国旗敬礼"	1. 学唱国歌 2. 争当升旗手
十二月	元旦	同伴巧手迎新年	1. 手工制作 2. 剪贴窗花 3. 致辞新年

3. 校园节日

"百小"校园里各具特色的节日,特具仪式感与教育性,它已成为学生们感受校园文化、陶冶情操、进行自我展示的一个特殊载体。(见表5-14)

表5-14 百花洲小学"百花节日"——校园节日课程实施方案

时间	节日	主题	活动
四月	百小读书节	最是书香能致远	开展一系列读书及书香家庭的评选活动
五月	百小音乐节	感受音乐之美	开展校园合唱、器乐及小歌手争霸赛等系列活动
十月	百小体育节	体育2加1	开展花样跳绳、广播操评比等系列体育赛事
十二月	百小戏剧节	走进课本剧	课本剧、舞台剧展演

(二)"百花节日"的评价

我们根据"百花节日"的内涵,以评优、表彰先进为契机,设计了以下评价表格。(见表5-15)

表5-15 "百花节日"评价表

评价指标	评价内容	权重分	得分
活动方案	1. 主题鲜明、寓意深远,具有时代性、教育性、针对性。 2. 内容贴近学生生活实际,紧扣时代脉搏,指向学生的核心素养培养。 3. 活动设计有特色、接地气、有创意,凸显出节日的特点。	30分	
活动实施	1. 活动有方案,有评价,有成果展示。 2. 按照"近、亲、实"的原则选择活动,活动内容设计综合考虑节日特色以及学生的实际情况,充分满足学生个性发展需求。 3. 采取多种形式呈现活动内容,具有开放性和拓展性,不断地给学生以新鲜感,促进思维发展。 4. 师生互动,有情趣;学生参与面广,懂得与他人的合作,互帮互助,在体验中感受节日氛围,培养实践能力与合作精神。	40分	
活动效果	1. 活动目标明确,有明确的导向性和时代特点。 2. 活动形式新颖、别致、多样、开放互动,给予学生充分展示自我的平台。 3. 通过节日课程对学生进行传统教育、自我教育,学生在活动中有所得。 4. 学生情感态度、价值观得到提升。	30分	

四、建设"百花社团",落实兴趣爱好课程

"百花社团",因"百花教育"而来,它是课堂教学的延展和深化,可以不分年级,由兴趣爱好相近的同学组成,旨在通过丰富多彩的社团活动挖掘学生特长、关注兴趣爱好、培养公民意识,为学生发展提供更广阔的时间与空间。

(一)"百花社团"的建设

百花洲小学的社团活动,结合学生特色、根据学科特点,将社团活动的时间安排在课堂教学之外。此外,充分利用家长及社区资源,为学生提供实践机会,将社团活动立体化、生活化。(见表5-16)

"百花社团"的实施,不但巩固、拓展课堂所学内容,而且使所学的知识得到有效的运用和创新,大力培养学生的创新精神、实践能力,全面提升学生的综合素养和学校的办学活力。

表5-16 "百花社团"的主要类型

课程类别	社团名称	社团课程目标
语萃园课程	诗文诵读社	在社团里，通过古诗文诵读、英文儿歌、表演等活动，培养学生对语言的敏感，激发他们对语言表达的热爱。
	英语小广角	
智慧园课程	创新思维场	通过数学游戏、数学游戏、棋类等活动来培养学生的数、形观念，培养他们的数学力以及创新思维能力。
艺术园课程	花之韵合唱社团	在艺术类社团课程群中，通过合唱队、民乐演奏、舞蹈、书法，剪纸等多种活动来培养学生的审美能力、艺术鉴赏力，传承祖国优秀的传统文化。通过这些传递美、表现美的活动，陶冶情操，培养良好的艺术素养。
	花之灵民乐社团	
	花之秀美术社团	
	花之香书法社团	
	花翩跹舞蹈社团	
健康园课程	活力健身园社团	在健康园社团课程群中，通过开展田径、花样跳绳、篮球、乒乓球以及心理游戏、心理团辅等社团活动，来培养学生健康的身心，在增强身体素质、拥有健康的心态。
	阳光心疗社社团	
科创园课程	科学实验室社团	在科创社团课程群中，通过头奥、3D打印、科学实验、航模、制作电子简报等活动来培养学生的动手能力，提高他们的科学素养以及信息处理能力。
	信息大舞台社团	
美德园课程	红领巾在行动	通过组织学生走出校园，参加重阳节敬老、端午节为老人包粽子、春节为老人写对联，在社区花圃小插牌等社会系列活动，培养学生对他人的爱心以及社会责任意识、安全意识等。
	家园的新伙伴	

（二）"百花社团"的评价

"百花社团"的评价目的和方法等方面具有全面性、系统性，按照动态生成、真实情境、多元评价、尊重差异、注重过程、关联结果的基本取向开展评价工作。（见表5-17）

表5-17 百花洲小学社团评价表

评估内容	评估标准	评估方式	得分	
			自评	督评
课程方案（30分）	社团有规范、健全的组织机构，有活动场所。社团指导教师，能够指导学生社团建设。（15分）	访谈学生、查阅资料		

续表

评估内容	评估标准	评估方式	得分	
			自评	督评
课程方案 (30分)	有社团章程和管理制度,有计划有总结。工作计划任务明确、重点突出、措施得力。工作总结全面具体。(15分)	访谈学生、查阅资料		
课程实施 (40分)	社团活动常态化、规范化,做到前有计划,后有总结。每学期活动不少于15个课时,过程性资料详实。(20分)	查阅资料,访谈学生		
	社团每学年至少进行1次校内交流展示。(20分)	查阅资料		
课程评价 (30分)	有固定的招收团员办法,根据社团现状,适时招收团员。社团规模建制不少于10人,每学年至少对团员进行一次评定。(5分)	访谈学生、查阅资料		
	积极参加本社团组织的各项活动,并积极参加各级比赛,获得荣誉表彰。(15分)	访谈学生、查阅资料		

五、 做活"百花文化",落实校园环境课程

"百花文化",从空间文化、活动文化等不同的维度来落实校园环境课程,通过不同的文化形式,使教育走向多元化、生活化,课程因文化有了厚度,文化因课程有了载体。

(一)"百花文化"的内容

"百花文化"是"百小"校园环境的组成部分,包括空间文化及活动文化,旨在通过校园环境的营造发挥育人作用。(见表5-18)

表5-18 百花洲小学"百花文化"课程维度与实施

百花文化课程	内容	百花文化课程	内容
空间文化	廊道文化:廊道空间有功能	活动文化	值周生自主管理
	教室文化:班级文化有特色		社团及节日活动的开展
	广场文化:学校比赛有展示		爱心天使慈善行
			百花礼仪

（二）"百花文化"课程的评价

1. 班级文化评选；廊道、广场文化创意征集。

2. "值周生自主管理"的评价，主要是根据值周生的表现来评定。大队委定期或不定期地对值周工作进行检查，评选5名优秀值周生，对于优秀值周生的事迹，在周一集会上进行宣传，或通过广播进行表扬，在校门口宣传栏进行展出。

3. "爱心天使慈善行"的评价，重在"爱心"，评选"爱心小天使"，并在六一儿童节或元旦进行表彰。

4. "百花礼仪"，通过评选"礼仪之星"，让学生变得更文明、优雅。

六、 聚焦"百花整合"，落实专题教育课程

根据多元智能理论，百花洲小学将聚焦"百花整合"：落实三级课程的科学整合，加强课内与课外的整合，学科活动与实践活动的整合。比如，春秋游研学，三原色整合，专项整合活动等。

（一）"百花整合"的建设

1. 学科整合。

学科整合，分为学科内整合与学科间整合两种情况。它不是简单地将学科课程进行重合并重新安排，而是挖掘不同学科的共通之处，以统一的主题整合不同学科的内容，让学生体验不同学科知识间的内在联系，还原他们完整的经验世界。在跨学科的课程整合中，找准不同学科的契合点是关键。这不仅需要教师深入挖掘教材不同学科的内在逻辑关系，还需要不同学科教师的沟通与协作。

基于这一理念，"百小"结合本校的办学特色，对现有的13门国家课程进行整合。（见表5-19）这样的学科整合既兼顾了义务教育阶段对学科教学的要求，又通过拓展性课程、探究性课程去激活每一个学生的潜能。（见表5-19）

"百小"初步将每年的五月、十月定为"百花课程月"，分三个年段来实施。上午是国家课程，下午自主选课、走班上课，利用现有的课程与师资来实现拓展。每个学段12门拓展性、个性化课程，执教除了本校教师、外聘教师，还将邀请家长参与。

表5-19 百花洲小学"百花整合"之学科整合(金色十月自选课程)

学科\学段	语文+ 英语	数学+	音乐+ 美术	体育+ 健康	科学+ 信息	思品+ 综合+
第一学段	语言表演	中国象棋 趣味魔方 五子棋	手工制作 手指画 折纸飞机	花样跳绳	趣味闯关	百花礼仪 整理收纳 心理游戏
第二学段	百花文学社 日记之旅 英语课本剧	数独 数学魔术	纸杯画 少儿国画 舞蹈	花样跳绳 羽毛球	科技小实验 PPT制作	百花礼仪
第三学段	阅读交流 英语小导游 中外名剧欣赏	数学游戏 扫雷世界	音乐剧欣赏 纸杯纸盘画 衍纸手工	杯子舞 花样跳绳 篮球	航模	百花礼仪

2. 主题整合。主题整合是以"主题"为核心,对课程资源进行主题整合。在主题整合的实践中,我们认识到学校只有形成特色的拓展课程体系,才能形成办学特色,才能为孩子们打上人文底色。于是,举全校之力,形成本校独特的课程体系,即在原有的国家课程的基础上,自主开发了"百花人文""百花礼仪""情绪与健康""体验游戏""花样跳绳""交往指导手册""婷婷姐姐100问"等主题式拓展性课程,这些课程有规定的内容,要求在一定的课时内完成,重在培养健全的人格和礼仪,进行感恩教育,培养团队合作精神。

(1)"百花人文"特色课程实施。"百小"教师结合学校办学特色以及得天独厚的地理优势,开发以"百花人文"为主题的综合实践课程。(见表5-20)

表5-20 百花人文特色课程

单元	活动时间	活动主题	活动内容	课时数
单元一	9月—11月上旬	寻踪百花洲	召开"百花洲的历史"发布会	16
单元二	11月中旬—1月上旬	走近百花洲	开展以"印象百花洲"为主题的图片展,或PPT展示	16
单元三	3月—4月	保护百花洲	开展"保护百花洲"主题活动。	16
单元四	5月—6月	畅想百花洲	文字或图画表现自己心目中未来百花洲的样子	16

开展"寻踪百花洲"综合实践活动，学生们进一步认识家乡，了解家乡的历史、文化，初步具有发现问题和解决问题的能力，有搜集信息和处理信息的能力，有与人沟通、合作的意识，还培养了热爱传统文化，热爱家乡，热爱祖国的思想感情。

（2）"百花礼仪"特色课程实施。讲礼重仪是中华民族世代相传的优秀传统。因此，让学生成为知书达礼的"谦谦君子"是开发"百花礼仪"这门特色课程的初衷。《百花文明交往礼仪手册》介绍了 9 个有关校园礼仪的知识，意在让学生知礼、明礼、执礼、悟礼，积累成长正能量，成为合格的学生、文明南昌人、中国好公民。（见表 5-21）

表 5-21 "百花礼仪"特色课程

课时	内容	课时	内容
第一课	文明的仪表	第二课	文明的交谈
第三课	文明的交往	第四课	文明的行走
第五课	文明的集会	第六课	文明的课堂
第七课	文明的课间	第八课	文明的用餐
第九课	文明的出游		

（3）"情绪与健康"特色课程。情绪会影响人的认知、创造力、人际关系、健康，它还对形成记忆有很大影响。但是，我们却很容易忽略了孩子的情绪。再加上学生课业负担沉重、学习压力增大，学生在成长的过程中暴露出厌学、焦虑、人际关系紧张等心理问题。基于此，"百小"校开发了"情绪与健康"特色课程。（见表 5-22）

表 5-22 "情绪教育"特色课程

年级	情绪教育	教学内容
三年级	别害羞	认识害羞情绪，学会克服
	生气了	了解生气情形，缓解情绪
	我好紧张	认识紧张反应，学会缓解
	我被冤枉了	被冤枉的感受，学会处理

年级	情绪教育	教学内容
四年级	我不是胆小鬼	了解害怕什么,直面害怕
	我不孤单	感到孤单情绪,学会应对
	你是我的朋友	闹矛盾是什么,如何化解
	我好担心	了解担心感受,消除担心
五年级	烦恼 byebye	认识难过心情,面对与处理
	心花朵朵开	认识开心情绪,善用好心情
	和爸爸妈妈吵	了解伤心情绪,学会缓解
	我想念奶奶	进行死亡教育,正确面对
六年级	我好得意	探索自己价值,自我鼓励
	勇敢挑战吧	战胜嫉妒心理,调适情绪
	应对家庭风波	调整自己看法,和谐相处
	让父母更理解我	表达自身感受,学会沟通

表 5-23 "健康教育"特色课程

版块	健康教育	活动内容	健康教育	活动内容
体验运动	认识自我	我是独一无二的	自信成功	不做小拖拉
		说说心里话等		用好零花钱
		"和尚"抬水		独立当家
		分享快乐		心怀感恩
	感恩他人	搭座心桥	室外游戏	记忆考验
		自信要诀		信任进步行
		别说不可能		两人三足
		成功秘诀		无敌风火轮
健康饮食	肉吃多了容易冲动			
	糖吃多了容易发怒			
	生气时泡玫瑰花茶、吃山楂			
	养心安神多吃莲藕			
	缺锌的人容易抑郁、情绪不稳定			
	蔬菜中的钾有助于镇静神经、安定情绪			

（4）体验游戏特色课程。传统游戏，也叫民间游戏，它集民间智慧于一体，形式多样、内容丰富。"百花交往合作体验游戏"介绍了 16 个适合于学生课间玩耍的趣味游戏，既满足了学生好动、好奇、好玩的天性，又通过"玩"使其体验与人交往合作的经验技能，从而学会交往、学会合作，逐步养良好的团队精神和互帮互助品行。（见表 5-24）

表 5-24　百花洲小学"体验游戏"特色课程

课时	内容	课时	内容
游戏一	快乐的小棒	游戏九	"车轮"转转转
游戏二	传统密口令	游戏十	合作建塔
游戏三	划正字	游戏十一	背对背坐地起身
游戏四	石头剪刀布	游戏十二	飞碟
游戏五	赶"猪"过河	游戏十三	跳跃"大风车"
游戏六	加油吹羽毛	游戏十四	占领阵地
游戏七	合力吹气球	游戏十五	两人三足
游戏八	多多益善	游戏十六	爱的传递

（5）"花样跳绳"特色课程。"百小"学生活动场地较小，限制了体育活动的开展。为落实"阳光体育运动"以及"体育艺术 2+1"项目，选择跳绳来作为体育活动的主打项目，开发了"团队花色美—花样跳绳"特色项目，并分年级、分层次来让校本课程落地，让学生在花样跳绳运动中学会交往合作，体验与伙伴共娱乐、共运动、共学习的历程。（见表 5-25）

表 5-25　花样跳绳

课时	内容	课时	内容
一年级	花样跳绳	四年级	车轮跳、双摇、跳大绳
二年级	花样跳绳	五年级	车轮跳、彩虹跳、双摇
三年级	车轮跳、双摇	六年级	车轮跳、彩虹跳、双摇、三角跳

（6）"交往合作指导"特色课程。进行有效交往是需要学习与实践的，"交往合作指导"就是告知与同伴交往的知识与技巧，帮助学生在学习和生活中营造一个和谐的人际氛围，让他们在交往合作中游刃有余，成为"交往合作小能手"。（见表5-26）

表5-26　交往合作指导手册

课时	内容	课时	内容
第一章	"主动"开启友谊门	第六章	化"敌"为友乐融融
第二章	"真诚"美好友谊石	第七章	"求同存异"好相处
第三章	"尊重"有道真情浓	第八章	"平等待人"少偏见
第四章	学会"分享"收获多	第九章	挑战"冷落"方法多
第五章	"取长补短"开怀笑	第十章	平衡"异性"有灵招

（7）"心理健康"特色课程。学校以"情绪与健康""交往指导手册""婷婷姐姐在线100问"为蓝本，编写了《心理健康》校本教材，并在三至六年级各班开设，每周一节。课程实施后，学生变得更加开朗、活泼、自信、乐观，能自主、及时、有效地调整自己的情绪和心理状态，精神面貌焕然一新。

（8）研学课程。包括春秋游研学，毕业课程。结合春、秋不同季节，走进大自然，让学生去感受自然之美、进行探究性学习；根据毕业学生的特点，每个毕业季，设置以"感恩母校、体验成长"等不同主题的毕业研学课程，让学生在活动中学会感恩、懂得合作。

（9）"三色"课程。包括红色（讲革命故事），绿色（环保我先行），古色（古诗词之旅），在"三色"课程中对学生进行爱国主义教育、传统文化教育，使他们真正懂得环保的重要性，并能身体力行。

（二）"百花整合"评价的方案

"百花整合"是否科学有效，必须有评价机制做保障。评价时，首先得明确评价的对象，它包括参与课程实施的教师、学生、学校，还包括课程活动的结果，即学生和教师的发展。提倡从以下四个方面进行评价。

1. 运用观察、访谈法，评价学生在学习过程中的表现、整合课程的学习质量和水平，课下也可以对学生进行访谈，或向学生、家长发放问卷调查，增加对学生学习质量的了解，并根据本人或他人的回答来评价课程。

2. 坚持评价内容、标准、方式的多元化，重视学校、教师、学生自我评价，还可以邀请专家及其他人员参与到评价中来，以增强评价的科学性、实效性。

3. 进行过程评价。过程评价具有开放、激励的功效，贯穿于教学的始终，用它来纠正、引导学生的学习，激发学生学习的动力。

4. 通过评价了解、把握真实的反馈信息，比较、分析课程是否能够真正促进学生学习，与学生的心理逻辑是否吻合，课程结构是否突破了学科限制，真正指向学生发展；判定课程设计与实施效果，及时做出决策改进课程整合工作。

第六部分　学校课程管理

一、价值引领

"百花园课程"秉承"百花洲上百花开"的课程理念，围绕着"建设家校社和谐合作生态园，培养规正尚美、知行合一社会人"的办学目标，立志通过建设"立体、全面、丰富"的课程群，为学生搭建可供学习、体验、实践的多种成长平台，深入实施素质教育，最终实现"让百小花态园里每一朵都能如其所是地绽放"这一办学愿景。

二、组织建设

学校成立以校长为组长，业务领导、学科骨干教师为组员的课程领导小组。课程领导小组既是百花园课程建设的组织领导者，又是百花园课程建设的实施者和引路人，要通过带头学习先进理念，定期召开课程建设研讨会交流课程研发实施心得经验；组织带领教师外出学习，开展校内实践课程建设品质，同时组建以区督学及各学科中心组长为成员的"百花园课程"管理实施小组，一是对领导小组成员目标责任达成情况实施监督、评定，提出整改目录单，二是不断反馈修正课程实施情况，确保百花园课程有条不紊推行下去。

三、制度建设

为了保障学校课程建设扎实有效地实施，在"百花园课程"的研发与实施过程中，建立健全以下五项基本制度：

1. 审议制度。教师提出课程申请，向"课程领导小组"提交课程方案。学校"课程领导小组"对其可行性进行评议，然后作出回复。

2. 考核制度。将"每位教师至少开发或参与一门校本课程开发和实施"作为学校绩效考核的内容之一，将教师课程开发和课程实施情况与绩效工资挂钩。

3. 课程成果展示制度。每学年开展一次学生校本课程成果展示活动，展示学生们在校本课程中的收获、体验和成长。

4. 最受欢迎"百花课堂""百花学科"评选制度。从课程方案评审、教师指导过程记录表、学生成果展示效果、学年反思性总结等六个指标对课程一学年的开展情况进行整体评价。

5. 推广制度。定期评选优秀课程，通过"百花论坛""百花园"校报加以推广。

四、 评价导航

学校鼓励教师积极寻求教学方式和评价方式的创新，在评价过程中积极尝试档案袋评价、表现评价、访谈、信息留言等多种方式；定期对各门课程的教学质量进行评议和审议，以改进学校课程的品质。评价主要参照教师的自我评价和同行评议，同时参照学生的课程满意度调查和学生家长的课程反馈意见，使课程评价更为科学、规范。

选课平台和问卷调查。在"百花园课程"实施的全过程，老师们基于课程整合的理念，发挥自身特长来开发相应的拓展性课程，学生们则利用选课平台来选择自己最感兴趣的课程，以走班上课的方式学习。课后，学校通过问卷调查的形式来了解学生对哪些学科最感兴趣，以此对"百花园课程"形成评价与判断。

个案分析提高策略。课程实施过程中，教师运用文字记录、视频、音频等方式来收集与课程相关的资料；在问卷调查之后，课程开发组的老师们对相应的文字以及数据进行分析、比较，形成案例，找出问题的症结所在，从中寻求提升策略。

信息平台课后留言。课程实施效果如何？学生才最有发言权，可将"钉钉"、微信群、QQ群等家校联系方式作为信息平台，通过课后留言等方式了解学生在"百花园"课程中的学习状态及需求，以便及时调整课程。

展示成果推动成长。在"百花园课程"中，师生学习的成果要看得见，展示是必不可少的。学校采用墙报展示、汇报演出，举行"我们的聚会大不同"等多种方式，展示孩子们的学习成果；并通过网络、广播电视等多种方式对百花园课程的实施进行深度报道，以推动师生共同成长。

同时，学校结合办学特色和"百花"教育哲学，积极构建师生"绽放光芒"评价体系，按照学校校徽花图案上的五个颜色（绿、蓝、粉、橙、金）形成"五度绽放"评价维度，唤醒学生向上成长的本心，激励教师向前发展的需求。

"百花洲上百花开，百花齐放春满园"，百花园师生将沿着教育深化改革大道，迎着品质课程照耀的光芒努力前进！

（本案例系作者与百花洲小学课程团队共同研制）

提示条

布局学校课程实施要从丰富学生学习经历的角度，充分考察课程实施的多维途径和方式，如课堂教学、社团活动、研学旅行、校园节日、项目学习等，这在本质上就是推进学习方式变革。

关键6：如何改进学校课程评价？

问题单

学校课程评价真的很难吗？学校课程评价有什么意义？学校课程评价有哪些维度呢？学校课程评价有方法吗？

课程评价是指根据一定的价值标准，通过系统地收集有关信息，采用定性、定量的方法，对课程立意、计划、准备与投入、实施、效果等方面作出价值判断并寻求改进途径的活动与行为的总和。课程评价指向课程模式产生的全过程，而不是某个方面，在课程模式建立的各个环节都要有相应的评价。课程立意的评价即对课程建设指导思想的评价，指标在于是否与社会的教育价值观相一致、是否与学校发展的实际情况相一致、是否与受教育者对教育的客观需要相一致等；课程计划的评价包括课程设置、课程结构、课程内容、课程形式和课时安排等方面的评价；课程准备与投入的评价主要包括资源（硬件与软件）、人员（学生与教师）、环境（校园环境与文化）等的准备情况；课程实施的评价主要关注教学过程的有效性，包括教师的"教"与学生的"学"；课程效果的评价则主要是以课程设计目标为标准，考察学生发展情况、学生的满意度及其他相关主体的满意度。学校课程建设需要依据本校课程评价的价值取向，制定适合本校实际的评价标准或指标。同时，每一个环节的课程评价重点关注的不是评价的结果，而是与评价标准之间的差距以及如何在新循环的课程建设中加以改进。有学者认为：学校课程评价是以学校课程为对象开展的评价活动。对学校课程进行科学评价，可以系统地描述学校课程的存在样态与实际效果，并以此作为学校课程不断改进的抓手。学校课程评价包括以下四个方面：学校课程内容的文本分析、学校课程实施的过程关照、学校课程建设的特色呈现以及学校课程建设的主体表达。[①] 这些观点对我们都是有启发的,学校整体课程规划要特别关注课程评价方式的多维运用,合理把握课程评价在课程发展全要素和全过程中的作用,尤其是要运用多种评价创意在实践层面关注对学生、对教师以及对课程本身的评价。[②]

[①] 李红恩.学校课程评价的意蕴、维度与建议[J].教学与管理,2019(12)：1—4.

[②] 有兴趣的老师可以进一步阅读：杨四耕.学校课程评价的 18 种创意[N].中国教师报,2019 - 1 - 16 (6).人大复印资料《中小学教育》2019(4)全文转载。

智慧源

HEMTS课程：人文与科学共融　素养与创新同在

人文与科学共融　素养与创新同在
上海市嘉定区第二中学 HEMTS 课程规划

上海市嘉定二中是一所文化底蕴深厚的公办全日制区级实验性示范性高中,坐落在千年古镇南翔镇,1921 年李仲斌先生开办"李氏小学",1941 年因抗战停学,1949 年张昌革校长创办南翔义务职校,1964 年被确定为区重点中学,2009 年被命名为嘉定区实验性示范性高中,至今已近百年的办学历史。学校凭借"钟灵毓秀""卧薪尝胆"的吴越文化之内涵,秉承"教化嘉定""兴庠重教"之民风,吸纳千年古镇"仙鹤南翔"之灵气,积淀了深厚的文化底蕴,奠定了可持续发展的基础。坚持"文化立校,格物修身"的办学理念,以"厚道做人,踏实做事"核心价值观为引领,为实现"办中国一流的科学高中"的办学目标和"培养人文底蕴厚实、崇尚科学精神、勇于实践创新、具有国际视野的科学素养突出的合格社会公民"的培养目标而努力。

第一部分　学校课程情境

20 世纪中叶,学校创始人张昌革老校长就倡导"以学生未来发展为本"的先进教育思想;20 世纪 80 年代初,特级教师钱梦龙提出"语文导读法"。正因为有着敢为人先的教改传统,学校先后被确定为上海市第一期课改和第二期课改实验基地学校。

2002 年开始,学校被定为上海市二期课改首批实验基地学校。在课改工作中,全校教职工与学生积极投入,扎实开展实验工作,学生、教师和学校在课改平台中不断成长,科技创新素养教育成为学校鲜明的办学特色。

一、 学校课程建设优势

1. 先进的办学理念

文化立校。以文奠基，以文求进。植根于中华民族的优秀文化，植根于底蕴深厚的地域文化，植根于学校优良的办学传统，接纳和学习人类优秀文化，与时俱进，传承创新，使之成为学校、教师和学生发展的活水源泉。以文化人，以文育人。加强中华传统文化教育，融合东西方优秀文化，厚实学生的道德基础、知识基础和发展基础，培养学生人文和科学素养。以德治校，依法治校。探索现代学校制度建设，建立以人为本、科学民主的管理机制，形成全校师生共同愿景、精神追求和人生发展的价值取向，营造高品位的校园文化氛围，提升学校核心竞争力。

格物修身。格物，穷究事物原理。以客观的精神、科学的态度来求索知识。格物，实践能力培养。激发学生学习兴趣，探究物理现象的本质，提高动手实践能力。格物，科学素养教育。重视科学知识的传授和技能的训练，重视对学生探索兴趣及能力、良好思维习惯、创新意识等的培养。修身，修养自身品性。广大师生员工都要不断加强自身思想道德修养，培养良好品德，塑造健全人格。格物修身乃为师、为人、为学、为事之道。修炼品德，获得真知，德才兼备。以客观精神、科学态度求知，以科学知识、科学规律做事，以健全的人格、良好的道德修养做人。

2. 课程资源特色凸显

2003 年开始，在全校进行了"勿离手"高中物理创新小制作课程改革创新实验，并成为学校课程建设的特色项目。一大批科技创新成果涌现，200 多项作品获国家及上海市专利局发明专利证书。2006 年 2 月 22 日《文汇报》整版刊登嘉定二中物理课改报道《"勿离手"——物理新型教学的形象支撑点》，上海教育电视台先后三次对学校的实验教学改革进行了采访报道。5 月 25 日在嘉定二中召开"上海市物理二期课改创新实验现场会"。2009 年 8 月 18 日，教育部第七届"华师京城杯"科技制作展示会与会专家来校参观。学校物理创新实验室被遴选为上海市首批创新实验室，《"勿离手"实验教学的理想追求——上海市嘉定区第二中学物理创新实验室》编入上海市中小学课程委员会主编的《创新，实验室里的时代脉动——高中创新实验室案例撷英》中。11 月 1 日，上海市"实验教学与教师创新"圆桌论坛在嘉定二中隆重举行，《上海教育》2009 年第11B期用八个版面聚焦了本次论坛。《中学实验课尴尬之局欲解还难》一文刊在2010年1月14日《中国教育报》第二版,凤凰网、搜狐网、新浪网等近200家网站进行了转载。

2010年嘉定二中物理课改教学研究成果《"勿离手"实验教学,为培养创新人才奠基——高中物理实验教学改革的研究与实践》被评为教育部基础教育课程改革教学研究成果三等奖。《动手、探究、发现系列科技创新活动》获第十九届全国青少年科技创新大赛优秀科技实践活动一等奖。此后上海市电视台两次专程来校拍摄物理创新实验,并两次在上海纪实频道作了报道。多名同学被评为"明日科技之星"称号;学生制作的"水火箭"获得上海市英特尔创新大赛一等奖,《动手、探究、发现科技创新系列活动》获第十九届全国青少年科技创新大赛优秀科技实践活动一等奖。几百个研究课题、千余件物理小制作,几千份物理小报,几百个互动式的挂壁实验,有116件科技作品获得国家专利,有50多件作品在国家以及上海市获得奖励。

学校获得中国创造协会"科造教育实验基地"、上海市教委及市专利局"知识产权示范学校"、市科普协会"科技教育特色示范学校"、中央教科所"全国普通高中特色项目学校"、"全国青少年创新教育实验学校"、"嘉定区科技教育基地"、"嘉定区科技特色学校"等荣誉。

在国家及上海新一轮教育综合改革中,嘉定二中积极探索改革与发展,提出了创办上海市科学高中的设想,并得到专家充分肯定,得到区教育局和区政府的大力支持,并写入嘉定区教育综合改革方案。学校深化了"文化立校,格物修身"办学理念的认识,提出"办中国一流的科学高中"的办学目标和"培养人文底蕴厚实、崇尚科学精神、勇于实践创新、具有国际视野的科学素养突出的合格社会公民"的目标,构建"HEMTS"课程体系,为培养学生科技创新素养奠基。

3. 雄厚的师资力量

师资队伍结构相对合理,涌现了一批市、区级骨干教师以及学科带头人。学校现有特级校长一人、特级教师三人,市德育基地主持人一人、市班主任工作室主持人一人、市骨干教师团队发展计划领衔人一名、区学术技术带头人三人、区学科带头人四人。教师队伍勤勉朴实,有良好的敬业精神。学校全方位提供教师专业发展平台,科学实施"青蓝计划""地平线计划",对教师队伍的改造和专业水平的提升作用凸显。中青年教师发展有较大潜力。在近两届市中青年教师教学比赛中，有9门学科的教师获得市一、二、三等奖，为课程实施提供了强大的保障。

4. 各方的支持配合

上级部门的加大投入，学校教育信息技术与课程教学的整合研究进一步加大力度；我校中国古代历史文化教育馆等人文教育场馆，通过图文、实物及现代信息技术等手段，创新情景，让学生初步系统地了解人文学科中的科技元素，提高学生的综合素养；学校成立各个年级的家长委员会，家长对学校工作支持、配合，家校沟通渠道十分畅通；社区与学校关系密切，有利于学校发展，社区为学校提供了拓展型、研究型学习指导资源。学校还和高校、科协、科技教育发展基金会、光机所、51所、气象局等单位进行联系沟通，根据学生的兴趣和研究基础，引进本学校教师无法设置开发的课程，培养学生科技素养。

二、 学校课程发展空间

1. 学校目前的教育实践与我们的教育理想有一定差距

由于诸多因素的影响，社会多元价值影响下的复杂性和多样性，增加了学校教育的艰难程度，学校文化建设和学校管理对教师的发展内驱力影响还不够。

2. 丰富的课程资源尚未得到全面而合理的开发与利用

主要表现为：课程资源的开发缺乏计划性、系统性和针对性，对丰厚、优质的社区课程资源的利用不充分，校园环境建设与新课程实施的要求还有较大差距，校本课程开发质量不高。

3. 教师的课程意识有待进一步提高

部分教师对新课程理念和学校的办学目标、办学理念理解不够，课程意识不够强，课程的执行力、开发力、评价力参差不齐，影响了课程建设与课程实施。

4. 家长、社会对学校的多元评价

家长、社会对教育质量的高关注和高要求、社会以及家长对优质教师的高期待、对学校的教育以及开放看法不一，使学校的部分运作有一定的困难，需要进一步增进沟通、理解。

第二部分　学校课程哲学

《上海市中长期教育改革和发展规划纲要》指出："推动普通高中多样化和特色化发展。支持高中学校立足学校传统和优势,发展校本课程,创新育人模式,形成一批科技、艺术、体育、外语等特色高中。总结和推广高中特色办学经验,发挥优质高中在特色办学中的示范和带动作用。"为此,学校"十二五"发展规划秉持"文化立校、格物修身"的办学理念,以学生发展为本。基本要求是以"德育为核心,课程为载体,教学为中心,科研为引领,管理为保障",提高教育质量,提升办学水平,促进学校发展。

课改理念强调课程实施应当满足每一个学生发展的需要。课程实施将最大限度地提供学生"品德形成和人格健全、潜能开发和认知发展、艺术修养和体育健身、社会实践和动手操作"等方面的经历;通过课程建设和实施,帮助学生形成积极主动的学习态度,学会学习和形成正确的价值观;满足学生个性发展的需求和社会多样化发展的需要。2012 年 3 月,学校制订了《创建科技创新教育特色学校三年行动规划》,学校课程建设秉承课改理念、"文化立校、格物修身"的办学宗旨,为达成"创建上海市科学高中"办学目标要求,在整体思考学校的课程设计时,提出创建新时期支撑科技创新教育特色高中创建的课程体系,以"人文浸润""科技创新"为基本理念,落实"科技创新实验"和"人文浸润教育"为基本模块的课程建设思路,遵循课程建设和实施的相关原则。

一、 HEMTS 课程界定与内涵

HEMTS 课程,即：人文(Humanities)、工程(Engineering)、数学（Mathematics）、技术(Technology)、科学(Science)课程。

1. 人文（Humanities）及人文素养（Humanities literacy）

人文(Humanities)：在《辞海》解释"指人类社会的各种文化现象"。文化是人类或者一个民族、一个人群共同具有的符号、价值观及其规范。符号是文化的基础,价值观是文化的核心,而规范,包括习惯规范、道德规范和法律规范则是文化主要内容。人文

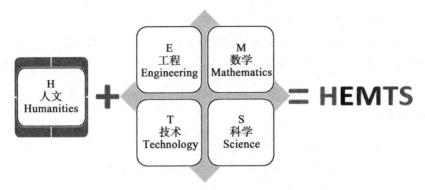

图 6-1 HEMTS 课程示意图

是指人类文化中的先进的，科学的，优秀的，健康的部分。其核心是指先进的价值观，其主要内容则是指先进的规范。对于社会而言是先进的法律和制度规范；对于社会成员而言是先进的道德和习惯规范；对于青少年来说，首先体现在养成良好的习惯规范。人文就是人类文化中的先进部分和核心部分，即先进的价值观及其规范。其集中体现在重视人，尊重人，关心人，爱护人。简而言之，人文，即重视人的文化。人文素养（Humanities literacy）：指人文科学的研究能力、知识水平，和人文科学体现出来的以人为对象、以人为中心的精神，即人的内在品质。

2. 工程（Engineering）及工程素养（Engineering literacy）

工程（Engineering）：科学和数学的某种应用。通过这一应用，使自然界的物质和能源的特性能够通过各种结构、机器、产品、系统和过程，是以最短的时间和精而少的人力做出高效、可靠且对人类有用的东西。工程素养（Engineering literacy）：指对技术的工程设计开发过程的理解。工程课程是基于项目，整合多门知识，使得难以理解的概念与学生的生活密切相关，激发学生的学习兴趣。工程设计是把科学原理与数学系统地、创造性地运用实践的结果。

3. 数学（Mathematics）及数学素养（Mathematics literacy）

数学（Mathematics）：研究现实世界数量关系和空间形式的科学。由于数学自身的发展，其具有高度的抽象性、严谨的逻辑性和广泛的适用性。数学素养（Mathematics literacy）：指学生在发现、表达、解决和解释多种情况下的数学问题时进行分析、推断和有效交流思想的能力。

4. 技术（Technology）及技术素养（Technology literacy）

技术（Technology）：有关生产劳动的经验和知识，也泛指操作方面的技巧。技术素养（Technology literacy）：指管理、使用、理解与评价的所必须的基本知识和能力。学生应当知道如何使用技术，了解技术的发展过程，具备新技术如何影响自己、国家乃至世界的能力。

5. 科学（Science）及科学素养（Science literacy）

科学（Science）：科学是指发现、积累并公认的普遍真理或普遍定理的运用，已系统化和公式化了的知识。科学素养（Science literacy）：是一个多维度的概念，主要指学生在完成相应学段的教育后，在掌握一定的科学知识、技能、方法，建构起能力及科学行为与习惯等的基础上，经内化发展所获得的对个人终身发展和社会发展有重大意义的科学性的关键性认识、能力及态度的综合表现，更多时候特指科学知识、能力、方法、态度、价值观和科学精神。科学素养是学生未来人生中不可或缺的共同素养，是人生素养的主体部分。人类教育长期的发展证明，科学素养是可学、可教、可育的，并且能够在一定的情境下通过一定的方式表现出来。科技创新人才首先必须具有科学素养，所以科学素养也就成为科技创新人才教育的基础目标。

二、HEMTS 课程的教育价值

1. HEMTS 课程是适应国际竞争力大背景的必然选择

教育是社会需求的产物，任何一种教育运动或思潮的产生，都必有其社会背景。美国政府 STEM 计划是一项鼓励学生主修科学、技术、工程和数学领域的计划，并不断加大科学、技术、工程和数学教育的投入，培养学生的科技理工素养。

2006 年 1 月 31 日，美国总统布什在其国情咨文中公布了一项重要计划——《美国竞争力计划》（American Competitiveness Initiative，ACI），提出知识经济时代教育目标之一是培养具有 STEM 素养的人才，并称其为全球竞争力的关键。由此，美国在 STEM 教育方面不断加大投入，鼓励学生主修科学、技术、工程和数学，培养其科技理工素养。2009 年 1 月 11 日，美国国家科学委员会（National Science Board，以下简称委员会）代表 NSF 发布致美国当选总统奥巴马的一封公开信，其主题是《改善所有美国学生的科学、技术、工程和数学（以下简称 STEM 教育）》。明确指出：国家的经济繁荣和安全要求美国保持科学和技术的世界领先和指导地位。大学前的 STEM 教育是建立领导地位的基础，而且应当是国家最重要的任务之一。委员会敦促新政府抓住这个特殊的历史时刻，并动员全国力量支持所有的美国学生发展高水平的 STEM 知识和技能。2011 年，奥巴马总统推出旨在确保经济增长与繁荣的新版的《美国创新战略》。新版的《美国创新战略》指出，美国未来的经济增长和国际竞争力取决于其创新能力。"创新教育运动"指引着公共和私营部门联合，以加强科学、技术、工程和数学（STEM）教育。由美国技术教育协会主办的 73 届国际技术教育大会于 2011 年 3 月 24 日—26 日在美国明尼苏达州明尼阿波利斯市举行。会议主题为"准备 STEM 劳动力：为了下一代"。

在国家实力的比较中，获得 STEM 学位的人数成为一个重要的指标。高中阶段教育是学生个性形成、自主发展的关键时期，是国民教育体系的中坚环节，承担着为高校提供预备生源和高素质劳动者的双重任务，对提高国民素质和创新人才培养具有特殊意义。HEMTS 课程的人文（Humanities）与工程（Engineering）、数学（Mathematics）、技术（Technology）、科学（Science）包含着 STEM 课程中的科学（Science）、技术（Technology）、工程（Engineering）、数学（Mathematics）的内容，是培养科技创新素养的重要支撑，是学校办学特色的核心。

2. HEMTS 课程是科技发展大背景的必然选择

自文艺复兴以来，科学的各个领域开始出现分科的趋势，物理学和化学等自然科学逐步形成其具体的体系，分科使得研究更为深入也更加专业，极大地促进社会进步和学科发展。但是，目前在传统学科中，交叉融合的趋势愈发明显，近些年来，诺贝尔化学奖和生理学奖的交叉体现了这一趋势，新兴学科如量子信息学、量子化学的出现，使得这一趋势愈发地明显。三次工业技术革命极大地发展了生产力，特别是伴随着以信息技术为代表的第三次科学技术革命的到来，信息技术渗透到原有的科学技术领域，极大地改变了传统科学技术的格局。目前几乎所有的科学技术研究都需要依赖计算机和现代信息技术的帮助。可以说信息技术成了打通科学技术各个领域的通行证，计算机语言成为人类表达、拓展、传承自身智慧的重要方式。信息技术成为一种交流的语言，一种创新的原动力，成为社会发展的重要力量。美国国家自然科学基金对信息技术领域定义为"Computer & Information Science & Engineering"即"电脑、信息科学及其工程"可以看出信息技术在 STEM 教育中对科学、技术和数学的辐射和联结作用。

3. HEMTS 课程是科技发展和人才培养大背景的必然选择

历史上,在科学研究的推动下,三次科学技术革命使得人类的生活产生了巨大的变化。封建社会的中国,没能够参与前两次科学技术革命,在技术上没能赶上从冷兵器时代向热兵器时代的进步,是导致清政府在近代的系列战争中屡屡失败的重要原因。科学技术的发展离不开教育,但是教育本身并不直接改变社会。生产力发展的需要引起社会需求的变化,导致政府对教育要求的变化,加之教育者自身的努力,进而使教育成为促进社会进步的力量。和平崛起是中华民族目前的第一要务,而教育兴国是一种手段。提升国家在国际舞台上的竞争实力,需要文化、科技、产业多方面的力量,这些力量今后将取决于劳动者的素质和水平。STEM 教育着眼于复合型创新性人才的培养和劳动力水平的提高,将成为一个重要的教育兴国的落脚点。

STEM 领域的提出,使得理工科教育者不再停留在本学科内部,而从更为宽广的视野,审视学科之间的关系。STEM 教育将会对中小学教育、职业技术教育、高等教育、继续教育等多个领域,产生系统性的影响,对于我国产业的转型,劳动力水平提高将会产生积极的促进作用,帮助国家经济从劳动密集型向技术密集型的转变。

四、 HEMTS 课程的理论依据

1. 马克思的人的全面发展的理论

人的全面发展的理论是马克思主义的最高价值理想,是未来社会的价值目标,是现实人发展的最高理想境界。马克思认为人的全面发展的内涵,主要包括人的劳动活动、劳动能力、社会关系、自由个性和人类整体的全面发展。人的能力的全面发展是人的全面发展的核心。人的能力包括体力、智力;包括从事物质生产的能力、从事精神生产的能力;包括社会交往的能力、道德修养的能力和审美能力等。人的个性,是个人的自我意识及由此形成的个人特有素质、品格、气质、性格、爱好、兴趣、特长、情感等的总和。人的个性的全面发展,就是指这一"总和"的全面发展。自由个性的充分发挥,是人的全面发展的综合体现和最高目标,也是人的全面发展的根本内涵。个性即人的品质和风格,是人们在日常生活中所表现出来的体质能力、精神状态、心理倾向及行为特征的总和,它反映的是人的不断发展的特殊性和差异性。人的个性的发展程度表现为人的独立自主性、自觉能动性和独特创造性的发展程度。自觉能动性是个性的根本特征,创造性则是个性的最高表现,也是最活跃的因素,其实质是主体对现实的超越。马克思认为,实现人的全面发展的途径之一是教育(或学习)。马克思十分重视教育在个人的全面发展中的作用,他认为教育是一种知识、经验和技能的传授活动,是人类进步的阶梯,它"不仅是提高社会生产的一种方法,而且是造就全面发展的人的唯一方法"①。人的全面发展离不开教育,教育可以使人摆脱异化对人造成的片面性。同时,社会需要与社会环境直接影响着一个人发展的方向和程度,而人又总是生活于一定的社会环境之中,社会环境因素也在一定程度上制约着人的全面发展。

2. TRIZ 理论

TRIZ 的含义是发明问题解决理论,其拼写是由"发明问题的解决理论"俄语含义的单词 TRIZ 是俄文 теории решения изобретательски задач 的英文音译 Teoriya Resheniya Izobreatatelskikh Zadatch 的缩写。TRIZ 理论是由苏联发明家阿奇舒勒在 1946 年创立的。阿奇舒勒发现任何领域的产品改进、技术的变革、创新和生物系统一样,都存在产生、生长、成熟、衰老、灭亡,是有规律可循的。人们如果掌握了这些规律,就能提高发明创造的效率,就能主动的进行产品设计并能预测产品的未来趋势。TRIZ 理论的核心思想主要体现在三个方面:第一,无论是一个简单产品还是复杂的技术系统,其核心技术的发展都是遵循着客观的规律发展演变的,即具有客观的进化规律和模式;第二,各种技术难题、冲突和矛盾的不断解决是推动这种进化过程的动力;第三,技术系统发展的理想状态是用尽量少的资源实现尽量多的功能。TRIZ 是 20 世纪所有科学与学习方法中最有价值的方法之一。"经典 TRIZ 是从'尝试—错误'的沼泽中出来,进入'尝试—成功'的海洋中的一种方法"。学习 TRIZ 可以改变人的思维能力,教我们如何进行发明创造,教我们构建未来。

3. 最近发展区理论

最近发展区理论是苏联教育家维果茨基提出来的。维果茨基的研究表明:教育对儿童的发展能起到主导作用和促进作用,但需要确定儿童发展的两种水平:一种是

---

① 马克思,恩格斯. 马克思恩格斯全集(第 23 卷)[M]. 北京:人民出版社,1972:220.

已经达到的发展水平；另一种是儿童可能达到的发展水平，表现为"儿童还不能独立地完成任务，但在成人的帮助下，在集体活动中，通过模仿，却能够完成这些任务"。这两种水平之间的距离，就是"最近发展区"。把握好"最近发展区"能加速学生的发展。维果茨基的"最近发展区"主要针对儿童智力，其实在学生心理发展等各个方面都存在着"最近发展区"。HEMTS 课程的教与学，正是走在学生发展前面的教育，该课程能够促进学生发展水平不断提升。

4. 多元智能理论

多元智能理论是由美国哈佛大学教育研究院的心理发展学家霍华德·加德纳（Howard Gardner）在 1983 年提出。加德纳从研究脑部受创伤的病人发觉到他们在学习能力上的差异，从而提出本理论。根据加德纳的理论，学校在发展学生各方面智能的同时，必须留意每一个学生只会在某一两方面的智能特别突出；而当学生未能在其他方面追上进度时，不要让学生因此而受到责罚。多元智能理论有助于教师从学生的智能分布去了解学生。以多元智能理论为指导，关注学生的个性化教育，并为他们提供合适的发展机会，使他们和谐发展。其中通过 HEMTS 课程培养学生的科技创新素养。

5. 建构主义学习理论

建构主义学习理论认为，知识不是完全靠教师传授得到的，而是学习者在一定的情境即社会文化背景下，借助其他人包括教师和学习伙伴的帮助，利用必要的学习资料，通过意义建构的方式而获得的。因此，建构主义学习理论认为"情境""协作""会话"和"意义建构"是学习环境中的四大要素或四大属性。获得知识的多少取决于学习者根据自身经验去建构有关知识的意义的能力，而不取决于学习者记忆和背诵教师讲授内容的能力。HEMTS 课程的教与学，适当增加实践课程的比重，有助于提升学生动手实践能力，有助于学生在一定的教学情境中积极思考，增强学生的科技创新思维素养。

第三部分　HEMTS 课程目标

一、学校培养目标

1. 办学目标

办中国一流的科学高中。

2. 培养目标

我校培养人文底蕴厚实、崇尚科学精神、勇于实践创新、具有国际视野的科学素养突出的合格社会公民。

人文底蕴厚实：文化是民族的血脉，人民的精神家园。人文素养是文化在个人身上的具体体现，支撑着思想厚度、涵养着思维方式、影响着能力水平、体现着人格魅力。对于学生而言，良好的人文素养更具有极其重要的意义。着力加强人文素养培育、厚实人文底蕴，提升个人"软实力"，传承中华民族优秀传统文化和世界优秀文化。

崇尚科学精神：科学是社会进步的巨大动力，是民族崛起的脊梁。社会越是向前发展，越要高度重视传播科学知识和科学精神。所谓科学，不仅仅是指科学知识，它更是一种科学精神、科学态度和科学方法。也就是说，不管对于什么事情，都应该主观符合客观，理论符合实际，从客观事实出发，而不是从迷信和主观想象出发。离开科学精神、科学态度、科学方法，就是愚昧无知。

勇于实践创新：创新精神和实践能力是指学生在学习、工作中表现出的创造发明素养（包括独到见解、独特方法），完成实践环节、学习任务，参加社会实践和社会活动以及运用所学知识解决生活、生产、技术等方面实际问题的能力。实践能力应包括对事物敏锐的观察能力和分析能力，敢于接触实际、提出问题和解决问题的动手能力以及处理工程实际问题时所需要的协调能力，其中"动手能力"构成了实践能力主体。由于实践能力和创新思维、创新能力的培养有着极为密切的联系，这就使实践能力的培养显得更为重要。学生实践能力是创新的基础，学校为学生提供综合性、设计性、创造性比较强的实践环境，让每个学生能经过多个实践环节的培养和训练，这不仅能培养学生扎实的基本技能与实践能力，而且能提高学生的综合素质。

具有国际视野：通过学校与国外一些国家、地区的校际文化教育交流，扩大学生国际交流的渠道，培养学生吸纳东西方优秀文化的意识，培养学生知晓国际规则，开拓学生的国际视野，为培养国际型人才，提升人才的国际竞争力打下基础。

科学素养突出：学生在完成相应学段的教育后，在掌握一定的科学知识、技能、方法、建构能力及科学行为与习惯等的基础上，经内化发展所获得的对个人终身发展和社会发展有重大意义的科学性的关键性认识、能力及态度的综合表现，更多时候特指科学知识、能力、方法、态度、价值观和科学精神。科学素养是学生未来人生中不可或缺的共同素养，是人生素养的主体部分。嘉定二中学生有较为突出的科学素养，并且能够在一定的情境下通过一定的方式表现出来。

二、 HEMTS 课程理念

HEMTS 课程的理念：人文浸润与科技创新。

人文浸润：将社会主义核心价值观和民族优良文化传统的培养贯穿于教育的全过程，以学生发展为本，做事先做人，推进社会主义核心价值观、民族优秀传统文化、现代社会公民意识融为一体的人文主义教育，厚实学生道德基础，形成学校师生高品位的人格魅力、道德风尚和精神追求。

科技创新：将创新精神和实践能力的培养贯穿于科技创新素养教育的全过程，以学生发展为本，推进科学思想、科学方法、科学知识、科学精神四位一体的科技创新教育，提高学生的科学创新素养，培养学生动手创新能力，为学生将来进行科技创新奠定基础。

三、 HEMTS 课程目标

1. 课程总体目标

以学生发展为本，体现"文化立校，格物修身"的办学理念，立足于满足不同层次学生学习需求，培养学生的兴趣爱好及个性特长，促进学生和谐发展，构建高质量、有特色的学校课程体系，增强课程的开放性和选择性，提升课程的品位和质量，为培养学生的科学创新素养奠定坚实的基础。

2. 课程分段目标

高一年级着重培养学生识别和筛选信息、提出问题的能力；设计研究方案和进行初步研究的能力；实事求是的科学态度，不怕困难、不怕挫折的良好品质，团结协作的团队精神。

高二年级着重培养学生主动获取、选择、判断、组合、加工信息的能力；能应用已有知识分析背景资料，提出新问题、提炼新课题；具备设计研究方案、进行具体研究的能力；永不满足、不断进取，敢于承担责任和义务，勇于克服困难的精神。

高三年级着重培养学生用批判的眼光观察事物，提出问题的习惯；从多角度综合探索和研究、解决问题的能力；勇于向权威挑战和坚忍不拔的意志力以及组织课题研究的能力。

第四部分　HEMTS课程内容

一、 HEMTS课程结构

1. HEMTS课程的人文（Humanities）与工程（Engineering）、数学（Mathematics）、技术（Technology）、科学（Science）的关系

HEMTS课程是以开展人文（Humanities）、工程（Engineering）、数学（Mathematics）、技术（Technology）和科学（Science）教育，培养学生人文素养（Humanities literacy）、工程素养（Engineering literacy）、数学素养（Mathematics literacy）、技术素养（Technology literacy）和科学素养（Science literacy）的课程。

其中：HEMTS课程中的STEM课程统称为理工（Polytechnic sciences Science & Engineering）类课程，学生获得理工方面的知识和能力统称为理工素养（Polytechnic sciences Science & Engineering literacy），属于广义的科学素养范畴（Science literacy）。

科学探索事物规律"求真"，人文把握科学方向"求善"。科学为人文奠基，人文为科学导向。不学科技，人生没有技术、本领、方法和手段；不懂人文，人生没有头脑、方向、情调和分寸；"没有科学的人文，是残缺的人文，人文中有科学的基础与珍璞，社会科学更是如此！""没有人文的科学，是残缺的科学，科学中有人文的内涵与精神，工程技术更是如此！"必须充分认识到一个国家，一个民族没有先进科学，没有现代技术，就是落后，一打就垮，遭痛苦受宰割；而一个国家，一个民族没有民族传统，没有人文文化，就会异化，不打自垮，甘愿受人奴役。HEMTS课程坚持"科学与人文并重，科学与人文统一，科学为主，通识兼顾，凸显科学素养培养，培养全面发展的人"的办学宗旨。厚实学生人文底蕴和科学素养，奠定每一个学生人格发展与学力发展的基础，培养全面发展的人，为培养创新型人才奠基。不需人人成为科学家，但求人人具有科学素养。

2. HEMTS课程的技术教育与工程教育改革

技术教育和工程教育具有明显的应用特点，即学习技术和工程知识和技能是为了在相关的领域进行应用。技术教育和工程教育在中学教育中主要是通过技术类课程来实现，包括信息技术课和通用技术课程。信息技术和通用技术课程目前的课程目标是培养学生的信息素养和技术素养，重在教师的落实上，教学内容多是教技术本身，如教一些必备的信息技术的基础，或是教技术的各种注意事项和细节，再或者是展示最新的技术如智能机器人等等。在评价方面，目前技术类课程的一个共同的特点是：用"作品"来评价学生，也就是说技术类课程中，教师要求学生完成特定的工程目标，展示作品。

技术在工程领域的应用是在已经确定或者逐步明确的工程目标的实现过程中选用合适的技术手段来完成工作目标，技术在其中的应用方式具有面向问题性，路径的多重选择性，目标分层性三个特点。目前智能机器人的教学部分体现了技术在工程领域的应用，代表着未来的方向。

技术在艺术（音乐、美术、舞蹈等）领域的应用是出于技术使用者主观表达需要生成一种独特的、多义的交互体验，技术在其中的应用方式具有面向受众性，多媒体性，符号化的特点。我校开展的数字媒体与艺术、电脑美术、互动多媒体、装置艺术等方向体现了技术在艺术领域的应用特点，代表了技术在艺术领域应用的最新成果。

技术在研究领域的应用是技术既可能是作为研究工具或是研究过程中的技术难点出现，又可能是作为研究本身，两者区别于前两种注重应用的价值取向。研究是出于研究者本身非功利的好奇心，对自然科学和社会科学中的新问题，按照科学的研究方法，定量或定性发现其中可重复的规律的过程。技术在研究中的应用特点是工具性、数学依赖性、系统性的特点。目前，"信息技术实验"这一概念的提出，用自然科学和社会科学的案例培养学生运用技术进行研究的能力。在数据的获取、存储、分析表达过程中，提高学生的数据素养，代表了技术在研究领域的创新应用。学生的DIS实验等属于这方面的内容。

此外技术应用的一般的特点，如对先进技术的不断追求，技术应用受到社会的影响等在这三个领域中都有体现。这三个领域经常是彼此交叉的，一个工程的项目中可能包含关键技术的研究也可能包含产品设计的艺术表达。

3. STEM 教育背景下的科学和数学教育改革

科学教育是目前中学教育的重点，物理、化学、生物和地理学科所代表的分科的科学教育很大程度上影响着学生的科学素养，是学生获取科学知识的主要途径，也为今后进入大学从事进一步的科学研究打下基础。现代科学经过几百年的发展，已形成了一套完整的科学体系，环环相扣，这是一种自然的美感。但是体系愈加庞大，学生需要学习的知识越来越多，出于选拔和测试的目的，大量二次创作的结果是学生负担过重，懵懵懂懂学到了一个体系，却难以了解体系的内在结构和生成该体系的过程，而这些恰恰是学生面临科学知识的爆炸和未来学习的最重要的技能。因此有必要从科学素养和 STEM 教育的角度重视以下四种科学学习过程。

（1）科学阅读。提倡科学阅读的目的是提高学生自学科学的能力，丰富学生的知识面，拓展视野。在科学教育中往往注重深度而忽视了广度，目前学生很少阅读科普书籍，没有时间收看科技节目，科学知识面狭窄已经成为制约学生创新能力的重要因素。

（2）科学推理。科学推理能力的缺失，使得学生不能做到"大胆假设"更难以做到"去伪存真"。在科学教育中应注重科学推理能力的培养，在科学阅读资料中，除了百科全书式的"知其然"的内容，更应当增添福尔摩斯式的"知其所以然"的内容。

（3）科学建模。科学推理能力和科学建模能力是科学家构建理论体系的最重要的能力。面向 21 世纪的复合型创新性人才要能够建一家之言，既需要科学推理带来的定性分析，更需要科学建模将数据用数学工具表达出来。科学建模的能力与学生数据素养水平密切相关。

（4）科学工程。科学是建立在实验的基础上的，以往的科学实验大多是为了获取定性或定量的数据验证或探究科学结论作为其主要目的。科学实验离不开科学仪器，过去出于快速得到科学结论的目的出发，总是希望仪器是现成的，越快得到数据越好。但是如果从学生未来独立从事科学研究的角度出发，让学生从实验的目的出发，自主搭建甚至设计实验仪器将会大大锻炼学生的 STEM 能力。随着信息技术的普及，计算机采集数据的实验越来越多，通过 Ledong Scratch 互动教学平台等工具，让学生自主搭建数字化实验系统，将实验探究工具的开发作为探究实验的重要组成部分，是科学教育中体现工程思维和技术应用的一种新的方式。在我国基础教育界，有长期的自制教具和仪器的传统，每年都有一大批优秀的教师制作教具和教学仪器，教师不妨将这些教具和仪器的制作课程设计成探究实验的主题之一,让教师把设计仪器的思维和技巧传承给学生,并最终内化为创新能力和实践能力。

数学教育是 STEM 教育的基础,技术深入,工程论证,科学建模,都需要数学作为基础。目前数学教育遇到的挑战很大程度上来自于计算机,美国顶尖大学的数学系和计算机的算法方向的交叉愈来愈密切。数学教育与程序教育的融合,将是一个重要的 STEM 教育的发展方向。学校将尝试对有兴趣的学生进行"数学建模"教育。

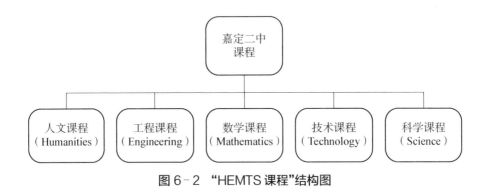

图 6-2　"HEMTS 课程"结构图

二、 HEMTS 课程类型

HEMTS 课程涉及课程的改革,学科关系的重组,教育评价体制变化,学段衔接关系的设计,是一个庞大的系统工程,需要系统和扎实的研究。HEMTS 课程的推进是系统工程,与学校办学理念、办学目标、培养目标和课程理念相一致,基于学校传统和教师实际,顶层设计 HEMTS 课程。

与市教研室、高校建立联系,对本学科中的 HEMTS 课程的素材进行梳理和重组,与科研所、企业和社会力量合作,与其他学科的教育专家合作,从课程、教法、教具、学生学习等多个角度开展深入而系统的研究,并能够在一线教师的课程中得以体现。将"人文浸润""科技创新"的课程理念,"为了为培养学生科技创新素养奠基"的课程目标及"目标整体,结构多元,尊重选择,差异发展,突出特色"的课程要求落实于 HEMTS 课程,顶层设计"基础型、拓展型和研究型"三类课程,系统架构"公民道德、人文素养、科学素养、多元艺体、社团活动及动手实践"五大板块课程类型。

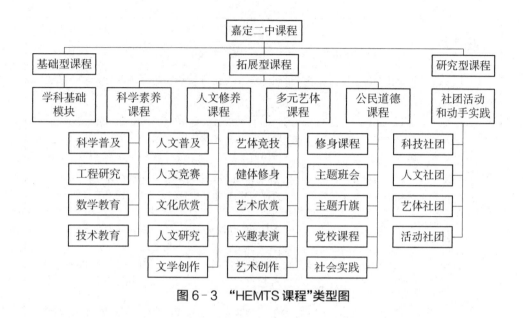

图 6‑3　"HEMTS 课程"类型图

三、 HEMTS 课程设置

根据 HEMTS 课程的结构图,结合嘉定二中课程资源情况及学生学习兴趣,我们对课程的内容进行了系统构建,形成学校的五大课程体系。见：嘉定二中五类课程指南一览表。

1. 公民道德课程

表 6‑1　公民道德课程

课程类别		课程内容		
		高一年级	高二年级	高三年级
公民道德修身课程		"德、爱、诚、责、礼、恒、细、勤、思、习"十个系列教育内容。	以爱国主义为核心的民族精神和以改革创新为核心的时代精神的及社会主义荣辱观教育。	马克思主义指导思想和中国特色社会主义共同理想教育。
主题班会教育课程	明礼诚信	迈好高中第一步;文明养成从小事做起;诚信考试。	榜样与人生;诚信在我心中;成长中我们缺失了什么?	调整心态,把握成功;学会欣赏和赞美别人。

续表

课程类别		课程内容		
		高一年级	高二年级	高三年级
主题班会教育课程	和谐校园	在集体的熔炉里成长;我们需要朋友;学会宽容。	和谐班级我先行;婉转拒绝;微笑的力量;众人划桨开大船。	竞争与合作;在奉献中实现人生价值;尊重与理解。
	知恩感恩	学会感恩;为了母亲的微笑。	感受生命;感恩师长;清明话英烈。	爱的回报;以校为荣,以我荣校。
	理想信念	一路书香伴我行;向既定的目标迈进!	成功,自信是关键;我和我追逐的梦;风景那边更好。	自信伴我同行;我的未来不是梦。
	心理健康	换位思考。	青春期的异性交往。	积极向上的良好心态。
	安全法制	安全伴我行;宪法我知多少。	走出虚拟网络,面对现实人生。	行使宪法权利,履行宪法义务。
主题升旗教育课程		礼仪、文明、纪律、卫生的日常行规的养成教育;重大纪念日、传统节日教育等。		
学生党校课程		党史。	党的基础知识。	"三观"教育。
社会实践教育课程		民俗传承教育课程:了解"三乌"文化;黄酒酿造的工艺流程;从百草园到三味书屋看鲁迅的成长经历。	爱国教育课程:瞻仰中山陵了解孙中山革命历程;参观雨花台缅怀革命先烈;参观大屠杀纪念馆激发爱国热情。	社会责任教育课程:参观禁毒馆,肩负社会责任;游览东海大桥,了解科技战线巨大成就。

2. 人文素养课程

表6-2　人文素养课程

课程类别	课程名称
竞赛类	作文竞赛指导、古诗词竞赛指导、现代文阅读竞赛、演讲比赛指导、时政竞赛指导、政治小论文竞赛、英语课本剧竞赛、英语口语竞赛
创作类	"空框"作文技法、作文审题技巧、英语网络阅读、英语专题讲座、翻译技巧、英语词汇记忆法、英语写作技法、英语听力、英语报刊阅读、英语经典美文阅读、历史小论文写作、政治小论文写作、时政剪报

续表

课程类别	课程名称
研究类	历史专题研习、语文专题研习、语文自主阅读、现代文阅读技巧、古诗词阅读技巧、文言文阅读技巧
普及类	世界文学史概要、中国文学史概要、金庸作品选讲、趣味逻辑学、演讲与口才、英语歌曲、英语成语故事、经典外语片视听、美学漫谈、旅游地理、心海之旅、生活中的心理学、世界风云人物、中国外交风云、中外历史趣闻
欣赏类	古典诗词欣赏、美文欣赏、外国文学欣赏、当代诗歌欣赏影视欣赏和评论、四大名著欣赏
其他	学科双语、俄语和俄国文化

3. 科学素养课程

表6-3　科学素养课程

课程类别	课程名称
竞赛类	数学竞赛、物理竞赛、化学竞赛、生物竞赛
普及类	物理解题思维、化学解题思维、生物解题思维、化学与生活实验、生物培植实验、空气与水质测试、生命之谜、趣味物理、趣味化学、物理史话、化学史话、生物史话、物理前沿、化学前沿、生物前沿
工程研究	基因工程与生物、应用物理、应用化学、物理小发明
数学教育	数学符号趣谈、数学史话、数学前沿、应用数学、数学解题思维
技术教育	物理小报、科技小制作、网页制作、VB 程序设计、PHOTOSHOP 图像制作与处理、PHOTOSHOP 经典作品赏析、DV 摄像影视技术、数码技术与生活、智力型机器人、传感器创新应用、多媒体制作、电视编辑和摄像

4. 多元艺体课程

表6-4　多元艺体课程

课程类别	课程名称
艺体竞赛类	田径队训练、篮球队训练、足球队训练、健美操队训练
艺术创作类	合唱团训练、舞蹈团训练、体育技能、球类运动、奥林匹克知识、民间体育
	中国民间音乐集萃、书法、水粉画技法、音乐文化漫谈

课程类别	课程名称
艺术欣赏类	经典音乐欣赏、中国名画欣赏、书法作品欣赏、经典运动欣赏、数字艺术
兴趣表演	踢踏舞、嘉定石韵团体操
健体修身类	球类运动、太极拳、瑜伽、陶艺制作、武术、军体操、形体塑造

5. 社团活动及动手实践课程

表 6-5　社团活动及动手实践课程

社团类别	社团名称
人文社团类	读书会、心理协会、猗园文学社、World Wind 对外交流社、英语戏剧小品社、诗歌朗诵社、演讲社、小语种社
科技社团类	机器人、科技小制作社、OM 社
艺体社团类	舞蹈团、街舞社、话剧社、影评社、书画社、漫画社、学生合唱团、管乐团、陶艺社、棋类社、武术社、乒乓球社、网球社、魔术社、篮球社
活动社团类	学生记者团、动漫社、学生电视台、学生广播台、学生网络工作室、时装表演社

第五部分　HEMTS 课程实施

一、 HEMTS 课程之有效落实培养课程目标

HEMTS 课程可以实现学生全面能力的培养。学生加强学习科技知识与方法,能明了事物的奥秘、规律和本质,掌握事物的过程、方法和历史,熟知做事的技术、手段和技能,秉承态度的客观、求真和求实,注重处事的务实、理性和逻辑,更能预知事物的趋势、未来和可能。同时,科技创新教育具有促进目标式学习、兴趣式学习、问题式学习、主动式学习、探究式学习和研究式学习等特征,可以极大程度地改善学生被动式和接受式学习的格局,以实现学生全面能力的培养。

HEMTS 课程的落实最终要落实在学生的能力上,使得课堂的教学内容和教师的教学行为发生变化。科学家、工程师和技术工人是 21 世纪在科技领域处于主导地位

的人力资源。国家的核心竞争力究其根本是人才的竞争。其中如果在中学和大学的 STEM 教育的不足，会导致这一领域的劳动力数量和水平的下降，导致科技竞争力的下降。如果"人人都去卖产品，谁来开发产品呢？""STEM"领域人力资源的不足，在国际竞争日趋激烈的今天，显得如此地明显。一个受教育者如果能够在 STEM 的各个领域都有所了解，然后结合自身的兴趣，在其中一个领域做到最好，他就一定是 21 世纪决定国家竞争力的复合型创新型人才。

二、 HEMTS 课程之适应区域科技人文环境

嘉定建县于南宋嘉定十年（1217），是名副其实的江南历史文化名城，有"教化嘉定"的美称。早在 1958 年被上海市命名为"科学卫星城"。现有中国科学院上海技术物理研究所等 11 家科研院所，有 109 家科技研发中心，171 家国家、市、区级企业技术中心，有同济大学嘉定校区等 6 所大学，60 多位两院院士。教育部颁布的《关于 2013 年深化教育领域综合改革的意见》中提出"深化高中办学模式多样化试验，加强高中学校特色建设，启动中小学与高校科研院所合作开展创新人才培养试验"。区域内众多的科研院所及大学为嘉定二中开设 HEMTS 课程提供了强有力的智力支撑。

三、 HEMTS 课程之彰显科技创新办学特色

嘉定二中办学理念"格物修身"的"格物"本身具有"科学"的含义，长期以来学校的发展已经形成申办上海市科学高中良好的基础。早在 2002 年，针对理科实验教学及学生动手能力相对弱化的现实，嘉定二中选择物理实验作为教育教学改革的切入点，开展了"勿离手"高中实验教学改革的研究与实践，以实验设计和自制教具、学具（小制作、小发明）为突破口，以创新教育为抓手，培养学生的实践能力和创新精神，至今历时 18 年。教学改革研究成果《"勿离手"实验教学，为培养创新人才奠基——高中物理实验教学改革的研究与实践》2010 年被评为国家基础教育课程改革教学研究成果三等奖、2014 年被评为上海市级教学成果奖（基础教育）一等奖。

科技是国家强盛之基，创新是民族进步之魂。党的十八大做出了实施创新驱动发展战略的重大部署，强调科技创新是提高社会生产力和综合国力的战略支撑，必须摆在国家发展全局的核心位置。高中阶段教育是学生个性形成、自主发展的关键时期，

是国民教育体系的中坚环节,承担着为高校提供预备生源和高素质劳动者的双重任务,对提高国民素质和创新人才培养具有特殊意义。开设 HEMTS 课程的培养目标正是着眼于学生的创新精神和实践能力。

全面贯彻党的教育方针,坚持"文化立校,格物修身"的办学理念和"为培养学生科技创新素养奠基"的课程理念,有效实施 HEMTS 课程,努力实现"办中国一流的科学高中"的办学目标和"培养人文底蕴厚实、崇尚科学精神、勇于实践创新、具有国际视野的科学素养突出的合格社会公民"的培养目标。

四、 HEMTS 课程之有效促进教师专业发展

有效做好教师专业发展的"阿基米德计划"。"阿基米德计划"核心是找到教师专业发展的"支点";精髓是个性化的教师专业发展。以"合作课堂"为切入点,突出课程意识,走科研发展之路。通过 HEMTS 课程的研究,给教师更大的发挥空间和多方面的支撑。HEMTS 课程的研究与实施本着"大胆假设,小心求证"实事求是的态度,以为国家培养适应 21 世纪挑战的复合型创新型人才为目标,切实推进 HEMTS 教育的研究与实践。学校在实施 HEMTS 课程过程中,需要对参与和教学改革的教师给予信任和理解,需要学生和家长给予一个开放的心态,需要得到区教育行政管理部门的政策支持。

第六部分　HEMTS 课程管理

一、 加强 HEMTS 课程管理

立足于学校的课程开发也不应该是随意、单一的依据教师兴趣、特长的行为。因此,有必要加强对课程的管理与评价,使其规范化,以提升课程开发的科学性、可行性和实效性。为此,学校必须建立起以校为本的课程管理与评价机制。

在具体实践中,我们规范课程管理行为,发挥教师参与课程管理的作用,成立"学校课程建设研究小组",由校长、教务处、科研室、德育处及教研组长、年级组长与教师代表组成,在校长直接领导下,负责学校课程构建的建设、课程的开发、课程管理与评价等有关学校课程教材改革方面规划、设计和研究实施等工作。学校依托课改研究基

地学校优势,聘请有关课程与教学专家为顾问参加重大项目的咨询与研讨;在学校课程管理与评价中根据需要邀请部分学生代表或家长参加。学校课程建设研究小组的主要任务,研究、完善学校课程整体结构,对学校课程布局的优化进行探讨:一是研究、讨论每一学期的课程计划,为学校课程计划的实施提供咨询;二是进行新课程开发的探索,对新课程的开发与实施进行指导,并进行课程教学调研和课程教学评价;三是对学校选修课程进行课程评价、审议,评估学校选修课程的教学目标、教学时间、教学内容、教学方法、学习评价、选修方式、课程学分;四是在学校课程(选修课程)实施中,进行教师教学、学生选修、学习效果与质量的调研,进行学校课程教学的管理,并参与学校选修课程教师的考评。

　　根据"学校课程建设研究小组"的意见,学校在实践中规范课程开发与实施的程序:每学期有课程申报,每个申报都有课程建设研究小组的评估,每个评估都有对申报教师的反馈,凡评估认定的给予立项,每个立项课程都有课程实施的计划和科目设计,每个立项课程的教学都有课程建设研究小组成员的过程跟踪指导。

　　学校课程开发的程序如下图:

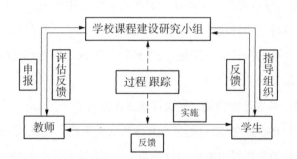

图 6-4　学校课程开发程序图

　　规范教师课程开发的行为,要求教师做到每门课程有"六个一":一是每门课程都有一个清晰的课程目标表述;二是每门课程都有一个细致的实施要求;三是每门课程都有一个科学的内容设计或科目设计;四是每门课程都有一个合理的课程评价计划;五是每学年为学生提供一份课程选修资讯或简介;六是每门课程结束前有一个课程文本资料。

二、 保证 HEMTS 课程质量

1. 坚持"以学生发展为本"的课程观，增强教师的课程意识

增强教师的课程意识，树立"以学生发展为本"的课程观，用课程关注每一个学生的成长。以国家课程校本化实施和校本课程建设为载体，以课程的开放性和选择性为出发点，提高学生的人文素养、科学素养，满足不同层次学生学习需求，培养学生的兴趣爱好及个性特长，促进学生的和谐发展和潜能发展。

2. 丰富课程建设内涵，提升课程品位

学校大胆探索校本化课程体系构建，在继承传统与开拓创新相结合的基础上，构建富有"学科有优势，特色能彰显"的课程体系，形成学科"课程标准"的校本实施纲要。确立课程的价值取向，切实处理好基础与发展、科学与人文、理论与实际、分析与综合、更新与稳定的关系。解决课程内容相对稳定与灵活选择关系，改变接受式学习方式，强调合作、体验和探索，变革课程的实施形式。以此两个方面为抓手，丰富和提升学校课程建设的内涵及品位。

3. 强化特色学科建设，丰富学科课程资源

注重挖掘、总结现有的特色学科建设的成功经验，围绕创建"科技创新教育特色示范高中"的目标，以特色学科建设为重点，不同学科努力寻求学科自身发展优势，各学科寻找契合自身发展的项目加以推进，凸显科技创新教育特色，形成丰富的科技创新教育类课程资源供学生选择学习。

4. 以"项目"推进课程建设，使课程理念落到实处

针对学校课程建设的总体目标，学校在课程实施策略上，将以项目推进的方式，加强课程建设。基础型课程以校本化建设为重点，形成具有特色的校本化课程体系，在校本作业评价体系基础上，形成有效实用的校本化基础课程的文本系列。拓展型课程及研究型课程以各教研组立项的方式，普中选优，优中选精，一旦立项获学校批准，将以适量的经费投入，明确项目目标、责任人、实施评价、预期成果形式，打造精品且有学校特色的拓展型、研究型课程系列。

三、 凸显 HEMTS 课程特色

学校整体推进基础型课程校本化实施，开发具有学校特色的拓展型、研究型课程，

凸显"人文浸润教育"和"科技创新实践"的两大特色，建设好两大模块的课程体系。不追求科目开设的数量，不单纯依靠教师特长设科，具体实践中做到"一个指向""两种策略""三个结合""四个途径"。

1. 一个指向：培养走向未来的二中人

走向未来的二中人，应该有深厚的人文功底、扎实的科学素养、追求超越的创新意识和应对未来挑战的能力基础；应该是"人格高尚，基础扎实，学有特长""既怀民族情感道德高尚，又有科技特长敢于创新"的现代人。

2. 两种策略：广域建设，特色开发

"让课程适应每一名学生的发展"首先体现在课程的选择性上，学校必须为学生选择提供足够的校本课程的科目。但校本课程的建设不能光追求数量，而应当根据学校文化的需求，走"校本课程特色化，特色课程精品化"之路。

因此，学校一方面注重"人文浸润教育"的课程开发，同时把"科技创新教育"作为特色课程加强建设，体现课程建设的广域性，提供给学生丰富的选择学习内容；特色开发，重点开发支撑学校办学特色、体现学校文化的课程科目。

3. 三个结合：与学科课程结合，与特色高中建设需求结合，与学生自身发展需要结合

学校科技创新教育特色校本课程开发我们努力做到"三个结合"，即：课程开发与学科课程结合，拓展基础学科的学习内容，凸显科技创新教育特色，努力夯实学生的学科功底；与特色高中建设需求结合，及时吸纳科技、文化、经济、社会发展的最新成果，奠定学生适应未来社会生活和科技创新的基础；与学生自身发展需求相结合，立足于"教学做"合一，在拆拆装装、敲敲打打、焊焊接接的过程中激发学生的好奇心和兴趣，引发想象力及洞察力，从而提供丰富的学习经历和动手实践能力，促进学生个性特长的养成和发展。

4. 四个途径：学校开发，课程引进，教师申报，专家指导

单纯地依靠教师特长设置和开发课程，难以实现学校的教育目标。学校必须通过不同的途径来建设课程。我们的具体做法是：根据学校的科技创新教育特色，由学校牵头制订课程开发指南，组织课程开发；根据学校的特色课程建设需要，选择、引进课程；建立创新实验室，实行首席教师负责制，对教师申报的课程进行评估，对符合学校

教育目标的课程支持教师开发;广泛开发社会资源,利用专家、学者专业优势设置拓展型课程。

四、 保障 HEMTS 课程实施

1. 人力保障

学校《十二五师训计划》将教师的培养作为教师培训的重要工作,特别是对青年教师的培养不遗余力。学校积极选派青年教师参加市、区组织的各类教育教学技能培训。在学期考核中,把他们的培训工作计入工作量,将工作成果作为考核实绩、评选先进、评定职称的依据,吸引更多的学科教师加入到学校的课程建设队伍中。

2. 政策保障

根据学校课程建设的目标和要求,建立相应的考核、评估制度,以引导广大师生员工积极参与学校课程建设。学校在相关制度中,特别设立专项条款,在《教师教学奖励条例》中特设专项奖励,根据学生、教师在各级各类竞赛的获奖情况进行奖励。同时通过考评,发现和培养一批在特色课程建设方面有思想、有特长、有贡献的师生,激发他们创特色的积极性,推进学校的特色建设。

3. 设施及经费保障

增加教育教学经费的投入,并随教育经费的增长而有所增加。教育经费的整体开支中,有课程建设的经费立项,专款专用。学校统筹规划,逐步改善、更新学校的设施、设备、器材,以适应教育教学、活动和学生的需求。学校拥有语文阅览室、先进的体育场馆、建成全市领先的物理创新教育馆和中国古代历史文化教育馆,受到市教委等相关部门领导的肯定及大力支持。将来我们还计划陆续将其他学科的教学场所建立、完善起来。

第七部分 HEMTS 课程评价

课程评价对学校课程发展,起着重要的导向和质量监控作用,是达成有效教学的关键环节。

一、 HEMTS 课程之评价内容

学校课程评价体系由四个部分的评价组成：课程目标与计划的评价；课程开设准备与投入评价；课程实施过程评价；课程实施效果评价。四个评价部分分别在课程质量的四个控制点进行，通过评价对课程实施全程质量管理和质量保障。

1. 课程目标与课程计划的评价

课程目标与课程计划的评价主要包括：课程设计的意义，开设课程的必要性和现实性可能性，通过该课程希望达到什么样的目标，这些课程目标与学校培养目标的一致程度，课程目标实现的基础，课程大纲的科学性、适用性、时代性等。

2. 课程准备与投入评价

课程准备与投入评价主要判断教师开设课程的准备程度，包括教师个人的知识准备、教学资料的准备、教学组织与教学安排、实验参观调查等。以教学设计、讲义等为主要标志性信息。

3. 课程实施过程评价

课程实施过程评价主要是对课堂教学过程的评价，包括对教师的评价和对学生的评价，教师评价侧重了解教师的教学态度、教学方法、教学水平，对学生的评价侧重了解学生的兴趣、学生的感受等。主要收集信息的手段是学校组织同行专家听课，对学生进行随堂问卷调查等。

4. 课程实施效果的评价

课程实施效果的评价主要是了解课程实施以后是否达到了原来设计的教育目标，还存在哪些偏差，为此下一轮应当如何改革等。收集信息的主要途径是考试完以后对学生进行的问卷调查，征询专家、同行教师、教学管理部门的意见等。

二、 HEMTS 课程之评价要求

国家课程的校本化实施是实现课程目标的基础、核心和前提。首先，必须开齐开足国家课程；其次，必须结合自身特色，实现国家课程的校本化实施。由于国家课程主要是通过课堂教学来具体实现，这就要求构建校本化的课堂评价体系，用评价来指导和规范国家课程的校本化实施。课堂相比课程而言比较微观，但是课程的理念必须体现和落实在日常的课堂教学中，才能最终实现课程所追求的培养目标。因此，每一个课堂都应该贯彻课程的理念,体现课程的价值追求。

课堂评价既要遵循一般的课堂评价规律,例如:教学目标必须清晰且可观测,教学重点必须突出,教学难点必须有效突破等;同时课堂评价又要渗透学校的课程理念,有校本特色,因此学校的课堂评价必须体现"培养人文底蕴厚实、崇尚科学精神、勇于实践创新、具有国际视野的科学素养突出的合格社会公民"。首先要有独特而鲜明的个性特征,会思考,有主见,有自己对问题及事物的看法和判断,因此课堂上必须要突出学生的自主学习,充分体现学生的学习主体地位;同时,还应该善于交流、乐于分享,因此,课堂应倡导合作、交流、分享,在与同伴的交流中进行思想的碰撞,智慧的分享,完善对问题及事物的认识和判断,从而形成学科思维方式,提高学科思维能力。

近年来,我校围绕嘉定区"品质教育"课题研究,积极探索提升教育品质的新方法和新途径,取得许多值得总结和推广的经验。在对这些经验提炼的基础上,我们提出用"合作课堂"作为课堂教学的核心理念,着力通过重建师生关系、创新教学方法、优化课堂管理,打造"有思想的课堂"。

课堂评价指标体系应力求简化,抓住课堂教学的本质问题立项,不宜过多、过细、过全,否则难以突出评价的关键所在。其次,评价标准必须具体,而且要易于量化;评价标准必须适度,既不能过高,也不能过低。要力求构建科学的、客观的,符合我校实际,具有个性特色的课堂教学评价指标体系。

表6-6 嘉定区第二中学"立体课堂"教学评价表

学校		班级		学科		教师			
课题			课型			评价等级			
一级指标	二级指标					A	B	C	D
						10	8	6	4
目标 30%	1. 面向全体学生,关注每一个学生的发展。								
	2. 全面提升素养,关注三维目标的有效达成。								
过程 50%	3. 实施全程管理,关注教和学的每一个环节。								
	4. 教学目标明确,定位合理,符合学情,重点突出,难点剖析到位,教学针对性强。								

续表

一级指标	二级指标	A	B	C	D
		10	8	6	4
过程 50%	5. 问题设计重在引导和启发,有合适的提问时机和合理的思考空间,问题呈现有梯度。				
	6. 创设师生、生生互动的氛围,鼓励学生发表不同的见解,激发学生参与的热情,帮助学生获得成功的体验。				
	7. 有效创设学生自主、探究、合作学习的情境,重视学生对过程的体验,重视能力培养。				
	8. 注重及时反馈和即时矫正,能根据学生学习情况适时调整教学过程,优化教学策略。				
效果 20%	9. 有效培养健康学习心理和良好学习习惯。				
	10. 体现学科思维方式,提高学科思维能力。				
	11. "三维"目标达成度高,各层次学生都有收获。				
简要评语		总分			
		综合层次			
说明	综合等次：100—85 为 A(优质课),84—75 为 B(良好课),74—60 为 C(合格课),低于 60 或教师单向灌输知识或有科学性错误为 D(不合格课)。				

三、 HEMTS 课程之评价标准

在学校的课程理念指导下,学校必须为学生提供足够的校本课程的科目。校本课程开发应努力拓展基础学科的学习内容,努力夯实学生的学科功底;与社会多样化需求结合,及时吸纳人文、科学、工程、数学、技术发展的最新成果,奠定学生适应未来社会生活的基础;与学生自身发展需求相结合,促进学生个性特长的养成和发展。校本课程的开发走"校本课程特色化,特色课程精品化"之路。

表6-7 嘉定区第二中学拓展课及活动课评价标准(试用)

学校		班级		学科		教师	
课题			课型			评价等级	
一级指标	二级指标				A	B	C	D
					10	8	6	4
条件标准 30%	1. 开设的校本课程科目有《课程纲要》和《课程方案设计》。							
	2. 有必要的课时保证,能够定期组织校本课程相关理论的培训。							
	3. 既尊重个体,又普遍关注,课程有广泛的学生参与度(每门课程开设,至少有10人以上选修),有实施课程必要的专用教室及场地.							
内容标准 50%	4. 尊重学生的兴趣、需求,着眼于学生的全面发展,通过问卷、座谈等形式广泛征求学生意见。							
	5. 立足学校及地区实际,挖掘校内资源优势,体现本校特色。							
	6. 课程内容结构合理,兼顾学生知识与技能、过程与方法、情感态度与价值观方面的发展。							
	7. 体现学科思维特点,养成学生学科思维方式,提高学生思维能力。							
	8. 采取生动、开放、灵活的组织形式,激发学生动手、动脑、动口和自主、合作、探究的学习热情。							
成效标准 20%	9. 有教学过程的档案记录,有实物制作、作品展示、创新设计、汇报表演等成果展示。							
	10. 学生和家长对该课程有较高的满意度。							

四、 HEMTS课程之学生评价

1. 模块学分的认定

学分的认定由模块终结性测试与过程性的评价两部分组成。

每模块教学任务完成后,学校按课程标准中三维教学目标的要求统一举行终结性测试。要保证测试的效度、信度和适当的区分度,控制好试卷的难度。基于模块的过程性评价由学生听课出勤率、作业完成率及平时测验成绩三部分组成。

2. 拓展研究课学分认定

拓展研究课的学分认定，要强调学生主动参与，学生只要积极参与综合实践活动就能获得学分。

(1) 研究性学习活动的学分认定。研究性学习活动是在教师的指导下，学生自主学习的必修课程。年级要认真组织实施，注重过程，不断完善评价的内容和方法。研究性课题必须由学生自己完成，任何人不得包办代替。凡是未开展研究性学习活动的，均不得给予学分。

(2) 奖励学分。为鼓励学生创新或在某些领域有突出表现，学校可设奖励学分。奖励学分的内容主要包括学科活动、科技活动、艺术展演、体育竞赛等。

奖励学分的认定：由获奖人申请，经指导教师推荐（各类活动的奖励凭教育行政部门或其他有关部门发的获奖证书），教务处审核，报学校批准方可记分。奖励学分最高不超过 10 分。具体实施细则或办法另行制定。

(3) 学生素养评价的程序及办法。学生素养评价由自我评价、同伴评价及教师评价三部分组成。

自我评价。改变传统的教育评价学生处于被动地位的状况。每学期结束时，由学生进行反思写出自评报告一份。

同伴评价。小组成员应本着公平、公正的原则，实事求是地对学习伙伴进行评价，评价应本着发现、挖掘被评价学生的优点、长处和闪光点的宗旨，充分发挥评价的激励、正面诱导功能。评价分为四个等级。A——优秀，B——良好，C——较好，D——仍须努力。

教师评价。强调过程性评价，学校设立学生成长记录袋，其基本成分是学生自己认为最满意或最重要的作品，如小论文、小发明、小制作、文学艺术作品、音像制品、设计方案、研究报告、学习策略方法总结等。学生应参与到作品的选择、自我评价与反思之中，成长记录必须真实，一旦发现弄虚作假，其素养评定等级被降为 D 级。成长记录袋中还应包括重要的奖惩记录。

五、 HEMTS 课程之教师评价

要广泛收集评价信息。对教师考试成绩评价坚持建基准、重变化、看提高的原则。

除考试成绩外,还要运用课堂观察、代表作展示(公开课、教案等),参与各级教研与研讨,教学反思,教研论文等手段,同时要对提高学生学习效果和养成良好行为习惯有良好作用的研究信息进行收集。

(本案例系作者指导嘉定二中课程团队研制)

提示条

学校整体课程规划要关注课程评价方式的多维运用,合理把握课程评价在课程发展全要素和全过程中的作用,尤其是要运用多种评价创意关注对学生、对教师以及对课程本身的评价。

关键 7：怎样推进学校课程管理？

问题单

学校课程管理有什么意义？学校课程管理的对象是什么？主体是谁？有哪些具体做法可以帮助学校推进课程管理？

课程模式的建构除了课程的主体内容之外，还要有相应的支持条件，特别是课程管理，以保障课程开发与实施的顺利进行，保证课程模式的完整性。课程管理是指以课程为对象所施加的决策、规划、开发、组织、协调、实施等管理活动和管理行为的总称。一所学校的课程管理主要包括课程管理理念、课程开发管理、课程实施管理等。就管理方式而言，主要包括以下几个方面：一是价值引领，也就是学校课程所有要素都应该按照学校课程哲学的意涵来推动，学校课程哲学应该渗透到学校课程运行的全过程之中，价值引领是学校课程管理的重要方面。二是组织建设，学校课程管理的组织机构设立包括人员配备、机构建立及责任分配，即学校领导班子的领导与监督、全体教师的素质与结构、学生的全程参与、专家介入、家长和社区的支持，课程领导小组的建立。三是资源利用，课程资源方面是指学校的硬件设备，包括基本设备，如图书馆、实验室、活动室等，与校本课程直接相关的条件准备，如特色教室、校本教材等；也指学校拥有的在地文化资源，要求学校在已有条件基础上，尽可能开发新资源，提高资源的利用率。四是制度建构，包括课程计划的制订、教师角色与责任分配、课程审议等的规约，课程制度是影响课程有效实施的重要因素。除了这几种管理方式，还有时间管理、主体参与、课题研究、课程研修以及特色聚焦等方式，都可以有效地推进学校课程发展，这也是学校整体课程规划需要认真思考的议题。

◆　　**智慧源**　　◆

> 香樟树课程：向着阳光生长

向着阳光生长
——合肥市香樟雅苑小学"香樟树课程"规划

合肥市香樟雅苑小学坐落在合肥市合作化南路 15 号。学校占地面积 4 659 平方米，建筑面积 4 174 平方米，运动场地面积 2 234 平方米，绿化面积近 928 平方米。学校教学设施一流，建有音乐舞蹈室、美术室、自然实验室、图书阅览室、微机室及多媒体教室等学生专用活动室。学校目前有 18 个教学班，在校学生 700 余人。学校在编教师 40 人，省特级教师 1 名，市级骨干教师 5 名。

第一部分　学校课程情境

一、学校课程发展的优势

（一）课程开发经验丰富

环境教育问题由来已久，我国早在春秋时期就有了保护环境方面的法令，到今天环保更是受到全世界广泛的重视。一个发展中国家要想较好的解决环保问题，一定要从现有的条件和国民文化素养出发，因此从娃娃抓起，从小学生抓起，势在必行。环境教育是治理环境污染的环保教育，人类与自然和谐共进是人类追求的崇高境界。环境教育是绿色教育，是生命的教育，是着眼于学生的未来、社会的发展的长远教育。早在 2006 年，学校就将环境教育确定为学校特色，并在探索之路上取得了一定成绩，先后被评为省绿色学校，全国生态环境学校等，编写《鸟》校本课程，获得合肥市校本教材一等奖。环境教育的前行使学校在课程资源开发、学生实践活动指导、教师课程开发能力建设等方面也积累了宝贵经验,学生在环境教育中形成理性的价值观和审美观也是下一步新课程的学习的先行良好条件。

（二）高校资源有效支撑

学校作为安徽省基础教育协同创新中心协同单位,依托合肥师范学院师资开展"经典古诗文诵读的方法与策略"课题研究,着力将优秀传统文化扎根校园。打造环境教育特色,借助安徽大学环境保护社团的优质资源,活化拓展型课程,充分利用了专家团队实施课程与教学改革。

（三）课程执行力雄厚

教师是课程执行力的主体,教师学校现有省特级教师 1 名,市级骨干教师 5 名,教师结构比较合理,学科均衡。并且经过前期课程的实践,教师的课程执行能力有一定提升。而且就目前我校教师知识结构体系来说,一般都是任教两个或三个学科的教师,具有复合知识结构的教师较多。学校已经开展了社团活动,部分新进老师在社团活动中形成一定的课程资源开发意识,大学科的观念正在形成,比较容易接受校本课程理念。

（四）课程实施活动场所多样

校园环境优美,教学区、运动区设置合理。学校教学设施齐全,拥有自然实验室、舞蹈室、音乐室、图书室、少先队活动室、多媒体教室等。学校实现无线网络全覆盖,教学设备达到省 I 类标准,每间教室都配有多媒体教学设备。学校的硬件设备为学生多样化发展提供了必要的条件。

二、 学校课程发展的空间和生长点

（一）学校课程哲学的形成问题

早在 2006 年,学校就提出了环境教育的办学特色,随着教育的发展,学校领导班子的调整,学校办学特色也有所改变。2013 年底,学校明确办学特色"道法自然,香韵致雅",时间非常短,与之相适应的课程理念正经历提炼阶段,需要得到广大教师的认同。

（二）办学特色的认同需要达成共识的默契

由于前期学校特色及发展内涵有调整，教师对现有课程哲学"香雅教育"，课程理念"向着阳光生长"的认同需要一个过程，必须达成一定共识，形成一定默契后，教师才能成为积极的课程开发者和实施者。

（三）教师的课程意识与课程开发技术问题

教师的课程意识有待进一步提高，课程的教师领导力、开发力、评价力参差不齐，影响了课程建设与课程实施。为此，需要对有关教师进行培训，在课程发展中进行合理的人员调配组合，需要借助有关专家的力量进行课程发展的设计。

（四）丰富的课程资源尚未得到全面开发与利用。

主要表现为：课程资源的开发缺乏计划性、系统性和针对性，对课程资源的利用不充分，校园环境建设与新课程实施的要求还有较大差距，文化气息不足，硬件和软件的建设必须都呈现"香雅教育"的灵动与自然。

第二部分　学校课程哲学

一、学校教育哲学：香雅教育

学校结合多年的办学经验，初步形成"道法自然，香韵致雅"的办学特色。基于学校已有的办学特色及对教育本质的认知，我们建构了学校教育哲学——香雅教育。

"香"，《说文解字》曰："香，芳也。从黍，从甘。"《毛诗序》释"雅"为"正"。"正"即"标准"之义。《荀子·荣辱》曰"君子安雅。"意思是说："正而有美德者谓之雅。"

基于上述考虑，我们提出以下教育信条：

我们坚信，教育渗着淡淡的香味；

我们坚信，教育传递的是生命气息；

我们坚信，教育是光明、温暖的；

我们坚信，教育是让生命的活力充分涌流；

我们坚信，道法自然是最好的教育方法；

我们坚信，向着阳光生长是教育的最美姿态。

二、课程理念：向着阳光生长

杜威说：教育即生长。依据"香雅教育"这一学校教育哲学，我们将"向着阳光生长"作为学校的课程理念，努力做到让我们的学生成长得更自然、更科学、更阳光。这意味着：

——课程即生命成长的养料。我们把学生放在课程的中央，因材施教、面向全体，让每个学生都积极、创新、健康、灿烂，让每个生命都能够向着阳光茁壮生长，绽放出独特的生命光彩。

——课程即正向力量的导引。我们要提供生命成长的条件，给予学生一个快乐、安全、幸福、民主的世界，一个自信、创造、自主、开放的空间，使学生的天性和与生俱来的能力得到健康生长。

——课程即有味道的经验。我们要让爱贯穿整个教育过程的始终，唤醒学生的内心需求，不断激发学生的主观能动性，让学生真正感受到学习是一种快乐，是一种享受，让学生过一种幸福完整而有意义的教育生活。

——课程即生长的能量交换系统。所有的生活都是知识，整个大自然都是课程。我们要为学生提供开放的课程空间，整合一切教育资源为学生的自我构建和自我成长提供条件，让学生的学习经验、社会活动相互链接，自然转化为学生生长的能量。

香樟树是学校的校树，它清香高雅，独特的气质彰显了自身品性的高尚，是树中之君子，正契合了学校的育人目标，我们将基于"香雅教育"的学校课程体系简称"香樟树课程"。

"香樟树课程"犹如一棵枝繁叶茂的香樟树，它圆润和谐，生长有序，树枝干都按一分为二、二分为四的规律协调生长，不会偷工减料走捷径，也不会自以为是地画蛇添足。因此，"香樟树课程"符合国家课程标准，顺应儿童成长规律，契合我校办学特色。此课程模式的命名既取自我校校名"香樟雅苑小学"，也有我校课程建设的美好未来愿景。

第三部分　课程目标

根据全球化及信息化对人才的要求,学校以学生综合素质的全面提升为价值取向,按照基础教育的定位、人的成长和发展规律及香樟雅苑小学学生的特点,提出了自己的育人目标以及相应的课程目标。

一、 培养目标

在"香雅教育"这一核心学校教育价值观的统领下,我们将"养馨香之气,育智雅之人"作为学校的办学愿景。泰戈尔说"教育是培养学生面对一丛野菊花而怦然心动的情怀"。学校通过实施环境教育,让学生走进自然,体味自然的气息,感悟生命的芬芳。"黍稷非馨,明德惟馨"。学校还应让学生诵读经典,纵情书香,给予学生优秀传统文化的熏陶,使学生的心灵得到文化的浸润。孔子说"智者乐水",孟子提倡"仁义礼智"。"智"一直作为传统文化的精髓而存在,反映出先哲对智慧、对美好品行的追求。"雅"为"正",大智即雅。对于学校教育而言,"智雅"既教人求真知、寻真理,博学善思,也教人明事理,存善心,谦逊儒雅,二者相辅相成。

基此,我们努力把学生培养成为"本真、善良、智慧、儒雅"的现代小公民,让学生率真质朴、博学善思、谦逊儒雅、崇德向善,形成知行合一的健康个体,促进学生在未来社会的可持续发展,为其终身幸福奠定基础。

——本真:亲近自然,率真质朴;

——善良:纯洁真诚,崇德向善;

——智慧:乐于探究,博学善思;

——儒雅:举止文明,谦逊儒雅。

二、 课程目标

培养目标是通过课程目标去达成的,我们把育人目标进行细化,形成相应课程目标,具体如下表7-1。

表 7-1　课程目标

育人目标 ＼ 年段	低年级	中年级	高年级
本真	初步认识自我,珍爱生命,关心自己生活环境,初步会爱护环境,不乱扔垃圾。积极参与体育运动。	形成参与运动的兴趣和爱好,养成安全、健康、环保的良好生活和行为习惯。形成积极进取、乐观开朗的生活态度。学习从不同的角度观察社会事物和现象。掌握一定保护环境的技能。了解一些我国历史常识。	能积极参加体育活动,保持愉快的心情,使性格变得开朗大方,能真诚待人,与他人平等地交流与合作,积极参与集体生活。了解祖国历史,知道在历史发展过程中形成的中华民族优秀文化和革命传统。
善良	爱亲敬长,养成文明礼貌、诚实守信、友爱宽容、热爱集体、团结合作、有责任心的品质。	关心同学、懂得感恩。对生活中遇到的道德问题作出正确的判断,尝试合理地、有创意地探究和解决生活中的问题,力所能及地参与社会公益活动。	热爱生活,养成自尊自律、乐观向上、勤劳朴素的态度。逐步形成正确的世界观、人生观、价值观。理解日常生活中的道德行为规范和文明礼貌。懂得规则、法律对于保障每个人的权利和维护社会公共生活具有重要意义。
智慧	掌握低年段文化课程标准规定的要求,初步具有爱科学、学科学、用科学的意识。形成爱班级、爱学校、爱父母、爱老师的真实情感。初步具有对中国传统文化的学习兴趣。	掌握中年段文化课程标准规定的要求,热爱科学,热爱学习,形成较强的学习兴趣,热爱读书,学习并积累经典古诗文,爱上祖国传统文化。养成对自己、对班级的责任感。树立较强的自信,形成爱学校、爱社区的情感。	掌握高年段文化课程标准规定的要求,热爱科学、热爱学习,并具有用科学的意识。拥有较强的社会责任感,诚实、守信,言行一致。具有初步的创新精神、实践能力、科学和人文素养以及环境意识;具有适应终身学习的基础知识、基本技能和方法。对中国传统文化有一定的认识和了解。
儒雅	知道生活基本常识,识记良好习惯要求,并在学习生活中逐步形成。举止文明,待人温和。	懂得基本的做人道理,必要的处事能力。谈吐文雅、举止典雅。关心社会环境,能处理好个人与环境的关系,具有一定的环保意识。	爱护自然,掌握一定环保技能。懂得为人处事的基本准则,树立正确的人生观,具有积极向上的人生态度,具有健壮的体魄和良好的心理素质,养成健康的审美情趣和生活方式。

第四部分　学校课程体系

一、　课程结构

　　"香樟树课程"课程将课程与培养目标"对接",课程设置与课程目标"匹配"。根据这种"对接"与"匹配",学校结合已有课程资源情况,将课程结构确定为"六大枝干":语言发展课程、数理逻辑课程、艺术修养课程、运动健康课程、自然探索课程、社会交往课程。

图 7-1　"香樟树课程"结构图

二、　课程设置

　　根据"香樟树课程"结构图,结合学校课程资源情况,对"香樟树课程"的内容进行系统构建。

表 7-2 "香樟树课程"课程体系表

课程	基本课程	特色课程	课程目标
香雅文学馆（语言发展）	语文英语	具体课程："香雅诗社""香雅故事屋""主持启明星""带你游家乡""小小主持人""快乐 ABC"等	掌握基础文化知识，提高学生的综合素质和艺术修养，体会到中国传统文化的博大精深，激发学生爱国情感。在语言学习过程中，形成健康的审美情趣，发展个性，形成合作精神，逐步形成积极的人生态度和正确的价值观。增强学习语言的自信心，养成良好的语言学习习惯，初步掌握学习语言的基本方法。感受文学大师的语言魅力，能主动进行探究性学习，在实践中学习、运用语言。有较为丰富的积累和良好的语感，注重情感体验，发展感受和理解能力。能具体明确、文从字顺地表述自己的意思。能根据日常生活需要，运用常见的表达方式写作。具有日常口语交际的基本能力，学会倾听、表达与交流，初步学会文明地进行人际沟通和社会交往。学会使用常用的语文工具书。
香雅思维馆（数理逻辑）	数学信息技术	具体课程："说唱数学""趣味数学""数字魔方""循规蹈矩"等	获得适应社会生活和进一步发展所必须的数学、基本知识、基本思想、基本活动经验。体会知识与生活之间的联系，运用数理逻辑思维方式进行思考，增强发现问题和提出问题的能力、分析问题和解决问题的能力。了解数理逻辑的价值，提高学习数理逻辑的兴趣，增强学好数理逻辑的信心，养成良好的学习习惯，具有初步的创新意识和实事求是的科学态度。
香雅艺术馆（艺术修养）	音乐美术	具体课程："缤纷花鼓灯""丝竹雅舍""悠悠竖笛""家乡戏曲""巧手面泥"等	能够感知音乐旋律的变化，能够体验音乐情绪的变化。能够初步认识家乡戏曲并说出几首曲名。了解安徽地方舞蹈，感受不同地域舞蹈风格，能体验地方音乐与舞蹈特点与特色。会简单地吹奏葫芦丝和竖笛，懂得欣赏民族音乐和地方舞蹈。掌握绘画的基本技巧，懂得欣赏美，敢于用画笔描绘自己的想象。
香雅自然馆（自然探索）	综合实践科学	具体课程："稻米香""绿色种植花花世界""神奇的水"等	知道常见的农作物和花草知识，并掌握简单的种植知识，亲近自然、欣赏自然、珍爱生命，积极参与资源和环境的保护，关心环境发展。知道与周围常见事物有关的浅显的科学知识，并能应用于日常生活，逐渐养成科学的行为习惯和生活习惯；了解科学探究的过程和方法，尝试应用于科学探究活动，逐步学会科学地看问题、想问题；保持和发展对周围世界的好奇心与求知欲，形成大胆想象、尊重证据、敢于创新的科学态度和爱科学、爱家乡、爱祖国的情感；并细心耐心地勇于尝试。

续表

课程	基本课程	特色课程	课程目标
香雅运动馆（运动健康）	体育健康	具体课程："篮球部落""乒乓球天地""香雅武馆"	热爱体育运动,坚持参加体育锻炼活动。学习合理锻炼、养护身体的知识。养成自觉锻炼身体的习惯,掌握合理锻炼、养护身体的方法。养成良好卫生习惯,具有良好的个人生活、饮食等卫生习惯,自觉保持环境卫生,注意用眼卫生。增强适应、抗病能力,健康的身体和初步的环境适应能力。具有健康身体和环境适应能力。学会自我保健,有一定抗病能力。掌握至少一项以上的体育技能。
香雅社交馆社会交往课程	品德与生活品德与社会	具体课程："说你说我""雅言雅行""快乐生日派"等	知道学会交往是传递信息的有效途径;感受语言、肢体相互影响的过程;通过和同伴合作完成任务,加强人际交往,能真诚地提出自己的想法和观点,并为对方所接受。与父母之间的交往,能够平等对话,愿意向家长述说自己的想法。通过询查、社会调查等多种形式了解春节的由来、习俗等,知道我国是一个具有悠久历史的文明礼仪之邦。围绕传统节日展开的系列活动,加深对传统节日的了解,带领学生走进社会,为学生打开感知民族文化的一个窗口,让学生真真切切地感受到祖国民族文化的博大精深,激发创新精神,发展实践能力,扩大综合知识,提高审美情趣,从而增强民族自豪感。

根据上表,对特色课程按照年级水平进行设置,构建了"香樟树课程"具体框架表。

表 7-3 "香樟树课程"设置表

香樟树年级	香雅文学馆	香雅思维馆	香雅艺术馆	香雅自然馆	香雅运动馆	香雅社交馆
一上	香雅诗社	说唱数学	缤纷花鼓灯	美丽香樟	玩转陀螺	说你说我
一下	香雅绘本	循规蹈矩		神奇的水	快乐跳房子	是非馆
二上	香雅诗社	美丽对称	巧手面泥馆	香雅校园	铁环滚滚	香言雅社
二下	香雅故事屋	玩转扑克		探访合肥	花毽飞舞	香雅文明行
三上	合肥记忆	数字魔方	悠悠竖笛	蔬菜天地	乒乓天地	徽菜荟萃
三下	快乐ABC	七桥地带		植物乐园		庐州味道

续表

香樟树\年级	香雅文学馆	香雅思维馆	香雅艺术馆	香雅自然馆	香雅运动馆	香雅社交馆
四上	特色合肥	数独驿站	戏说黄梅	魅力大蜀山	香雅武馆	庐州大厨
四下	带你游家乡	数学文学馆		探秘自然		饮食天地
五上	主持启明星	数学迷云	庐剧舞台	印象天鹅湖		家乡名人馆
五下	英语口语秀	房间设计师		快乐鸟世界		快乐生日派
六上	名家人生	理财我当家	丝竹\雅舍	稻米香	篮球部落	男生女生
六下	辩论大咖秀	走近数学家		花花世界		成长小记

第五部分　学校课程实施

课程的实施与管理体现了对课程理念的贯彻与执行,这就要求我们应为学生创设更加民主的、人性化的课程学习环境,使之成为发展自我的内在需求。

学校围绕"香樟树课程"的六大枝干开展教学活动,建设香雅文学馆、香雅思维馆、香雅艺术馆、香雅自然馆、香雅运动馆、香雅社交馆。

一、 建设"香雅文学馆",推进语言发展课程的实施

表7-4　语言发展香樟树实施一览表

实施年级学期	微课程	学习目标	课程资源	课程活动
一上	香雅诗社	通过阅读古诗文,提高幼儿的阅读兴趣,养成良好的阅读习惯。	《古诗必背75首》《小古文100篇》。	1. 学校开设古诗文课。\2. 家庭亲子阅读评比。
一下	香雅绘本	引导学生掌握阅读的方法,培养学生热爱阅读的习惯。	图书室绘本。	1. 听绘本故事录音。\2. 复述绘本故事。\3. 改编绘本故事。
二上	香雅诗社	能以说、唱、画、写各种方式展示古诗文的魅力。	制作成展板、VCR。	1. 吟诵古诗文。\2. 诗配画。\3. 排演古诗文。

实施年级学期	微课程	学习目标	课程资源	课程活动
二下	香雅故事屋	积累一定量的故事,能讲给别人听。	《格林童话》《安徒生童话》。	1. 搜集故事。2. 举行故事会。
三上	合肥记忆	会通过各种途径搜集合肥故事,并讲述。	参观博物馆。	1. 走访身边老人。2. 搜集合肥的老照片。
三下	快乐 ABC	能说英语、读英语、唱英语,喜欢英语。	校本课程《我们的节日》。	说一说、读一读。
四上	特色合肥	能介绍合肥的特产。		1. 合肥特产照片展。2. 交流最喜欢的合肥特产。
四下	带你游家乡	了解家乡的景色特点和物产特点,能做简单介绍。		1. 制作家乡一景或一物的视频。2. 给视频配文字介绍
五上	主持启明星	能结合节日活动,编写主持词并主持。	中秋节联欢活动。	1. 筹备中秋节联欢活动。2. 编写主持词。3. 召开联欢会。
五下	英语口语秀	能流畅地说英语故事,做简单的英语自我介绍。	英语课外书。	1. 英语自我介绍。2. 英语故事会。
六上	名家人生	能结合所学课文,了解并介绍名家的故事。	语文书或课外书。	1. 由阅读文章了解名家。2. 寻找名家的故事。
六下	辩论大咖秀	了解辩论的基本要求,并能围绕自己的观点,发表辩论。	《小小辩论家》。	1. 观看大学生辩论赛的视频。2. 开展辩论赛。

二、建设"香雅思维馆",推进数理逻辑课程

表 7-5　数理逻辑香樟树实施一览表

实施年级学期	微型课程	学习目标	课程资源	活动设计
一上	说唱数学	通过学唱数学儿歌,产生对学习数学的兴趣	数数歌、数学加减法口诀儿歌	学唱数数歌、加减法歌

续表

实施年级学期	微型课程	学习目标	课程资源	活动设计
一下	循规蹈矩	发现、经历、探究图形和数字简单的排列规律，培养观察、操作、推理能力。培养发现和欣赏数学美的意识	有规律的图形、数字的排列课件	1. 认识规律 2. 创造规律 3. 展示规律
二上	美丽对称	寻找生活中的对称图形，感受数学中的对称美	各种对称图形实物、照片、课件等	1. 认识各种对称图形 2. 创造对称图形 3. 对称图形作品展示会
二下	玩转扑克	提高计算能力，提高学习数学的兴趣	扑克牌（除去 J/Q/K/大小王）	1. 介绍加减乘法扑克玩法 2. 小组玩转扑克牌 3. 玩转扑克挑战赛
三上	数字魔方	调动眼、脑、手、口、耳多种感官的协调活动，培养快捷的心算能力和反应能力	魔方	1. 认识魔方的构造 2. 介绍魔方的玩法
三下	七桥地带	了解"一笔画"问题，建立数学模型，扩大知识视野，激发学习兴趣	七桥问题故事，一笔画有关课件	1. 介绍七桥问题 2. 学习一笔画
四上	数独驿站	进一步培养推理能力，感受数学的无穷魅力	关于数独的发展历史、数独智力运动会资料、稍复杂的数独游戏题	1. 了解数独游戏的发展历史 2. 玩数独游戏 3. 数独挑战赛
四下	数学文学馆	了解数学诗歌的趣味性，学习创作数学诗歌	各类数学趣味诗歌	1. 收集数学趣味诗歌 2. 汇编成册 3. 模仿创作数学趣味诗歌 4. 展示交流
五上	数学迷云	收集相关数学谜语感受数学谜语的趣味性，会猜20个数学谜语，认识各种数学术语	相关数学谜语	1. 收集数学谜语 2. 猜谜比赛
五下	房间设计师	综合应用图形的面积、计算等知识解决生活的问题，增强应用数学的意识，发展实际调查、解决问		1. 创设情境，出示新房间设计图，提出要对墙壁进行粉刷和对地面进行密铺

续表

实施年级学期	微型课程	学习目标	课程资源	活动设计
五下		题的能力		2. 探索交流粉刷墙壁要考虑的各种因素和如何密铺地面 3. 实地参观房子的装修情况 4. 自己设计房间并展示
六上	理财我当家	懂得合理安排及使用金钱的重要性,掌握资料收集与整理、调查等实践方法,养成节约用钱、合理消费的良好习惯	银行年利率,各种理财产品,理财方法等	1. 了解勤俭节约的例子 2. 为自己设计理财方案 3. 交流展示
六下	走进数学家	知道数学家苏步青生平,收集苏步青的相关故事,感悟作家创作的生活背景的影响	苏步青的故事、合肥数学家的资料	1. 了解苏步青的故事 2. 收集合肥数学家 3. 制作合肥数学家手抄报并展示

三、 建设"香雅艺术馆",推进艺术修养课程的实施

表 7-6　音乐韵律香樟树实施一览表

实施年级学期	微型课程	学习目标	课程资源	活动设计
一、二年级	缤纷花鼓灯	了解安徽地方舞蹈,感受不同地域舞蹈风格,能体验地方音乐与舞蹈特点与特色	花鼓灯传人授课	1. 看一看花鼓灯的表演视频 2. 学习花鼓灯表演
	巧手面泥馆	培养学生的动手能力,创造能力	手工课	1. 欣赏面泥作品 2. 动手制作
三年级	悠悠竖笛	了解竖笛,学吹竖笛	竖笛教学方法丛书	1. 欣赏竖笛音乐 2. 吹奏竖笛
四年级	戏说黄梅	了解黄梅戏旋律,理解经典戏曲表达的内容	黄梅戏 CD	1. 听一听黄梅戏 2. 哼一哼唱一唱黄梅戏

续表

实施年级学期	微型课程	学习目标	课程资源	活动设计
五年级	庐剧舞台	了解庐剧的起源、发展现状，体会民间艺术魅力	磁带	1. 查阅资料 2. 听庐剧 3. 组织讨论
六年级	丝竹雅舍	了解葫芦丝的吹奏方法	视频	1. 学吹葫芦丝 2. 举行葫芦丝表演活动

四、建设"香雅自然馆"，推进自然探索课程的实施

表 7-7　自然探索香樟树实施一览表

实施年级学期	微型课程	学习目标	课程资源	活动设计
一上	美丽香樟	认识香樟树，了解香樟树的精神	学校的香樟树	1. 观看图片 2. 组织讨论 3. 调查香樟树的作用
一下	神奇的水	学会关注身边事情，了解水	生活的水	观看视频，做水的实验
二上	香雅校园	描述家庭与学校附近的环境 了解家庭及学校附近环境的变迁	学校平面图	1. 听一听学校的历史、沿革、发展 2. 看一看学校平面图，画一画自己心中的学校图 3. 听一听知名校友的故事
二下	探访合肥	了解学校附近环境的变迁，感受发现的乐趣	合肥资料	走走周边道路，听听机构之变迁
三上	蔬菜天地	认识校园的蔬菜。了解饭桌上的学问。居住城镇的古迹或考古发掘，并欣赏地方民俗之美。列举地方或区域环境变迁所引发的环境破坏，并提出可能的解决方法	校园蔬菜	1. 看一看校园的蔬菜 2. 查一查蔬菜的作用

续表

实施年级学期	微型课程	学习目标	课程资源	活动设计
三下	植物乐园	亲近自然，关心环境	校园的小花园	1. 看一看，认一认植物 2. 查查资料，了解植物的生长特点
四上	魅力大蜀山	了解大蜀山的风景	大蜀山	1. 走一走大蜀山，看一看风景 2. 观察观察大蜀山的植物
四下	探秘自然	认识蜀山森林公园，了解它的概貌和发展	蜀山森林公园	1. 走一走蜀山森林公园 2. 寻访蜀山森林公园的发展
五上	印象天鹅湖	欣赏天鹅湖的美，了解天鹅湖的来历	天鹅湖	1. 走一走天鹅湖 2. 听一听天鹅湖管理员的介绍
五下	快乐鸟世界	认识生活中常见的几种鸟，懂得保护鸟儿	鹅池	1. 实地考察植物园的鸟儿 2. 观察鸟的标本
六上	稻米香	察觉植物会成长，察觉不同植物各具特征，以及种植简单的植物	小菜园	1. 调查植物的生长情况 2. 学着种植
六下	花花世界	了解养花的方法和乐趣		1. 欣赏盆花 2. 学着养花

五、建设"香雅运动馆"，推进运动健康课程的实施

表7-8 运动健康香樟树实施一览表

实施年级学期	微型课程	学习目标	课程资源	活动设计
一上	玩转陀螺	体验陀螺游戏带来的快乐	陀螺	1. 举行转陀螺比赛 2. 制作一个陀螺
一下	快乐跳房子	能制定游戏规则，积极参与体育游戏活动	操场	1. 设计跳房子游戏 2. 举行跳房子比赛

实施年级学期	微型课程	学习目标	课程资源	活动设计
二上	铁环滚滚	掌握滚铁环动作要领，提高身体动作协调性，体会民间传统体育带来的乐趣	铁环若干	1. 掌握滚铁环技巧 2. 举行滚铁环比赛
二下	花毽飞舞	学会制作毽子，掌握毽子踢法，训练身体动作协调性	毽子的制作方法课件	1. 制作毽子 2. 掌握踢毽子方法 3. 踢毽子比赛
三上	乒乓天地 （1）	了解乒乓球是中国的国球，学习乒乓球基本动作要领	乒乓球	1. 掌握乒乓球的特点 2. 掌握握法，会发球
三下	乒乓天地 （2）	形成一定的乒乓球技战术水平，增强参与体育锻炼的兴趣	乒乓球	1. 会简单对打 2. 会发一些旋球
四上	香雅武馆 （1）	了解武术，初步学会武术的几个招式，感悟武术魅力	武术	认识武术，学做几个招式
四下	香雅武馆 （2）	熟练武术的几个招式、懂得运气	武术	武术基本招式评比
五上	香雅武馆 （3）	学做武术操，感悟武术的魅力，强健体魄	武术	武术操练习
五下	香雅武馆 （4）	了解剑舞，感悟武术操的魅力	武术	观看剑舞，学习剑舞的基本招式
六上	篮球部落 （1）	认识篮球，了解篮球比赛规则，增加对篮球运动的喜爱	篮球场	1. 篮球的发展历史 2. 认识篮球规则 3. 参加篮球训练
六下	篮球部落 （2）	积极参与篮球训练，掌握基本篮球技巧	篮球场	参加篮球训练

六、 建设"香雅社会馆"，推进社会交往课程的实施

表7-9   社会交往香樟树实施一览表

实施年级学期	微型课程	学习目标	课程资源	活动设计
一上	说你说我	从认识自己开始,进而认识更多的人和事,逐渐破解繁难的人生谜题:自己和他人,变化和成长,理解自己正是理解世界的第一步	绘本、课件、儿童哲学书籍	1. 组织讨论:我是动物吗?长大,我高兴吗?我和别人一样吗?我是谁,我能自己选择吗?我该为爸爸妈妈做些什么吗? 2. 阅读绘本 3. 交流体会
	快乐交友	学会主动与老师同学打招呼,会用礼貌用语	主题活动、礼仪《三字经》	1. 入学礼仪式 2. 组建家长委员会,加强学校、老师、家长的沟通
一下	是非馆	分辨"是非善恶"的斑斓,探究好中有坏、坏中有好的迷惑,促进自己勇敢地走进这个好好坏坏的世界	绘本、课件、儿童哲学书籍	1. 组织讨论:我能偷东西吃吗?我应该听爸爸妈妈的话吗?我应该实话实说吗?我能想干什么就干什么吗?我应该总是帮助别人吗? 2. 阅读绘本 3. 交流体会
	习惯养成屋	培养学生良好的学习习惯和生活习惯	主题活动诗歌童谣	1. 眼保操比赛 2. 广播操比赛 3. 写字活动 4. 收拾书包比赛
二上	香雅语言	了解文明语言,运用文明语言,感受语言的魅力	照片	1. 观察文明图片 2. 情境表演
	规矩我遵守	遵守学校的规章制度;培养学生的集体荣誉感	《中小学生行为规范》、主题活动、班队会课程	1. 学习《中小学生行为规范》 2. 落实常规教育的检查督促工作,促进学生良好习惯的养成

续表

实施年级学期	微型课程	学习目标	课程资源	活动设计
二下	香雅行为	了解文明行为,懂得文明礼仪的重要性	照片	观看文明照片,情境表演
	学会独立	通过对自理、自立的引导,让学生建立独立意识,提高独立能力,为后续学习生活奠定基础	主题活动、班队会课程	1. 穿衣服比赛 2. 开展学习身边的榜样等活动
三上	徽菜荟萃	了解安徽著名小吃,感受家乡独特风味	上网、图片、实物	1. 调查安徽小吃 2. 制作安徽小吃手抄报
	爱国爱家	对学生进行爱国主义教育,让学生们自己从不同角度领悟爱国的意义和必要性,弘扬和培育爱国主义精神,并用实际行动来爱国	主题活动、班队会课程、国旗下讲话	1. 开展唱国歌、系红领巾等比赛 2. 开展名人名言和英雄人物事迹教育等活动,激励小学生树立远大人生志向 3. 围绕传统节日开展各种活动 4. 组织少先队建队日系列活动,让队员在活动中接受爱国主义教育
三下	庐州味道	品尝合肥小吃,体会劳动人民的智慧	合肥小吃	1. 吃一吃合肥小吃 2. 夸一夸合肥小吃 3. 写一写合肥小吃
	学会文明	深刻体会文明礼仪教育的重要性;从身边小事做起,争做文明学生,争创文明校园	主题活动、红领巾广播站	争做"文明学生"主题教育活动
四上	庐州大厨	初步学会制作一至两种合肥小吃,增进动手参与制作食品的兴趣	制作小吃的材料	1. 做一做合肥小吃 2. 尝一尝自做的小吃
	树立良好班风	学会互相尊重、信任、理解和团结	主题活动、手抄报、黑板报	设立少先队各类小岗位,引导学生树立民主竞争意识,增强责任感
四下	饮食天地	了解合肥的饮食文化特点,会制作一样菜	合肥美食资料	1. 搜一搜合肥饮食文化特点 2. 制作一样菜

实施年级学期	微型课程	学习目标	课程资源	活动设计
四下	养成教育	加强年级、班级的常规管理、制度建设，树立良好班风，正确的舆论，爱惜集体荣誉。围绕"养成教育"开展教育实践活动	主题教育、课程资料、格言警句	1. 加强常规教育的检查督促评比 2. 指导队员参加社团活动，参与创建宣传阵地 3. 组织"文化艺术节""庆六一"活动 4. 实践活动
五上	家乡名人馆	了解家乡的名人，培养热爱家乡的情感	资料	1. 搜集资料 2. 制作合肥名人手抄报
五上	培养良好的意志品质	增强学生自觉进步的需要，培养良好的意志品质，进行不怕苦教育	主题活动	1. 组织开展"磨练意志"活动 2. 夏令营
五下	快乐生日派	会策划设计生日Party，体会一个聚会的组织和实施过程，并作为主客双方参与聚会	优秀的生日Party策划方案	1. 说一说以往生日怎么过 2. 想一想今年生日怎么过 3. 订一订生日Party方案 4. 参加集体生日Party
五下	社会公德意识教育	让学生能够真正理解什么是良好的社会公德，如何养成良好的社会公德。帮助学生纠正自身的缺点，树立正确的道德观和人生观	主题活动、《守则》和《规范》读本	1. 通过学习《守则》和《规范》，进行树立公德意识教育 2. 结合评优活动，开展"美德少年"活动，对学生进行自觉遵守行为规范的教育
六上	男孩女孩	了解青春期的一些知识，树立健康的异性交往观念	《男孩女孩》录像	1. 观看录像 2. 组织交流讨论 3. 撰写体会 4. 知识竞赛
六上	道德品质教育	通过具体引导，教会学生应当如何明辨是非、应当如何投身于道德建设中，从而以实际行动，展现新时期小学生的道德风采。增强学生自信，使学生努力做到说话做事实实在在，表里如一	主题活动、班队会课程	1. 召开主题班会"我长大了"，进行自理、自立、自律教育 2. 结合"难忘童年时光"主题活动，进行集体主义教育 3. 研学旅行

续表

实施年级学期	微型课程	学习目标	课程资源	活动设计
六下	成长小记	通过制作成长档案，体验生命的变化，珍惜当下生活	学生的日记、作文、照片等	1. 制作成长档案 2. 猜猜他是谁 3. 举行成长档案展览
	责任感教育	培养学生的自我管理能力和人际交往能力，进行责任感教育	主题班会、毕业纪念册	结合毕业、升学教育开展丰富多彩的大、中队教育活动

第六部分　学校课程评价

课程评价是课程实现学生学习价值的指向标。完善课程设置、激励学生学习和改进教师教学是课程评价的主要目的。从师生的发展出发，建立评价目标多元化、评价方法多样化的发展性课程评价体系是学校课程建设中的重要环节。

一、基础类课程的评价

课堂教学活动，占学校教育的绝大部分时间，具有显著的目的性、计划性和组织性，集中体现学校教育的基本特征。课堂教学担负着传授知识、培养能力、塑造品性、发展特长的重要任务。课堂教学的成功实施，是提高教学质量的重要途径。

贯彻"重基础、重能力、求创新、求发展"的教育教学原则，努力达到使学生"本真、善良、智慧、儒雅"的育人目标，在教学目标设计、教学活动组织、课程资源选择、现代教育技术运用等方面真正做到有利于每一个学生的发展。构建科学、合理的课堂教学体系，提高 40 分钟课堂教学的效益，是课堂教学评价的宗旨。

1. 教学目标。在"传授基础知识、训练基本技能、培养认知能力、渗透思想品德教育"的基础上，根据素质教育的要求，注重学生健全人格的形成和发展，培养学生积极向上的人生态度、法律观念和正确的价值取向以及认识社会、适应社会的能力，从而达到育人为本、全面发展的目的。

2. 教学内容。强调以下几个原则：

一是基础性。建议传授基础知识、训练基本技能、学会基本方法。面向全体学生；促进学生全面发展；具有可持续发展的作用。基础性的主要评价内容：(1)面向全体：主要体现在教学目标明确，要求得当，不任意拔高。(2)德育教育：结合教材有机地进行人生观、价值观、学习目的性、爱国主义等方面的思想品德教育。(3)双基要求：符合教学大纲、考试大纲要求；在夯实双基的基础上，注意总结基本方法。(4)难点突破：把握难点，由浅入深，引导学生理解掌握。(5)学法指导：结合教学过程，指导学习方法，培养良好的学习习惯。

二是活动性。要求理论与实践相结合，注重学生实践活动能力的培养。包括：体现学生的主体性，学生在课堂教学中有足够的活动；通过各种活动方式和充分的活动时间，使学生既实现认知、理解、探索和创造，又能够得到体验、交流和表现；教师恰当运用各种有效的教学手段，激发学生兴趣，促进学生自觉活动。活动性的主要评价内容：(1)启发式教学：启发学生思维、讨论，发表见解。(2)讲座式教学：避免满堂灌，鼓励学生积极思维，展开各种形式讨论(如同桌讨论、小组讨论，提问式讨论)。(3)知识形成过程：在启发式、讨论式、探究式教学中形成知识。(4)师生互动性：师生配合，关系融洽。(5)运用各种有效的教学媒体和手段：课本、课堂练习、信息技术、实验演示、教具、挂图展示等。

三是民主性。教师热爱学生，学生尊重教师，教学相长。在课堂教学中，教师与学生，学生与学生的人格、地位是平等的，教师应充分尊重学生的人格；允许学生出现这样或那样的错误，鼓励学生在与教师、同学的平等交往中展示自己的潜能；给每个学生同样参与教学活动的机会，允许学生在心理特征和认知能力上的差异；要重视情感、意志、动机、信念等人格因素的价值，建立师生之间和学生之间在教学活动中的和谐融洽关系，通过教师和每个学生的共同参与和积极合作，促进学生人格的健康发展。民主性的主要评价内容：(1)尊重学生人格：平等对待学生，热情鼓励，不存在歧视行为。(2)鼓励发挥潜能：鼓励学生发表意见、见解。(3)重视情感、意志：激励学生刻苦学习，允许学生出现错误和认知差异。

四是层次性。课堂教学应体现层次性：由浅入深；既有统一要求，又有适应不同层次学生发展需要的要求，坚持分类推进，分类提高。层次性的主要评价内容：(1)把握基本要求：根据教学大纲和学生认识的普遍水平，有明确的基本要求。(2)体现拓展性要求：适应认知水平较高学生的需求，进行必要的开拓、综合和提高。(3)作业的层次性：既有基本要求，又有拓展性、提高性作业。

五是技能性和专业性。素质教育课堂除具备上述主要特征外，还要求教师应有良好的师德素养和良好的专业水平，并在课堂教学中显示出教学的艺术。技能性和专业性的主要评价内容：(1)教态：亲切、自然、得体、富有激励性。(2)板书：清晰、规范、美观、有创意。(3)言语表达：使用普通话教学，表达清楚、简练、有吸引力。(4)课堂节奏：节奏恰当，合理安排时间。(5)上、下课时间：准时上、下课，不迟到，不拖课。(6)教案：认真备课，书写规范，有创造性，体现现代教育理念。(7)课程资源选择：除运用课本外，注意开发课程资源，如最新科技、新观点以及各种有效练习。

3. 评价方式。一是根据上述评价内容，逐项评出等第：较好地体现评价内容要求的评为"良好"，基本能体现的评为"较好"，未能达到或较差者评为"一般"。二是建立个人自评为主，教研组教师、有关行政领导、学生共同参与的评价机制：(1)个人自评：由个人逐项确定等第，并在征求学生意见后写出"自我总体评价及改进教学设想"。(2)教研组评价：由教研组给予逐项评价，并写出"教研组总体评价及改进教学建议"。(3)评课教师与执教教师进行交流时，应充分尊重执教教师本人意见，允许执教教师保留自己的意见。(4)评价表由教研组长签字，并收交校教务处。

4. 课堂教学评价表(待定)。

5. 学生评议：《课堂教学学生评议表》(待定)。

考虑到学生认知水平和感受能力存在一定的差异，学生评价时应注意学生参与的广泛性、评价课时的代表性和感受表达的直觉性。学生评议调查要选择一定数量的学生和一定时段的课时(一般不选择某一特定课时)。《课堂教学学生评议表》提供问卷调查的一般内容，可根据不同学科不同年级教学的具体情况增删某些内容。

二、 拓展类课程的评价

拓展类课程评价包括教师课程方案评价、教师课堂评价、学生学习情况评价三项内容。

1. **评价原则。** (1)科学性原则。对课程的评价要运用科学的评价方法，提高评价的效度和信度。(2)可操作性原则。评价方法要简单可行,可操作性强。(3)素质培养原则。对课程的评价要注重考查提高学生各方面的素质,培养学生的创新意识和创新能力。(4)参与性原则。对学生的评价要注重学生课堂的参与情况,作为学生考核的重要依据。(5)全面性原则。对教师的评价既要考虑到教师课程目标的实施情况、学生能力的提高水平,又要考虑到教材的编写质量。

2. 评价方法。

(1) 对教师开发的课程方案的评价。教师的课程方案内容包括:课程开发方案、课程纲要、教学计划、教材、教案。

表 7‑10　课程方案评价表

评价项目	评价要求	分数	得分
课程开发目的意义	与国家、地方课程的联系密切		
	对学生各方面素质提高的意义		
	课程宗旨的体现		
	对学生技能培养和创新意识培养的意义		
课程目标的确立	目标明确、清晰		
	知识目标、能力目标和情感目标		
	考虑到学力分层的因素,贯彻因材施教的原则		
课程内容	内容组织好,层次分明,教材框架清晰		
	内容科学、启发性强、突出能力		
	内容的新科技、新观点、新教学思想含量高		
课程评价	评价可操作性强、方法科学、具有激励性和制约作用		

(2) 对教师课堂教学的评价。

表 7‑11　教师课堂教学能力评价表

一级指标	二级指标	参考分值	实际等级
指导思想	1. 体现教为主导、学为主体、动(练)为主线的教学原则		
	2. 重视实践能力和创新思维的培养		

续表

一级指标	二级指标	参考分值	实际等级
指导思想	3. 注重德育渗透和情感熏陶		
目标内容	4. 目标明确具体，符合学生实际		
	5. 内容开放，容量恰当，层次分明，针对性强		
指导过程	6. 结构合理，多法结合，灵活运用，讲授时间不超过 1/2 课时		
	7. 重点突出，难点突破，善于设趣导疑		
	8. 富有节奏，善于激起教学高潮		
	9. 面向全体，反馈及时，矫正迅速，时空合理		
	10. 注重学法指导，情知交融，启迪思维		
	11. 设计训练针对性强，课堂灵活、生动		
教师素质	12. 教态自然大方，语言规范，应变力强		
	13. 合理使用教具、电教媒体		
	14. 板书科学、新颖、美观		
全体性	15. 学生全体参与，积极性高，训练面广		
	16. 全体学生都有收获		
全面性	17. 掌握学法，习惯良好		
	18. 训练效果好，思维灵活，掌握知识牢固		
主动性	19. 气氛活跃，主动投入		
	20. 自主学习，读、思、疑、议、练、创贯穿全过程		
创新性	21. 善于思考，勇于质疑，见解有新意		
	22. 举一反三，灵活运用方法解决新问题		
等级分数	优秀 90 分以上，良好 80 分—90 分，合格 60 分—79 分，不合格 60 分以下	综合等级	

（3）对学生学习情况的评价。

表 7 - 12　学生学习情况评价表

评价项目	评价标准				自评	家长	教师	总评
	优	良	及格	不及格				
参与态度	积极热情主动	较积极，较主动	态度一般	态度较差				
出勤情况	不旷课，不迟到早退	不旷课，有迟到早退现象	偶有旷课时有迟到早退	时有旷课迟到早退				
课堂纪律	学习认真专心	较认真，能注意听讲	一般能遵守	常讲话做小动作有打瞌睡				
掌握情况	熟练掌握，进步大	能掌握，有进步	基本掌握	有待努力				
知识迁移	能应用，有新发现（观点、问题、技艺）	能联系实际，能阐述自己观点	能简单应用	没有应用				
学期总评								

备注：①本表由学生、家长、指导教师认真如实填写。②本表作为学生综合素质评价材料之一。③该课程总评成绩填入学生学习成绩报告单。

三、　对教师课程行为的评价

评价的内容主要包括：

1. 职业道德。志存高远，爱国敬业；为人师表，教书育人；严谨笃学，与时俱进；热爱教育事业，热爱学生；积极上进，乐于奉献；公正、诚恳，具有健康心态和团结合作的团队精神。

2. 了解和尊重学生。能全面了解、研究、评价学生；尊重学生，关注个体差异，鼓励全体学生充分参与学习；形成相互激励、教学相长的师生关系，赢得学生的信任和尊敬。

3. 教学方案的设计与实施。能依据课程标准的基本要求，确定教学目标，积极利用现代教育技术，选择利用校内外学习资源，设计教学方案，使之适合于学生的经验、兴趣、知识水平、理解能力和其他能力；善于与学生共同创造学习环境，为学生提供讨论、质疑、探究、合作、交流的机会；引导学生创新与实践。

4. 交流与反思。积极、主动与学生、家长、同事、学校领导进行交流和沟通，能对自己的教育观念、教学行为进行反思，并制订改进计划。求真务实，勇于创新，严谨自律，热爱学习。

具体措施：

1. 完善教师考核制度，逐步建立以教师自评为主，学校领导、同事、家长、学生共同参与的教师评价制度。

2. 教师应按学校整体教学计划的要求，达到规定的课时与教学目标。课堂教学方面：从教案编写、课堂教学能力、授课效果等方面，由学校领导、教务处、教研组和学生等多方面进行评价。教务处（德育处）通过听课、学生问卷、检查教案、学生座谈等形式，对教师考核。

3. 建立以校为本，以教研为基础的教师教学个案分析、研讨制度，引导教师对自己或同事的教学行为进行分析、反思与评价，提高全体教师的专业水平。

4. 以校为本，注重教师行为过程评价，培养教师团结协作精神、教科研能力，促进教师发展与成长。鼓励教师在执教过程中，注意积累，开展研究，逐步形成具有一定科学性、学校特色的校本课程。

5. 不以学生考试成绩作为评价教师的唯一标准。对学生学业成绩的评定，要从学生学习兴趣、参与态度、认知与技能、学习方法与思维品质的养成、学习成果等方面，由学生本人、教师、家长对学生进行评价；每学期末举办学生作品展览、各种技艺比赛等，借以检验学生的学习成绩和学校课程的教学水平，并把学生的各种展评、比赛成绩纳入班级考核范围。

6. 让学生、家长评价学校课程。每学期举行专题座谈会，发放调查问卷，听取学生及家长的意见，考查学生对学校课程的满意程度，半数不满意的开发课程要在下学期取消，借以逐步完善课程设置，提高教师水平和教学质量。

7. 对课程开发教师的评价。一是学生选择课程的人数，二是学生实际接受的效果，三是领导与教师听课后的评价，四是学生问卷调查的结果，五是教师采取的授课方式及运用现代教育技术的情况。

对教师的评价重过程,建立发展性的教师评价体系。考核情况作为学校绩效考核的一部分。

四、 对学生的学习评价

主要包括基础性发展目标和学科学习目标两个方面:

1. 基础性发展目标:

道德品质。爱祖国、爱人民、爱劳动、爱科学、爱社会主义;遵纪守法、诚实守信、维护公德、关心集体、保护环境。

公民素养。自信、自尊、自强、自律、勤奋;对个人的行为负责;积极参加公益活动;具有社会责任感。

学习能力。有学习的愿望与兴趣,能运用各种学习方式来提高学习水平,有对自己的学习过程和学习结果进行反思的习惯;能够结合所学不同学科的知识,运用已有的经验和技能,独立分析并解决问题;具有初步的研究与创新能力。

交流与合作能力。能与他人一起确立目标并努力去实现目标,尊重并理解他人的观点与处境,能评价和约束自己的行为;能综合运用各种交流和沟通的方法进行合作。

运动与健康。热爱体育运动,养成体育锻炼的习惯,具备锻炼健身的能力、一定的运动技能和强健的体魄,形成健康的生活方式。

审美与表现。能感受并欣赏生活、自然、艺术和科学中的美,具有健康的审美情趣;积极参加艺术活动,用多种方式进行艺术表现。

2. 学科学习目标:

参看各学科课程标准列出的本学科学习目标、各个学段学习目标和每个学期学生应该达到的目标以及对评价方式提出的建议。

具体措施:

1. 评价渗透到教学活动的各个环节,教师在授课全过程中采用多样的、开放式的评价方法,引导学生要把功夫下在平时。

2. 建立学生成长记录,成长记录应收集能够反映学生学习过程的结果的资料。

3. 考试、考查应根据学科特点,按照各科课程标准的要求,采用笔试、口试、实验、实际操作等方式进行。

4. 考查学科的成绩评定，可采用及时评定或延时评定的方法。延时评定即暂不打分、延时给分。鼓励加"分"，舍得送"分"，允许学生在考查之后重考，成绩如有提高，可改变原来的成绩，记较高一次的成绩。

5. 每学期、每学年结束时要对每个学生进行阶段性的评价。评价内容包括各学科的学业状况和教师的评语。

6. 拓展课程中对学生的评价可采取学分制。学分的给定要考虑三方面的因素。一是学生学习该课程的学时总量，不同的学时给不同的分数；二是学生在学习过程中的表现，如态度、积极性、参与状况等，由任课教师综合考核后给出一定的分值；三是学习的客观效果，教师可采取适当的方式进行考核。如可通过实践操作、作品展示、竞赛、评比、汇报演出等形式展示。

对学生采用激励性评价方式，注重学生主体参与实践的过程及在这一过程中所表现出来的积极性、合作性、操作能力和创新意识。过程评价与结果评价相结合，关注学生的个体发展，尊重和体现学生个体发展。以促进实现自身价值为最终目标。

第七部分　学校课程管理

课程就是学习的经历、轨迹，课程领导是课程实践的一种方式，是指引、统领课程改革、课程开发、课程实验和课程评价等活动的行动总称，它的目的是影响课程改革与开发的过程和结果，实现课程改革与开发的目标。

一、成立学校课程建设领导小组

学校课程管理机构为"学校课程建设领导小组"。组长是校长，组员是副校长及中层干部。课程领导小组的成员负责教材的研究和开发；规划和实施；指导和培训；考核和评价。

课程建设领导小组对课程的领导要注重以下几点：

1. 课程思想的领导。要能够正确理解课程建设的意义，要把培养人、发展人、塑造人作为课程建设的主要价值来审视，准确把握办学目标和培养目标，善于用正确的世界观、教育观和人才观来统领课程建设。

2. 课程规划的领导。要把课程价值观转化为学校课程开设的计划体系,既要保证国家课程和地方课程在学校里得到全面有力的实施,还要确保学校课程的积极有效落实,以形成学校三级课程科学合理的网络结构。

3. 课程开发的领导。要从学校的办学实际出发,独立自主地带领教师开发国家课程、地方课程和学校课程中的教育教学资源,以丰富课程建设的内容,拓开课程建设的视角,使课程开发成为教师和学生共同成长的推动力。

4. 课程实施的领导。要领导学校开齐开足所有课程,不随意增加或减少开设课程的课时,合理统筹国家课程、地方课程和学校课程的课时分配。按照课程标准,让学生通过学习达到标准所要求的目标。

5. 课程管理的领导。要懂得及时对课程开发、课程研究、课程实施与整合进行专业管理,要制定一系列的课程管理制度加以落实保障,从人、财、物、信息等多维角度确保管理有力度有深度。

6. 课程评价的领导。要善于对课程实施的过程、方法与结果,以及影响因素进行客观合理的评价。评价的目的在于改进,是为了课程改革能始终沿着正确的道路走下去。评价要建立在多种信息、多维角度、多方参与的基础上进行,应少一些主观臆测,多一点客观调查;少一点定性描述,多一点定量分析;少一些全盘否定,多一点调整完善。

课程是学校教育的载体,反映学校文化的个性,课程的品质决定着学校的教育质量。只有着眼于课程领域的改革,才能突破学校发展的瓶颈,创新学校课程,实现学校文化建设的新的价值。

二、 课程开发的管理

1. 教务处指导教师探索地方课程、学校课程、综合实践活动的组织形式,制订课程实施计划,并组织落实。

2. 制定完善课程的开发与申报制度。鼓励每位具备课程开发能力的教师自主申报开发课程,积极参与课程的开发与实施。

3. 学校课程可根据教师申报课程,对学生兴趣、特长、需求进行调查,确定开课内容。学校课程开发应做到有课程纲要、有教案。

4. 教师认真制订学期课程活动计划，备好教案。按正常备课和常规教学要求执行课堂教学。教师应准时并作好充分的准备，确保课程活动质量。

5. 每次活动后，授课教师根据课堂反馈，写出反思体会。

6. 各类课程应确保其正常开展，教师如有特殊情况不能上课，须事先通知教务处，不得擅自调课、停课。

7. 由教务处负责课程的考核工作，加强巡查、听课和教案检查，防止课时他用的情况，做到专课专用。

8. 每学期教务处组织对教师课程实施情况进行评估，并给予适当奖励。

9. 加强地方课程、学校课程档案建设，对教师开发的优秀地方课程、学校课程及时存档。

三、 课程实施管理

1. 基础型课程的实施。（1）根据省教育厅制订并颁发"学年度课程计划"及说明，认真执行课程计划，开足开齐每一门课程，严格控制周活动总量和学科教学课时。（2）加强对教学工作的管理，深化课堂教学改革，努力提高教学质量。

2. 拓展型课程的实施。（1）申报拓展型课程的教师必须提交课程名称、课程目标、教学内容、课时安排、组织形式、评价方法、课时讲稿提纲等相关资料。（2）领导小组负责考核评价开设的拓展型课程和任课教师。教师根据反馈情况，结合教学活动过程中形成的认识，对已开设的课程进行必要的修改、补充和调整，使其更符合学校的育人目标，更贴近现代生活和我校学生实际。

3. 探究型课程的实施。（1）在专家教师和本校教师的引导下，让学生从自身的校园生活、家庭环境、社会生活发展中选择探究的专题，让学生学会关注社会、学校、家庭的变化，激发自我实践的愿望，培养其强烈的社会责任感和历史使命感，培养其健全的人格。（2）学生在实践中体会研究的过程，掌握研究的基本方法，培养和提高学生收集资料、观察分析、思考写作、与人交往能力及综合学习的素质。（3）探究型课程的开设，要充分体现学校所有教育活动的良好开展，带动和促进学校课堂教学和教育活动。如班级的自主管理、学科教学中的课题研究，完善对师生的评价制度等。

四、 课程建设保障

1. 组织保障。成立课程建设领导小组，审议学校课程开发过程中的重大决策，制定有关的开发与管理条例，检查与督导学校各处、教研组或年级组对《课程方案》的执行情况。

2. 制度保障。学校制定相应的课程管理制度，以保证课程的开发与实施。主要包括：教师岗位职责、课程评价、激励制度等。学校各类人员要严格执行各项管理制度，定期检查制度的执行情况。

3. 实施保障。各部门各司其职、相互协作，努力实现教育教学方式和学习方式的转变，以保证教育教学质量。在具体实施过程中，要注意国家课程与校本课程、综合实践活动课程相融合。注意充分挖掘利用各类课程资源、拓展校本课程内容。(1)学校对参加课程研究的教师在外出学习、教学研究、课程教材编写等方面提供物质支持。(2)学校对教师进行必要的课程理论培训。(3)鼓励教师撰写教学实施心得体会，包括成功的经验和失败的教训。(4)在教师考评上充分肯定教师课程实施的成果。(5)学校对授课教师做好各类教学活动的资源保障，为地方课程、学校课程及综合实践活动的顺利开设准备物质条件。(6)对教师开发的地方课程、学校课程，学校组织评选其中优秀的成果，存档并予以奖励。

4. 具体措施：(1)教学是学校课程实施的主要方式，建立教学管理网络是国家与地方课程有效实施新课程的重要保证。学校要完善学校、教务处、教研组及年级组三级管理网络，实施对课程的管理。(2)加强对教学过程进行全程管理，把管理的重心从教案管理转移到课堂教学管理，研究制定发展性的学业评价及考试管理制度。(3)备课要实行分层管理，因人而异，注重实效，防止用单一化的备课模式来统一要求教师。给优秀教师提供广阔的自主设计空间，鼓励他们根据自身的素质特点，设计富有个性的教学方案，尽可能地激发他们的创造性，而对新教师和其他教师需要进行一定的指导或规范的管理。(4)作业管理要立足于减轻学生的课业负担，避免重复劳动。鼓励学生自己探究感兴趣的作业。课程处应根据教学质量管理的要求，规范教师作业检查的行为，并倡导多样化的、富于实效的作业检查或批改方式。(5)考核要着眼于改进教师的教学与促进学生更好的发展，反对把获取分数作为教与学的目的。考核方式要多样化，可采用闭卷、开卷等书面方式，也可采取口试、操作、表演、展示等方式。(6)根据国家教材多样化的政策，学校在上级教育行政部门或专家指导下，选用经全国中小学教材审查委员会审定通过的教科书（地方教材须经省级教材审查委员会审查）。(7)提倡教师教学创造性的理解和运用教科书，给学生留有自主学习和积极思维的空间。启发学生质疑、探究，满足不同类型学生的学习需要。

（本案例系作者与香樟雅苑小学共同研制）

提示条

学校课程管理是指以学校课程为对象所施加的决策、规划、开发、组织、协调、实施等管理活动和行为。价值引领、组织建设、制度建构、资源利用、时间管理以及课题研究等都可以成为课程管理的方法。

后记

我与"学校整体课程规划"打交道十五年了。十五年来,我和同事一起推进了上海市第一届学校课程规划研制与评选活动,推动了上海市嘉定区、南京市玄武区、温州市瓯海区、合肥市蜀山区、郑州市金水区和管城区、南昌市东湖区、广州市黄埔区、海南省三亚市等地热衷课程改革的学校研制整体课程规划。我也因此接触了大量的学校整体课程规划与实施案例,对提升学校课程品质有了一些感悟和体会,为学校整体课程规划理论提升积累了感性经验。

"学校整体课程规划的理论与实践研究"是我长期致力的研究课题,我在中小学进行了多轮的扎根研究。与此同时,我又反复学习西方课程流派理论,将其精神内核运用于学校整体课程规划。正是多轮的扎根研究与理论重审,让我对学校整体课程规划有了更全面、更清晰、更深刻的把握。

学校整体课程规划本质上是学校课程决策的过程,具体来说,就是在充分把握学校课程情境的基础上,对学生的需求进行调研,了解学校现有课程实施情况,发现学校课程发展中存在的问题;形成学校课程哲学,明确学校的课程愿景;基于育人目标和课程目标,建构学校课程框架体系;谋划课程实施途径与方式,思考课程管理措施;制定一套课程评估办法,以确保学校课程变革成为有逻辑的推进过程。学校整体课程规划是学校课程变革的重要环节,也提升学校课程领导力的重要途径。

本书具有较强的实用性和可读性。本书设计了学校整体课程规划的七个关键问题:如何分析学校课程情境?怎样确定学校课程哲学?如何厘定学校课程目标?怎样设计学校课程框架?如何布局学校课程实施?怎样改进学校课程评价?如何推进学校课程管理?本书对这七个关键问题进行了描述,建立了"问题单";以学校整体课程规划为案例,形成实践"智慧源";从研制方法角度给予技术点拨,建立具有指导意义的"提示条"。您在阅读本书这些冗长的案例时,可以集中精力看看相关的"问题单"在这个案例中是如何"回应"的,进而获得方法论启迪。

　　本书是我指导中小学研制学校整体课程规划的感悟和体会,书中的案例都是我深入学校课程实践场景调研与指导的产物。每到一所学校,我喜欢根据调研所得到的信息,帮助学校提炼教育哲学,厘定课程理念,细化课程目标,建构课程逻辑,搭建课程框架,研判课程特色。然后,再由学校执笔完成课程规划初稿,紧接着进入第二轮、第三轮指导与互动过程,让学校整体课程规划变得更具现实感,直到研制出比较满意的学校整体课程规划。本书中的学校整体课程规划都经过我反复指导,有些甚至是我亲自加工、修改和润色的,达到了好的学校整体课程规划标准,可供中小学研制学校整体课程规划借鉴。

　　对多年来热心课程改革的区域负责人和参与者、对执著推进学校课程深度变革的广大中小学校长和老师,我在此表示由衷的感谢! 正是你们的热情参与,让我对学校整体课程规划有了更理性的认识;正是你们的热情参与,让我们的品质课程研究团队蒸蒸日上!

　　本书得以出版,还要特别感谢华东师范大学出版社王焰社长的大力支持,感谢责任编辑刘佳老师的细致与专业!

杨四耕

2020 年 9 月 1 日于上海市教育科学研究院

教师专业发展的理论与实务	978 - 7 - 5760 - 0721 - 3	42.00	2021 年 2 月
课堂教学的 30 个微技术	978 - 7 - 5760 - 1043 - 5	52.00	2020 年 12 月
教学诠释学	978 - 7 - 5760 - 0394 - 9	42.00	2020 年 9 月
原点教学:提升区域育人质量的策略研究			
	978 - 7 - 5760 - 0212 - 6	56.00	2020 年 8 月
聚焦学科核心素养的课堂教学	978 - 7 - 5675 - 8455 - 6	36.00	2018 年 11 月
指向学科核心素养的课堂教学范式			
	978 - 7 - 5675 - 8671 - 0	54.00	2019 年 6 月

学校课程发展丛书

数学学科课程群	978 - 7 - 5675 - 9445 - 6	58.00	2019 年 8 月
科学学科课程群	978 - 7 - 5675 - 9593 - 4	34.00	2019 年 9 月
核心素养与课程设计	978 - 7 - 5675 - 9462 - 3	46.00	2019 年 9 月
语文学科课程群	978 - 7 - 5675 - 9441 - 8	56.00	2019 年 9 月
品牌培育与学校课程	978 - 7 - 5675 - 9372 - 5	39.00	2019 年 9 月
英语学科课程群	978 - 7 - 5675 - 9575 - 0	39.00	2019 年 10 月
体艺学科课程群	978 - 7 - 5675 - 9594 - 1	34.00	2019 年 10 月
跨学科课程的 20 个创意设计	978 - 7 - 5675 - 9576 - 7	34.00	2019 年 10 月
学校课程与文化变革	978 - 7 - 5675 - 9343 - 5	52.00	2019 年 10 月

品质课程实验研究丛书

学校课程框架的建构:HOME 课程的旨趣与架构			
	978 - 7 - 5675 - 9167 - 7	36.00	2019 年 9 月
聚焦育人目标的课程设计:红棉花季课程的愿景与追求			
	978 - 7 - 5675 - 9233 - 9	39.00	2019 年 10 月

核心素养导向的课程设计：花园式课程的文化与聚焦

978 - 7 - 5675 - 9037 - 3　　48.00　　2019 年 10 月

学校课程文化的实践脉络：百步梯课程的逻辑与架构

978 - 7 - 5675 - 9140 - 0　　48.00　　2019 年 11 月

学校课程发展策略：SMILE 课程的逻辑与深度

978 - 7 - 5675 - 9302 - 2　　46.00　　2019 年 12 月

聚焦内涵发展的课程探究：芳香式课程的理念与实施

978 - 7 - 5675 - 9509 - 5　　48.00　　2020 年 1 月

以儿童为中心的课程：欢乐谷课程的旨趣与维度

978 - 7 - 5675 - 9489 - 0　　45.00　　2020 年 1 月

学校课程体系的建构："小螺号课程"的架构与创生

978 - 7 - 5760 - 0445 - 8　　45.00　　2020 年 9 月

特色学校聚焦丛书

每一个孩子都是一棵树　　978 - 7 - 5675 - 6978 - 2　　28.00　　2018 年 1 月

教育不是一个人的事："众教育"36 条

978 - 7 - 5675 - 7649 - 0　　32.00　　2018 年 8 月

不一样的生命，一样的精彩　　978 - 7 - 5675 - 8675 - 8　　34.00　　2019 年 3 月

童味正醇：特色学校的文化图谱　　978 - 7 - 5675 - 8944 - 5　　39.00　　2019 年 8 月

特色普通高中课程建设探索　　978 - 7 - 5675 - 9574 - 3　　34.00　　2019 年 10 月

儿童是天生的探索者：360°科学启蒙教育

978 - 7 - 5675 - 9273 - 5　　36.00　　2020 年 2 月

做精神灿烂的教师：教师自我成长的 5 个密码

978 - 7 - 5760 - 0367 - 3　　34.00　　2020 年 7 月

让教育温暖而芬芳　　978 - 7 - 5760 - 0537 - 0　　36.00　　2020 年 9 月

快乐教育与内涵生长　　978 - 7 - 5760 - 0517 - 2　　46.00　　2020 年 12 月

故事教育与儿童发展　　978 - 7 - 5760 - 0671 - 1　　39.00　　2021 年 1 月

跨学科课程丛书

大情境课程：主题设计与创意评价

                    978 - 7 - 5760 - 0210 - 2   44.00   2020 年 5 月

社会参与素养的培育模型与干预机制

                    978 - 7 - 5760 - 0211 - 9   36.00   2020 年 5 月

大概念课程：幼儿园特色主题活动设计

                    978 - 7 - 5760 - 0656 - 8   52.00   2020 年 8 月

核心素养导向的课堂教学丛书

漾着诗性智慧的课堂教学   978 - 7 - 5675 - 9308 - 4   39.00   2019 年 7 月

转识成智的课堂教学：核心素养导向的历史教学

                    978 - 7 - 5760 - 0164 - 8   40.00   2020 年 5 月

学导式教学：学会学习的教学范式

                    978 - 7 - 5760 - 0278 - 2   42.00   2020 年 7 月

高阶思维教学的关键技术   978 - 7 - 5760 - 0526 - 4   42.00   2021 年 1 月

特色课程建设丛书

教师，生长的课程   978 - 7 - 5760 - 0609 - 4   34.00   2020 年 12 月

学校课程发展的实践范式   978 - 7 - 5760 - 0717 - 6   46.00   2020 年 12 月

丰富学习经历：如歌式课程的愿景与深度

                    978 - 7 - 5760 - 0785 - 5   42.00   2020 年 12 月